从这里破茧

挖掘企业发展的思想理论动力

王世录　著

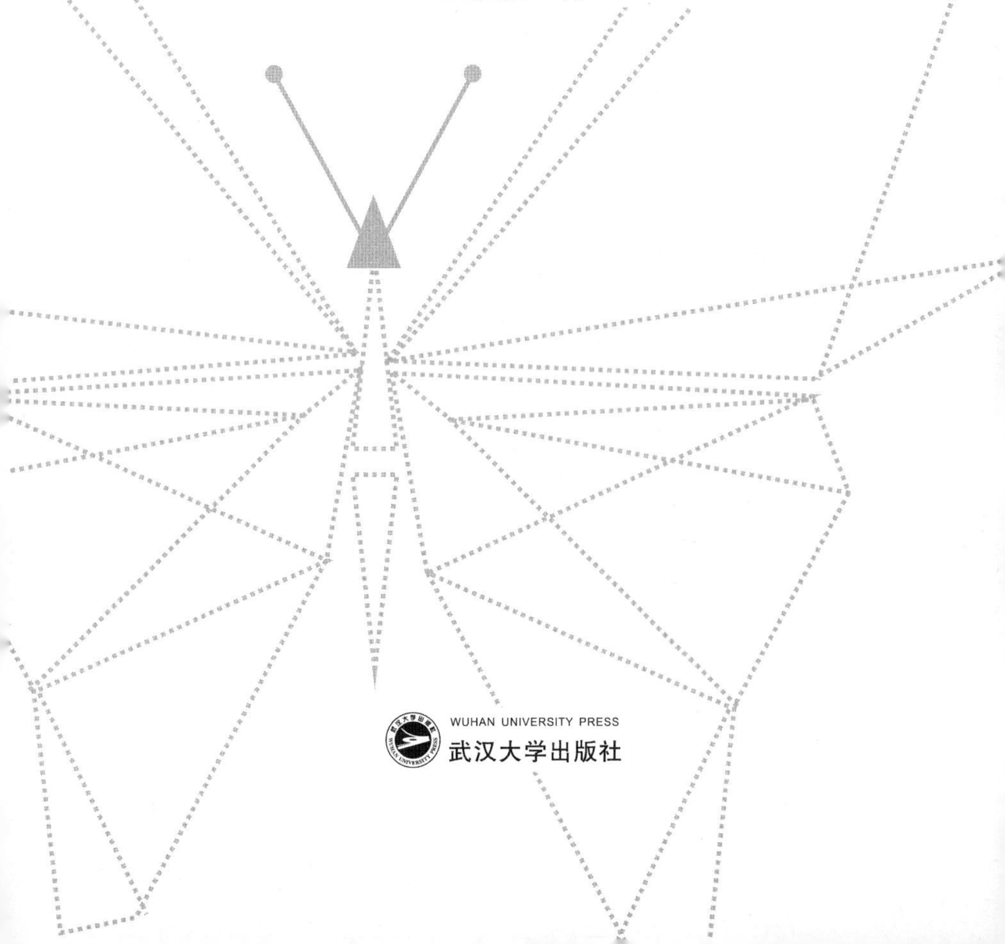

WUHAN UNIVERSITY PRESS
武汉大学出版社

图书在版编目(CIP)数据

从这里破茧:挖掘企业发展的思想理论动力/王世录著.—武汉:武汉大学出版社,2022.8

ISBN 978-7-307-23158-0

Ⅰ.从… Ⅱ.王… Ⅲ.企业管理—中国—文集 Ⅳ.F279.23-53

中国版本图书馆 CIP 数据核字(2022)第 120282 号

责任编辑:聂勇军　　责任校对:汪欣怡　鄢春梅　　版式设计:马　佳

出版发行:**武汉大学出版社**　(430072　武昌　珞珈山)

(电子邮箱:cbs22@ whu.edu.cn 网址:www.wdp.com.cn)

印刷:武汉邮科印务有限公司

开本:880×1230　1/32　印张:13.25　字数:309 千字　插页:3

版次:2022 年 8 月第 1 版　　2022 年 8 月第 1 次印刷

ISBN 978-7-307-23158-0　　定价:48.00 元

作者简介

王世录

笔名素心书剑，甘肃甘谷人,毕业于武汉大学，高级政工师，任职于电力系统。勤耕文字二十几载，新闻、论文散见《人民日报》《科技日报》《工人日报》《中国电力报》《甘肃日报》《甘肃工人报》及《思想政治工作研究》《时代学刊》《发展》《中国电力政工》《中国电业》等报刊。主要诗词见诸中国作家网、中国诗歌网等网络。著有《心立天地》一书。

序　言

《从这里破茧——挖掘企业发展的思想理论动力》主要筛选了从 1997 年以来所撰写的 65 篇论文，其中有 43 篇论文在《思想政治工作研究》《时代学刊》《发展》《企业政工与文化》《中国电力政工》《中国电业》《水电厂》《西北电业》等杂志、《甘肃工人报》等报纸、人民网等网络公开发表，有 10 多篇在中国电力政研会、中国发电专委会、西北电力政研会、甘肃电力政研会等研讨会上获奖。

这些论文主要是对党的基本理论的学习体会，企业党组织建设、企业改革管理与发展、企业思想政治工作与精神文明建设的探讨与思考，并有针对性地提出建设性意见和建议，有些观点落地生根，有些观点涛声依旧，无论如何，如今读来，依然“历久弥新，香远益清”。其根本着眼点就是以党的基本理论为指导，积极探索挖掘推动企业发展进步源源不竭的思想理论动力，把企业党组织建设得更加坚强有力、思想文化建设得更加进步文明、企业持续发展得更加稳健高效，促使企业破茧成蝶、凤凰涅槃，锻造基业长青的高品位企业。

在基层搞理论研究和探索，注定是一种孤寂的“苦行僧”行径，但作为一名马克思主义与思想政治教育的学习者，我始终胸怀一种纯朴的理论情愫，以“生活以痛吻我，我报之以微笑”的坦然豁达，在现实的跌宕与灵魂的激烈交锋中，面对千山万水，迎击千难万险，沿着自我磨砺的心路历程坎坷前行，保持“痴心向真理”的思想情结和铁血丹心，忠贞不渝地仰望理论灯塔，风雨无阻地攀登价值高地，坚韧不拔地挖掘文化富矿。“咬定青山不放松，立根原在破岩中。千磨万击还坚劲，任尔东西南北风。”坚守心灵的理想图腾和神圣意念。“苔花如米小，也学牡丹开。”因为深爱，所以执守；因为情怀，所以坚行。轻抹尘世缕缕风霜雪雨，用心透析职业生涯血脉，让自己做个“长期主义者”，当来日回顾浮碌的生命轨迹，能够异样地窥视曾经的自己也是一个有灵魂的洞见者、追光者、坚守者，足矣！

在理论探索、实践凝练、拙文汇集的道路上，厚遇了许多老领导的无私点拨指导，感遇了诸多同事的竭心力扶，恩遇了一些老师同学的谆恳善意良言。“师友相从气义同，报恩惟有厉清忠。长绳难系青春日，心迹兼忘出处通。”借此诗以表深切诚挚感谢！

王世录

2021年12月26日

目　　录

理论探索与企业党组织建设

企业改革管理与发展

企业思想政治工作与精神文明建设

理论探索与企业党组织建设

必须把思想建设放在党建的首位

中央指出，新的历史时期，全党要按照新的伟大工程的总目标，从思想上、组织上、作风上全面加强党的建设，不断提高领导水平和执政水平，不断增强抗腐防变的能力，以新的面貌和更强大的战斗力，带领人民完成新的历史任务，并明确提出，思想建党是党建的首要问题。

思想建党是党建的一条根本原则。列宁曾于 1901 年在建党中强调："没有思想上的统一，组织上的统一是没有意义的；这种组织上的统一我们从来没有寻求过，而且也不可能去寻求"，①"我们不应该忘记，没有共同的思想基础，根本谈不上统一的问题"。② 他还于 1921 年指出："任何分歧，甚至是微不足道的分歧，如果有可能发展成为分裂，发展成为严重的分裂而足以动摇和破坏整个政治大厦，足以造成——用布哈林同志的比喻来说——火车倾覆的话，那么这种分歧在政治上就会是危险的。"③领袖的讲话从正反两方面表明，思想建党在党建中的重要性和必

---

① 《列宁全集》第 5 卷，人民出版社 2013 年版，第 247 页。

② 《列宁全集》第 5 卷，人民出版社 2013 年版，第 248 页。

③ 《列宁选集》第 4 卷，人民出版社 2012 年版，第 398 页。

要性。

所谓思想建党，就是用马列主义、毛泽东思想、邓小平理论、“三个代表”重要思想、科学发展观、习近平新时代中国特色社会主义思想的科学理论武装全党，用无产阶级思想去教育和改造党的问题，就是和党内各种非无产阶级的思想进行斗争并加以克服、解决问题。说到底，就是不仅注重党的组织形式，更重要的是党的思想实际，真正做到以思想上的统一达到组织上的统一的目的。把思想建党放在党建的首位，对保持党的无产阶级先锋队性质，加强和巩固党的团结统一，保证党的政治路线的判定和贯彻起着决定性的作用。

一、思想建党对保持党的无产阶级的先锋队性质起着决定性作用

思想建党的根本目的，就是保持党的无产阶级先锋队性质。中国共产党是全国各族人民的领导核心。党的领导地位是工人阶级先锋队性质决定，是经长期斗争考验形成的。要使党永居于领导核心地位，就必须保持工人阶级先锋队的性质。这项重任无疑首先在于思想建设，这是因为，虽然随着社会的不断发展，工人阶级队伍日益壮大，由1949年的几百万人增加到现在几千万人，与此同时，工人阶级的文化水平、政治思想觉悟和组织程度也不断得以提高，其固有的优秀品质也越来越得到充分的发扬。但是由于我国尚处于社会主义初级阶段，随国际形势正处于急剧的转型之时，许多制度有着不完善的地方，许多沉积多年的封建渣滓重新泛起，资本主义腐朽没落的东西乘机侵入，严重地影响着社会生产生活的各个领域。此外，在改革开放的新形势下，我们党

内有相当一部分党员和干部放松了自己的学习、修养和改造，头脑中中华民族的优良传统和党的优秀品格少了，而个人主义、拜金主义、享乐主义的东西多了，受腐朽思想影响多了，对什么是真善美、什么是假丑恶分辨不清，这就必然要引起党内的种种思想矛盾。在这种情况下，如何保持党的无产阶级先锋队性质就成为党建中亟须解决的问题。

二、思想建党对加强和巩固党的团结统一起着决定性作用

邓小平同志曾指出：“安定团结十分重要。加强全国各族人民的团结，首先要加强全党的团结，特别是要加强党的领导核心的团结。我们党的团结，是建立在马列主义、毛泽东思想基础上的团结。”①马克思主义理论是无产阶级政党的指导思想和理论基础，是行动的指南，是团结战斗的强大思想武器，只有在这个理论指导下的团结，才能达到真正的团结。

我党的党员来自各阶层，其所处的生活环境，受教育条件，生活经历、性格特点等有着很大的差异，因此，在对具体问题的认识上难免会有所不同，但是如果在根本的立场、观点上有分歧，那么就有可能在大是大非上产生分歧，以致使所要解决处理的问题搁浅或失败。无产阶级政党是以马克思主义作为自己的世界观的，每个党员只有在立场、观点上与党保持一致，才能在政治、组织、行动上和党保持一致。因此，就要经常在党内不断地开展思想上的斗争，纠正片面的错误的思想认识，达到马列主

① 《邓小平文选》第2卷，人民出版社1994年版，第148页。

义、毛泽东思想、邓小平理论基础上的团结。同时，为达到这种团结，对一些屡教不改，执迷不悟，甚至背道而驰的人，决不应姑息迁就，优柔寡断，应将其清除出党。列宁说得好："任何革命都有过这种现象，而且不可能没有这种现象。全部问题在于，以健康的强有力的先进阶级作为依靠的执政党，要善于清洗自己的队伍"，① "党员数量上的这种减少意味着党的力量和作用的大大增加"。② 由此可见，把思想建党放到党建首位，这是党内外客观矛盾所决定的，是求得全党钢铁般团结的迫切要求。

三、思想建党对党政治路线的制定和实施起着决定性作用

党的领导和党的建设，历来是同党的历史任务，同党的实现这些任务而确立的理论和路线联系在一起的，这是经过实践检验的正确的理论结论。一个政党，能否正确地制定政治路线，执行党的方针、政策，关键在于能不能有明确的指导思想，是否有一条正确的思想路线。如果不能解决思想路线问题，不解放思想，正确的政治路线就制定不出来，制定了也贯彻不下去，若此，势必加强不了自身的建设。大量的历史事实充分证明，思想建党对党的政治路线的制定和实施起着决定性的作用。

如何加强思想建党，这是一个十分艰巨的任务，不仅要深刻理解其内涵和意义，而且更要努力探寻其实现的途径和方法。

第一，始终坚持用马列主义、毛泽东思想和邓小平理论武装

① 《列宁选集》第4卷，人民出版社2012年版，第21~22页。
② 《列宁选集》第4卷，人民出版社2012年版，第22页。

全党，这是思想建党的首要任务。能否坚持用马列主义、毛泽东思想和邓小平理论建党，是一个决定能否保持无产阶级政党永远是一个自觉的、战斗的先锋队的前提条件。大量实践已充分证明，无产阶级政党之所以能够牢牢地把握无产阶级运动的前途和命运，为其革命和建设事业制定正确的路线和策略，起到先锋战士的作用，就在于它是以马克思主义理论为指导的政党。正因如此，无产阶级政党历来特别注重和坚持以马克思主义理论武装全党。目前，坚持马克思主义理论教育，最根本的是要进行辩证唯物主义和历史唯物主义教育，也即世界观教育。为此，就必须要求全党兴起一个学习马列主义、毛泽东思想，特别是邓小平理论的新高潮；就必须要求党的各级领导干部，特别是高级领导干部带头学好马克思主义理论，完整准确地把握好马克思主义理论的基本内容、基本观点、基本精神和科学体系，同时从各自工作的领域对理论的有关内容进行系统钻研和理解；就必须在全党形成一种认真学习的风气，民主讨论的风气，积极探索的风气和求真务实的风气。若此，才能使全党通过学习和实践，不断提高马克思主义理论水平和政治鉴别力，提高解决实际问题的能力，在改造客观世界的同时改造主观世界，从而达到用马克思主义的科学理论武装全党的目的。

第二，加大力度向全党进行共产主义理想和信念教育，这是思想建党的重要内容。解决从思想上建党的问题，应特别强调共产主义理想和信念的教育，这是因为共产党人的根本政治信仰是社会主义和共产主义，一个党员特别是领导干部，如果在思想上动摇了这些根本的东西，也就动摇了共产党人的根本政治立场，就必然会偏离正确的政治方向；因为它是一个共产党人世界观和政治立场最集中的表现和反映，崇高的共产主义理想和信念，是一个人为共产主义奋斗的精神支柱和力量源泉。在这方面，有两个现实问题特别值得注意：一是虽然共产党员在入党前就树立了为共产主义事业奋斗终生的决心，但这绝不等于说是一劳永逸了，党的组织就不需要对其进行共产主义教育了。我们的社会、时代是一个急剧改变的社会、时代，充满着许多矛盾，各种思潮和腐朽的东西无时不在影响和侵害着我们队伍中的每一个人。因此，正如江泽民同志所说的："我们的阵地如果无产阶级思想不去占领，非无产阶级思想就必然会去占领。"①同时也如列宁所说的，对社会主义思想体系的任何轻视和任何脱离，都意味着资产阶级思想体系的加强。由此可见，党组织非常有必要对党员进行经常性的连续性的共产主义理想和信念教育。一些党员、干部在日常工作中忙于具体事务，忘记了自己是在为共产主义而工作和奋斗，变成了忙忙碌碌的事务主义者了。因而，党组织务必明察秋毫使他们把具体工作和自己的共产主义理想结合起来。总之，我们必须不断加强对党员、干部的理想和信念教育，加强辩证唯物主义和历史唯物主义教育，推动全党同志真正把理想信念牢固地建立在马克思主义的科学基础上。

第三，积极自觉地抵制和反对各种非无产阶级思想，这是思想建党的有效途径。必须承认，一些党员在社会精神生活方面存在不少问题，有的还相当严重。一些领域道德失范，拜金主义、享乐主义、个人主义滋长；封建迷信活动和黄赌毒等丑恶现象沉渣泛起，假冒伪劣、欺诈活动成为社会公害；文化事业受到消极

---

① 《江泽民文选》第2卷，人民出版社2006年版，第362页。

因素的严重冲击，危害青少年身心健康的东西屡禁不止；腐败现象在一些地方蔓延，党风、政风受到很大损害，一部分人国家观念淡薄，对社会主义前途产生困惑和动摇等。之所以会出现这些东西，简而言之，是由于我国向社会主义市场经济体制转变引起经济和社会生活的许多重大变动，而体制、法律、政策等还不完善；社会主义在世界范围内出现严重曲折，而发达资本主义国家经济、科技占优势的压力和西方意识形态的渗透的大量存在；封建社会、半殖民地半封建社会遗留的腐朽思想和小生产者习惯势力仍有相当影响。这在一定程度上表明了思想领域的这种斗争是十分艰巨的、长期的、复杂的、反复的。因而，共产党员进行积极自觉的抵制和反对是十分必要的，也是一项应当负责的严肃而重大的政治任务。辩证唯物主义认为，外因是变化的条件，内因是变化的根据，外因通过内因而起作用。只要我们的党员能保持坚定的无产阶级战士的本色，自身有抗体，就不怕被非无产阶级思想所腐蚀。同时，我们的党组织也应树立打持久战的思想，坚持不懈地对党员进行教育和自我教育，把思想建党作为一个长期的战斗任务来抓。

第四，严肃严格思想入党，做合格的党员，这是思想建党的关键环节。对于一个党员来说，不仅仅在于组织上入党，更重要的是在思想上入党。衡量一个党员是否思想入党了，主要是看他的实际觉悟，是否能够在实践活动和艰苦复杂的斗争中，始终坚持共产主义理想，有坚定的共产主义必胜信念，在行动中有百折不挠的奋进精神。忘记远大目标，不是合格的共产党员；不为实现党的社会主义初级阶段的纲领努力奋斗，同样不是合格的共产党员。因而，新时代的共产党员就必须做到：胸怀共产主义远大理想，带头执行党和国家现阶段的各项政策，勇于开拓，积极进取，不怕困难，不怕挫折；诚心诚意为人民谋利益；刻苦学习马克思主义理论，增强辨别是非的能力，掌握做好本职工作的知识和本领，努力创造一流的成绩；在危急的时刻挺身而出，维护国家和人民利益，坚决同危害人民、危害社会、危害国家的行为作斗争。实践是检验真理的标准，同样道理，检验人的思想是要通过他的行动，因为行动是思想的外部表现，共产党员从思想上究竟有没有入党，关键就看其自身的行动如何。

总之，要使党肩负起伟大的历史重任，不辜负人民的愿望，就必须加强思想建党，并把思想建党牢牢地放到党建的首位。同时也要加强组织建党、作风建党和政治建党，它们之间是相互联系、相互影响的，是辩证的统一。

严密构筑新形势下党的组织堡垒

领导我们事业胜利前进的是我们的党，能够使我们的党肩负重任、创造辉煌的，则是党组织的严密统一，坚强有力。这是我党领导人民在20世纪写下光辉篇章，也一定能在21世纪写下新的光辉篇章的力量源泉之一。

对于组织建党的重要性，马克思主义政党领袖列宁和斯大林有着深刻的认识，有着精辟的论断。列宁在《进一步退两步》中阐述组织的重要性时明确指出："无产阶级所以能够成为而且必然会成为不可战胜的力量，就是因为它根据马克思主义原则形成的思想统一是用组织的物质统一来巩固的，这个组织把千百万劳动者团结成工人阶级的大军。在这支大军面前，无论是已经衰败的俄国专制政权或正在衰败的国际资本政权，都是支持不住的。"① 斯大林在党建中强调指出："一个以领导战斗的无产阶级为目的的政党，就不应当是单个人的偶然凑合，而应当是团结一致的集中的组织，因为只有这样才能按照统一的计划指导党的工作。"② 组织上的团结统一，就必须有组织保证，才能使党成为真正的有

① 《列宁选集》第1卷，人民出版社1972年版，第510页。
② 《斯大林选集》上卷，人民出版社1979年版，第17页。

机整体。只有这样，党才能发挥强大的整体力量，领导和团结一切能够团结的力量，完成自己肩负的历史使命，否则就是空话一句。

那么，如何加强党的组织建设呢？组织建党是一项伟大的工程，既要有高度的思想认识，又要有强有力的实际举措。

首先要有两种清楚的思想认识。第一，党的领导和党的建设，历来是同党的历史任务，同党为实现这些任务中确立的理论和路线联系在一起的。党的路线、方针、政策的贯彻和执行同党的思想路线、工作作风，尤其是组织路线有着密切关系。组织路线是政治路线得以正确贯彻执行的物质保证。仅有一套正确的政治路线和政策是不够的，还要有一套正确的组织路线。只满足于政治路线和政策的正确，而忽视党的组织建设，同样是错误的。为了正确贯彻党的路线、政策，一定不能忽视党的组织建设。

第二，加强党的组织建设，根本任务是把党建设成坚强的领导核心，充分发挥党的组织优势。这是组织建党的目的和任务。因为百年巨变得出的结论是，只有中国共产党才能领导中国人民取得民族独立、人民解放和社会主义的胜利，才能开创建设有中国特色社会主义的道路，实现民族振兴、国家富强和人民幸福。因为我党的组织优势，完全蕴含在各类党员、各级基层组织之中，在马克思主义指导下按照民主集中制组成的统一的整体之中，在为实现共同的目标而奋斗的过程之中。虽然中国共产党是全国各族人民的领导核心，但是，事物是不断发展变化的，面临日新月异的国内外形势和党自身的吐故纳新，“打铁还需自身硬”，新长征的道路上，党仍须加强严密统一的组织整体，发挥这一巨大优势，只有这样，才能发挥这一巨大优势，才能“肩负历史重任，不辜负人民的愿望”。

其次，具体而言，第一，必须选拔、培养好党的各级干部。建设一支适应社会主义现代化建设需要的高素质干部队伍，是我们的事业不断取得成功的关键。党的干部问题，历来是无产阶级政党十分重视的大问题，因为它是实现党的坚强领导，巩固党的统一组织，充分发挥党的战斗力的决定性力量。列宁在建党时就指出：“没有职业革命家，事情总是寸步难行。”①邓小平同志在党的第八次全国代表大会上说：“全党有相当于县委委员一级以上的干部三十多万人，这三十多万人的工作的好坏，对于党的事业有决定的影响。”②他们从不同的角度和层面对干部的重要性作了精辟的论述。我们要按照领袖所提出的要求来建设好党的干部队伍，必须按“四化”，即革命化、年轻化、知识化、专业化的方针选拔、培养干部。必须全面贯彻德才兼备原则，坚持任人唯贤，反对任人唯亲，防止和纠正用人上的不正之风。要以思想政治建设为重点，把各级领导班子建设成为坚决贯彻党的基本理论和基本路线，全心全意为人民服务，具有领导现代化建设能力、团结坚强的领导集体。要加快干部制度改革步伐，扩大民主，完善考核，推进交流，加强监督，使优秀人才脱颖而出，尤其要在干部能上能下方面取得明显进展。要把群众公认为坚决执行党的路线、成绩突出、清正廉洁的干部及时选拔到领导岗位上来，那些背离党的路线，贪图名利，弄虚作假，跑官要官的人，绝不能进入领导班子。要重视优秀年轻干部的培养和选拔，这是跨世纪的一项战略任务。

---

① 《列宁全集》第44卷，人民出版社2017年版，第301页。

② 《邓小平文选》第1卷，人民出版社1994年版，第250页。

第二，要不断提高党员素质。由于我党是执政党，手中握有人民交给的一定权力，对一些思想不纯的人很有吸引力，他们时时想趁机混进执政党的队伍中来，加之工人阶级队伍内部也成分复杂，社会正处于急剧变化的紧要关头，党在自身建设中还有不足之处，这给思想不纯的人混入革命队伍提供了可乘之机，从而影响了党的凝聚力、号召力和战斗力，玷污了党的光辉形象。因此，如列宁所说，要保护我们党的巩固性、坚定性和纯洁性，我们应当努力把党员的旗号和作用提高、提高、再提高，这是保持党的先进性和纯洁性，增强党的凝聚力和战斗力的保证。事实上，无产阶级政党的历史和实践一再表明：无产阶级政党的力量和作用主要不取决于党员的数量而是取决于党员的质量。提高党员的质量这是党建中的根本问题，在具体操作中应当注意：坚持马列主义、毛泽东思想的研究和学习，提高辨别是非的能力；坚定树立共产主义理想和信念，不断提高革命觉悟，自觉抵制各种非无产阶级思想的腐蚀；努力掌握做好本职工作的知识和本领，创造一流成绩；自觉增强党性锻炼，永远保持工人阶级先锋战士的政治本色；把好党员的入党教育关。

第三，必须继续大力加强民主集中制。民主集中制是我党的根本组织原则和组织制度，工人阶级政党的先进性的一个重要体现就在于它是按照民主集中制组织起来的统一整体。实践特别是国际共产主义运动的实践告诉我们，只有按民主集中制原则组织起来的无产阶级政党，才能成为一个真正钢铁般的组织，才能把党中央同地方组织联系起来，从根本上克服分散的、无组织的涣散状况，也只有这样，才能把我们党的事业推向21世纪。

我党的民主集中制是辩证的统一，集中是在民主基础上的集中，民主是在集中指导下的民主，二者缺一，就会丧失这种制度的功能和威力，这点，我们必须在思想上深刻地清楚地认识到，在实践中有序地努力地做到：进一步发扬民主，保障党员的民主权利，疏通和拓宽党内民主渠道，充分发挥全党的积极性和创造性；坚持维护中央的权威，在思想上、政治上同中央保持一致，保证党的路线和中央的决策顺利贯彻执行；进一步完善党的代表大会制度，健全各级党委集体领导和个人分工负责相结合的制度，更好地发挥地方党委在同级各种组织中的领导核心作用；各级干部特别是领导干部，要带头遵守民主集中制的各项规定，维护大局，严守纪律，防止个人专断和各自为政，反对有令不行，有禁不止，以便民主集中制更加完善，发挥更大的作用。

第四，必须严肃党的组织纪律。各级党委要坚持“党要管党”的原则，把从严治党的方针贯彻到党的建设的各项工作中去，坚决改变党内存在的纪律松弛和软弱涣散的现象。严格统一的纪律是实现我党伟大历史使命的基本条件之一，因为纪律是确保党的团结统一的有力武器；是同各种困难作斗争，实现无产阶级革命任务的政治保证；是顺利进行社会主义经济建设、民主政治建设等的基本条件之一。党的纪律是根据党的政治路线制定的，并反过来为政治路线服务。

因此，严肃党的纪律，就要严格按党章办事，按党的制度和规定办事；就要对党员特别是领导干部严格要求，严格管理，严格监督；就要在党内生活中讲党性，讲原则，开展积极的思想斗争，反歪风、扬正气；就要严格按照党章规定的标准发展党员，严肃处置不合格党员；就要严格执行党的纪律，坚持在纪律面前人人平等；当然，无疑地要严格坚持党在宪法和法律规定的范围内活动。全党纪律严明，朝气蓬勃，我们党就能从胜利走向胜利。

第五，必须建设好党的基层组织。党的基层组织是党的全部工作和战斗力的基础，这是党的坚强核心所依靠的基础。在红军队伍中，毛泽东同志倡导把支部建在连上，指出："连有支部，班有小组。红军所以艰难奋战而不溃散，'支部建在连上'是一个重要原因。"①这虽然是对部队说的，它也适用于地方党组织。其实，党的基层组织之所以重要，主要是因为它是党的领导机关与人民群众联系的桥梁与纽带；它是充分发挥党员积极性、创造性和锻炼党员的广阔天地。因而我们必须加强和改进党的基层组织建设，围绕党的基本路线，为党的中心任务服务；用改革的精神研究新情况新问题，改进工作方法、工作作风和活动方式；认真做好对党员的教育、管理和监督，增强解决自身矛盾的能力，特别是党的基层组织都要从各自的特点出发，认真履行党章规定的职责，努力成为贯彻党的路线方针政策，团结和带领群众完成本单位任务的坚强战斗堡垒，充分发挥作用。

第六，加强党建须与反腐败相结合。要把反腐败斗争同纯洁党的组织结合起来，在党内决不允许腐败分子有藏身之地，因不但"堡垒最容易从内部攻破"，而且如果腐败得不到有效惩治，党就会丧失人民群众的信任和支持，丧失力量的源泉。因此，我们既不能自己毁掉自己，又要消除产生危险的隐患。首先既要树立打持久战的思想意识，又要切实采取打好一个阶段性战役的行动。其次要坚持标本兼治，以教育为基础，以法治为保证，以监

---

① 《毛泽东选集》第1卷，人民出版社1991年版，第65~66页。

督为关键的原则。再次要形成党委统一领导，党政齐抓共管，纪委组织协调，部门各负其责，依靠群众的支持和参与，坚决遏制腐败的强大阵容。最后是在深化改革的过程中，不断铲除腐败现象滋生蔓延的土壤。总之，党的领导干部特别是高级干部要以身作则，模范地遵纪守法，自觉接受监督，抵制腐朽思想的侵蚀，做艰苦奋斗、廉洁奉公的表率，带领群众坚决同腐败现象作斗争，以实际行动来纯洁和巩固党的组织。

组织建党是项伟大的工程，我们要结合思想建党、作风建党和制度建设，努力把党建设成为真正的马克思主义政党，成为最坚强的战斗组织。

世纪之交党建要狠抓党风

——学习党的十五大报告的体会

十五大报告指出："我们这次大会的任务，就是动员全党和全国各族人民团结奋斗，全面推进建设有中国特色社会主义的伟大事业。"对于怎样才能抓住机遇而不丧失机遇，开拓进取而不因循守旧，围绕经济建设这个中心，使经济体制改革有新的突破，政治体制改革继续深入，精神文明建设切实加强，各个方面相互配合，实现经济发展和社会全面进步，把我们的事业全面推向21世纪，报告也做出了明确回答，就是关键在于坚持、加强和改善党的领导，进一步把党建设好。

党的建设主要是党风建设。关于中国共产党的党风，毛泽东同志在党的七大上作了概括，即理论和实践相结合的作风，和人民群众紧密地联系在一起的作风以及批评与自我批评的作风。这一概括后来成为指导中国共产党作风建设的重要准则和理论依据。邓小平同志也说："一个党，一个国家，一个民族，如果一切从本本出发，思想僵化，迷信盛行，那它就不能前进，它的生机就停止了，就要亡党亡国。"①"讲风气，无非是党风、军风、

---

① 《邓小平文选》第2卷，人民出版社1994年版，第143页。

民风、学风，最重要的是党风。”①执政党的党风问题是关系到党的生死存亡的问题。

党风的直接影响一般有二：一是党风关系党的正确路线的制定和贯彻，关系人心向背。党的作风端正才能做到实事求是，深入群众，了解人民群众的疾苦，重视人民群众的呼声，支持和帮助人民群众当家做主人，人民群众也才能真正相信党、拥护党，并真心实意地支持党的事业，党的事业才能顺利、全面地推向21世纪，在21世纪写下新的光辉篇章。

二是党风的好坏还直接关系到民风、整个社会的风气。我们的党是执政的党，是无产阶级革命事业的领导核心。党员的一言一行、一举一动都会起举足轻重的作用。毛泽东曾指出：“只要我们党的作风完全正派了，全国人民就会跟我们学。党外有这种不良风气的人，只要他们是善良的，就会跟我们学，改正他们的错误，这样就会影响全民族。”②

那么，如何加强党风建设呢？报告指出：“加强党的作风建设，根本的是坚持全心全意为人民服务的宗旨，充分发挥党密切联系群众的优势。”因为党的作风是党的性质和宗旨的体现，一定要结合新的实践在全党发扬光大。我们的党来自人民，根植于人民，服务于人民。建设有中国特色社会主义全部工作的出发点和落脚点，就是全心全意为人民谋福利。一切为了群众，一切相信群众，一切依靠群众，而不是一切脱离群众，一切远离群众，把自己置于群众之上，我们党就能获得取之不尽的力量源泉。

报告还指出：“党的领导和党的建设，历来是同党的历史任

① 《邓小平文选》第2卷，人民出版社1994年版，第54页。

② 《毛泽东选集》第3卷，人民出版社1991年版，第812页。

务，同党为实现这些任务而确立的理论和路线联系在一起的。”党的路线、政策的贯彻和执行是同党的正常生活，同党的作风有着密切关系的。只有一套正确的政治路线和政策是不够的，更要有一套正确的组织路线和好的党风；只满足于政治路线和政策的正确，而忽视党的生活建设，忽视党的作风建设同样是错误的，党的事业也是得不到兴旺发达的。

当然，党风建设是一项长期任务。这是因为：党的优良作风不是自发形成的。其不是个别党员的模范行动，而是全党范围内比较稳固的自觉行为和风尚。党的优良作风是在同各种不良作风相斗争中形成和发展起来的，正如毛泽东同志在谈到马克思主义的发展时曾经指出的：“正确的东西总是在同错误的东西作斗争的过程中发展起来的。真的、善的、美的东西总是在同假的、恶的、丑的东西相比较而存在，相斗争而发展的。”①党的优良作风亦是，党风的建设是随着党的事业的发展而不断发展的。客观形势的变化，向党提出了新的任务，也对党风建设提出了新的要求。党的作风不是一成不变的，停滞不前的，而是要不断发扬光大，不断提高，只有这样才能适应客观形势发展的需要。

至于党风具体怎样抓，可以从以下几方面入手：

一是必须抓好党的领导机关、领导干部的作风建设。因为党的领导机关，尤其是党的中央领导机关的重要地位，在整个党的事业中占有举足轻重的位置，它起着枢纽作用。可以这样说，我们国家风气如何，决定于党风；党风如何，决定于领导机关的风气；而领导机关的风气，又决定于中央党政军机关的风气。所以

---

① 《毛泽东文集》第7卷，人民出版社1999年版，第230页。

抓党风，首先得从抓领导做起。党中央号召全党特别是领导干部要“讲学习、讲政治、讲正气”是非常有见地的。党的干部特别是领导干部，在实际工作中要按照报告所指出的“四必须”严格要求自己：必须认真执行党的路线方针政策，决不能有任何偏离；必须正确行使人民赋予的权力，决不能以权谋私；必须把对上级负责和对群众负责统一起来，决不能把二者割裂开来，对立起来；必须在工作中坚持群众路线，深入实际调查研究，决不能搞官僚主义、形式主义、强迫命令。

二是抓党风要结合各个部门特点来进行。抓党风，既要有一般号召，又要有具体要求，重要的是要针对和结合各个行业的不同特点来进行。由于各个行业面向社会不同的特点和所谓“优势”，最容易凭借各自经营条件和主管人、财、物的特殊权力，肆意敲诈勒索、以权谋私、以职谋私，这些不良风气并非都与党的机关、党员或党的领导干部有关，但却与我们的党风息息相关。抓好行业不正之风，是抓党风的必然趋势，也是抓党风日益深入的一个标志。但要抓行业不正之风，各个部门的负责人，党员领导干部，应当走群众路线，脚踏实地地做一些调查研究工作，找出本行业的种种弊端，选准切入点，才能把纠正不正之风搞好。

三是抓党的作风要同提高党员的素质结合起来进行。抓党的作风，必须上下一齐抓，表里兼治。党风的实质是世界观问题，但党员的政治、思想、文化、业务等各方面的素质对党的作风建设具有重要意义。因为，我们全党必须不断地提高每个党员的素质，只要不断地在提高党员的素质上下功夫，坚持不懈地抓下去，便可达到“水涨船高”的目的，整个党风的转变也就有了更可靠的保证。

四是抓党风要与反腐败结合起来进行。江泽民在《大力发扬艰苦奋斗的精神》一文中指出："历史事实说明，官吏的腐败、司法的腐败，是最大的腐败，是滋生和助长其他腐败的重要原因。"①事实上，在一定条件下、范围内、程度上，腐败也指党风腐败。因此如报告指出的："反腐败是关系党和国家生死存亡的严重政治斗争。"我们党有着广泛而坚实的群众基础，任何敌人都压不倒、摧不垮。但堡垒最容易从内部攻破，我们绝对不能自己毁掉自己。如果腐败得不到有效惩治，党就会丧失人民群众的信任和支持。由于反腐败斗争和党风廉政建设的长期性、艰巨性，在不同的历史时期有不同的特点，因此，在整个改革开放过程中都要反对腐败，警钟长鸣。既要树立打持久战的思想，又要一个一个地打好阶段性战役。要健全规章制度，发扬党内民主，加强检查监督，从严治党，这是党风建设的重要环节。

总之，狠抓党风，从严治党，保持党的先进性和纯洁性，增强党的凝聚力和战斗力，是实现新时期伟大历史任务的重要保证。

（刊于《中国党政干部改革论坛》1998年第一辑）

---

① 《论党的建设》，中央文献出版社2001年版，第236页。

关于党风建设的几大问题

邓小平同志关于端正党风的一系列论述是邓小平党风廉政建设理论的重要组成部分，对于指导我党端正党风，反对腐败，加强党建，从而保证十五大确定的各项任务的顺利进行，积极稳妥地把建设有中国特色社会主义大业推向21世纪具有重大的意义。邓小平认为，经济建设是我们的大局，一切都要服从于这个大局，但"风气如果坏下去，经济搞成功又有什么意义？会在另一方面变质，反过来影响整个经济变质，发展下去会形成贪污、盗窃、贿赂横行的世界"。① 他认为，只有不断扩大人民内部民主，加强对破坏分子的专政，社会就会保持安定团结的局面，这样，中国的前进步伐将更稳妥、更扎实、更快。以上简明扼要地指出了端正党风的重要性和必要性。我们在端正党风上，应该采取哪些对策和措施呢？

要明确形势，提高认识，始终如一地坚持全心全意为人民服务的宗旨，这是端正党风的根本点。邓小平认为，我们搞四个现代化，因为经验不足，技术缺乏，管理落后等，会面临很多方面

---

① 《邓小平文选》第3卷，人民出版社1993年版，第154页。

的困难，但“只要你关心群众，同群众打成一片，不仅不搞特殊化，而且同群众一块吃苦，任何问题都容易解决，任何困难都能够克服。”①

一要率先垂范，以身作则，充分发挥领导干部的模范带头作用，这是端正党风的关键点。邓小平认为，由于少数领导干部把风气带坏了，所以，“为了整顿党风，搞好民风，先要从我们高级干部整起”。② 因为“党是整个社会的表率，党的各级领导同志又是全党的表率”,③ 特别是“高级干部能不能以身作则，影响是很大的”,④ “群众的眼睛都在盯着他们，他们改了，下面就好办”。⑤

二要联系实际，针对问题特点，灵活地运用两手抓，这是端正党风的有效点。邓小平总是根据不同时期的不同情况，实事求是地、有针对性地反对不正之风。比如 20 世纪 70 年代末，针对我党一些高级干部特殊化问题比较严重问题，及时地指出要纠正特殊化；80 年代初，针对官僚主义在我党和国家政治生活中广泛存在的问题，严肃地提出要反对官僚主义；80 年代中期，针对我党和国家生活领域中经济犯罪危害巨大的情况，明确要求坚决打击经济犯罪；80 年代末，针对资产阶级自由化思想泛滥，严重干扰着安定团结的政治局面，态度坚决地要求反对资产阶级自由化；90 年代初，针对形式主义盛行，极不利于社会主义现代化建设的健康前进，提出要努力克服形式主义等。他在不断进行反对

① 《邓小平文选》第 2 卷，人民出版社 1994 年版，第 228 页。
② 《邓小平文选》第 2 卷，人民出版社 1994 年版，第 219 页。
③ 《邓小平文选》第 2 卷，人民出版社 1994 年版，第 177 页。
④ 《邓小平文选》第 2 卷，人民出版社 1994 年版，第 125 页。
⑤ 《邓小平文选》第 2 卷，人民出版社 1994 年版，第 125 页。

和克服这些不正之风的实践斗争中，创造性地“发明”了著名的“两手抓，两手都要硬”的科学方法。当然，他也认为，要根据实际，巧妙灵活地运用“两手”，不能生搬硬套。

三要加强教育，增强党性，大力提高党员干部素质，这是端正党风的着眼点。邓小平认为，整顿党的作风，“对大多数党员来说，是通过思想教育，增强党性。要使全党在思想上政治上和精神状态上有显著的进步，党员为人民服务而不谋私利的觉悟有显著的提高，党和群众的关系有显著的改善”。① 他认为，中国要出问题，还是出在共产党内，因而他告诫全党：“对这个问题要清醒，要注意培养人，要按照‘革命化、年轻化、知识化、专业化’的标准，选拔德才兼备的人进班子。”②不仅如此，他还把增强党性、提高素质提到了社会主义建设的战略高度，明确指出，如果“我们自己在精神上解除了武装，还怎么能教育青年，还怎么能领导国家和人民建设社会主义”！③

四要严肃纪律，改革制度，从根本上遏制不正之风，这是端正党风的着力点。邓小平认为，一个党允许它的党员完全按个人的意志自由发表言论，自由行动，那么这个党就不可能有统一的意志，不可能有战斗力，党的任务就不可能顺利实现，因此，他明确指出：“各级纪律检查委员会和组织部门的任务不只是处理案件，更重要的是维护党规党法，切实把我们的党风搞好。对于违反党纪的，不管是什么人，都要执行纪律，做到功过分明，赏

① 《邓小平文选》第3卷，人民出版社1993年版，第38页。
② 《邓小平文选》第3卷，人民出版社1993年版，第380页。
③ 《邓小平文选》第2卷，人民出版社1994年版，第367页。

罚分明，伸张正气，打击邪气。”①对于不正之风，他不但认为是由于党的纪律“废弛”所致，同时还深深地认识到是由于党的各项制度不健全，弊端百出所致，所以他始终强调要不断“健全社会主义制度”，特别是对“带有根本性、全局性、稳定性和长期性”的领导制度、组织制度等，因为“这种制度问题，关系到党和国家是否改变颜色，必须引起全党的高度重视”。② 他指出：“如果不坚决改革现行制度中的弊端，过去出现过的一些严重问题今后就有可能重新出现。只有对这些弊端进行有计划、有步骤而又坚决彻底的改革，人民才会信任我们的领导，才会信任党和社会主义，我们的事业才有无限的希望。”③

以上四点是相互联系、相互影响、相互渗透、相互促进的，是辩证的统一，缺一不可。

（刊于《甘肃工人报》1999 年 3 月 2 日）

---

① 《邓小平文选》第 2 卷，人民出版社 1994 年版，第 147 页。
② 《邓小平文选》第 2 卷，人民出版社 1994 年版，第 333 页。
③ 《邓小平文选》第 2 卷，人民出版社 1994 年版，第 333 页。

反腐败斗争的强大武器

——浅议邓小平关于反腐败论述的意义

邓小平同志关于反腐败的一系列重要论述是邓小平党风廉政建设理论的重要组成部分，对于指导我党开展反腐败斗争、保证改革开放的顺利进行和社会主义经济稳步发展及促进社会主义精神文明建设都具有极其重要的意义。

一是反腐败要态度明确，坚决果断。态度明朗与否、决心果断与否是反腐败能否取得成功的首要问题。邓小平曾在不同时期、场合多次指出，要扎扎实实做几件事，体现出我们是真正反腐败的。他始终把反腐败和民心向背紧密相连，即把反腐败建立在对人民高度负责的基础上，视反腐败为获得民心的关键。他严肃地指出，对重要的案件要敢于下手，“是一就是一，是二就是二，该怎么处理就怎么处理”，“要雷厉风行地抓，要公布于众，要按照法律办事。该受惩罚的，不管是谁，一律受惩罚”。① 不然，我们就会丧失人心，使人们以为我们在包庇腐败。他还强调指出，我们反对腐败，搞廉洁政治，不是搞一天两天，一月两

---

① 《邓小平文选》第3卷，人民出版社1993年版，第297页。

月，而是要在整个改革开放过程中都要反对腐败。邓小平在反腐败斗争问题上的明确态度和果断决心，为党在新时期加强自身建设树立了自信，坚定了信念，鼓舞了精神，更重要的是同时还指明了反腐败的方向。

二是反腐败要步骤紧凑，措施得力。领导的身体力行、率先垂范是反腐败的关键环节。邓小平认为，领导干部特别是高级领导干部要以身作则，自觉抵制腐败思想的侵蚀，自觉地遵纪守法，接受监督，做艰苦奋斗的榜样，做实事求是的榜样。

邓小平认为，必须把思想政治工作放在重要的位置，反腐败是一项长期而艰巨的任务，不能搞运动。对一些影响社会风气的思想问题，要经过充分调查研究，进行有充分说服力的教育。同时，他也认为，腐败问题不只是思想问题，而且还是个行为问题、组织纪律问题，因此，必要时应采取一些行政手段和法律手段。党风廉政建设是关系党的生死存亡的大问题，“还是要靠法制，搞法制靠得住些”,① 从根本上为反腐败斗争指明了方向，具有十分重要的指导意义。

三是深化体制改革，消除腐败滋生土壤，这是反腐败的核心内容。邓小平认为，领导制度、组织制度和工作制度等带有根本性、全局性、稳定性和长期性，如果这些方面好，“可以使坏人无法任意横行，制度不好可以使好人无法充分做好事，甚至会走向反面”。② 如果不坚决改革现行制度中的弊端，正如邓小平所说：“过去出现过的一些严重问题今后就有可能重新出现”,③ 深

① 《邓小平文选》第 3 卷，人民出版社 1993 年版，第 379 页。
② 《邓小平文选》第 2 卷，人民出版社 1994 年版，第 333 页。
③ 《邓小平文选》第 2 卷，人民出版社 1994 年版，第 333 页。

刻指出了反腐败工作的要害所在。

四是完善监督制度，加强党外监督，这是反腐败的重要途径。邓小平认为，由于我党的执政地位，我们的一些同志很容易沾染上各种不良风气。因此“更加需要听取来自各个方面包括各民主党派的不同意见，需要接受各个方面的批评和监督，以利于集思广益，取长补短，克服缺点，减少错误”。① 同时，他还特别指出：“要有群众监督制度，让群众和党员监督干部，特别是领导干部”，② 从而为党的生活步入民主化、制度化轨道奠定了坚实的思想基础。

五是坚持和发扬党的优良传统和作风，这是反腐败的重要条件。邓小平认为，群众路线、实事求是、艰苦奋斗是我党的“传家宝”，只要我们坚持和发扬这些优良传统和作风，我们就能消除腐败现象。

从具体事件抓起，抓典型，查处大案要案，这是反腐败的重要举措。邓小平认为，越是高级干部，越是名人的违法事件越要抓，而且要抓典型。“因为这些人影响大，犯罪危害大。抓住典型，处理了，效果也大。”③当然对“那些小萝卜头”也不能放松。他坚决表示，不管牵涉到谁，都需按照党纪国法，坚决、明确、毫不含糊地查办，要真抓实干，不能手软。

（刊于《甘肃工人报》1999 年 1 月 12 日）

① 《邓小平文选》第 2 卷，人民出版社 1994 年版，第 205 页。
② 《邓小平文选》第 2 卷，人民出版社 1994 年版，第 332 页。
③ 《邓小平文选》第 3 卷，人民出版社 1993 年版，第 152 页。

用好人才是事业成功的关键

——学习邓小平的用人思想

我国现代化建设的进程，在很大程度上取决于国民素质的提高和人才资源的开发。面对 21 世纪的竞争，与其说是科学技术、经济力量的竞争，不如说是人才的竞争。

第一，能不能使用人才，是关乎事业成败的关键。合理使用人才的问题，是邓小平人才思想的核心，也是他尊重知识分子和指导人事人才工作的一大显著特点。作为一个政治战略家，他不仅从现实的要求，而且从更深远和广阔的历史角度，对我党的人事人才问题作了深刻的理性思考和透彻的科学论述。在 1984 年 10 月 22 日中央顾问委员会第三次全体会议上，他明确提出："事情成败的关键就是能不能发现人才，能不能用人才。"①这是在总结我党执政以来，在社会主义革命和建设过程中对待人才的经验教训和对中国未来的深刻审视的基础上提出的一个政治论断和理论论断。

人才使用问题之所以是一个关乎事业成败的关键问题，在邓

---

① 《邓小平文选》第 3 卷，人民出版社 1993 年版，第 92 页。

小平同志看来，根本性的原因就在于，人才使用的好坏直接决定着社会主义现代化的实现与否和国家的兴旺发达与否。基于这种考虑，在进入20世纪90年代后，他多次具体阐述了关于人才使用问题的方针，最主要的有两次，一次是在1991年8月20日，邓小平同几位中央负责同志谈话时，针对在用人上纠缠于某种小节而畏首畏尾，不能放开手脚的问题，他说："你们觉得是人才的，即使有某些弱点缺点，也要放手用。一个人才可以顶很大的事，没有人才什么事情也搞不好。"①"对每个人都会有不同的意见，不会完全一致。有缺点可以跟他谈清楚，要放手地用人。"②他还郑重地建议党中央要总结一下用人的问题。一次是在1992年的武昌、深圳、珠海、上海等地谈话中，他意味深长地指出："中国的事情能不能办好，社会主义和改革开放能不能坚持，经济能不能快一点发展起来，国家能不能长治久安，从一定意义上说，关键在人。"③当然，这里所说的关键在人，主要指的是用人。

第二，明确形势，提高认识，尊重知识，尊重人才，这是用人的先决条件。邓小平同志在1977年5月24日《尊重知识，尊重人才》一文中强调指出："一定要在党内造成一种空气：尊重知识，尊重人才。要反对不尊重知识分子的错误思想。"④此后，在许多场合和地点，他对这一观点作了必要的阐述和不断的完善。在他看来，只要全党全社会都真正尊重知识，尊重人才，就能调

① 《邓小平文选》第3卷，人民出版社1993年版，第369页。
② 《邓小平文选》第3卷，人民出版社1993年版，第369页。
③ 《邓小平文选》第3卷，人民出版社1993年版，第380页。
④ 《邓小平文选》第2卷，人民出版社1994年版，第41页。

动人才的积极性，才能真正发挥知识分子的作用。邓小平同志的这一观点，对扭转当时的不正之风，开辟科教和人事人才工作新局面，为社会主义建设大业的蓬勃发展注入新鲜活力做出了巨大的贡献。那么如何才能做到尊重知识，尊重人才，这始终是邓小平同志关心和思考的问题。在他看来，最为重要的有两点：一是人才自行其好。邓小平同志在1985年全国科技工作会议上指出："你们的工作做得越好，越有成绩，就会使全国人民越加懂得知识的可贵，推动大家都来尊重知识，学习知识，掌握知识。人们正在通过你们的工作，来评价科学技术在现代化建设中的地位，评价科学技术人员的作用。"①二是领导高度重视。邓小平同志在1985年全国教育工作会议上指出："近几年来，从中央到地方……有越来越多的同志，懂得知识和人才的重要，懂得教育的重要"，② 但"另一方面，还有相当一部分同志，包括一些高级干部，对于发展和改革教育的必要性，认识不足，缺乏紧迫感，或者口头上承认教育重要，到了解决实际问题时又变得不那么重要了"。③ 对此，他严肃指出："忽视教育的领导者，是缺乏远见的、不成熟的领导者，就领导不了现代化建设。"④

第三，打破常规，自觉行动，发现人才，培养人才，这是用人的关键环节。在使用人才的问题上，邓小平认为，关键的问题一是要能够打破常规去发现和培养人才，二是要能够自觉地有意识地去发现和培养人才。

---

① 《邓小平文选》第3卷，人民出版社1993年版，第108页。
② 《邓小平文选》第3卷，人民出版社1993年版，第121页。
③ 《邓小平文选》第3卷，人民出版社1993年版，第121页。
④ 《邓小平文选》第3卷，人民出版社1993年版，第121页。

邓小平同志一直非常重视和关心人才的发现和培养，曾多次要求我们不能以老眼光、老框框、以成见看人。早在1978年全国科学大会开幕式的讲话中，他就特别指出：在人才的问题上，要特别强调一下，必须打破常规去发现、选拔和培养杰出的人才。他的这一论断为我们彻底清除“四人帮”在对待人才问题上的流毒及今后如何发现、培养和使用人才奠定了十分重要的思想基础。

党的十一届三中全会以后，针对我国蒸蒸日上的社会主义宏伟大业需要许多人才，而我们在发现和培养人才上仍然不力的情况，他一针见血地指出：“我们需要有越来越多的专门人才，但是，是不是说，我们现在就没有人才呢？不是，是我们的各级党委，特别是一些老同志，在这方面注意不够，没有去有意识地发现、选拔、培养、帮助一批专业的人才。”①他还说：“我们并不是没有人。好多人才没有被发现，他们的工作条件太差，待遇太低，他们的作用不能充分地发挥出来。”②

第四，眼睛向下，摒弃成见，广开渠道，破格选人，这是用人的重要举措。在用人问题上，邓小平还一贯认为，要特别注重选人问题。究竟如何选人，在他看来主要有三点：

(1)眼睛向下，从群众中选人。早在1950年代初，针对基层在用人上囿于上面派来和别区调来的不当做法，邓小平就明确指出：“眼睛不要望着上面派来或别区调来干部，要坚决地从群众中放手提拔。”③他还把这当做我党“进一步地联系群众，使工作

① 《邓小平文选》第2卷，人民出版社1994年版，第264页。
② 《邓小平文选》第2卷，人民出版社1994年版，第265页。
③ 《邓小平文选》第1卷，人民出版社1994年版，第183页。

生根”的好办法来对待，强调指出：“我们的干部特别要注意从工人中去选拔。”①在进入80年代初，针对在选人上囿于小圈子的又一个不当做法，他严肃指出：“不少同志只是看到周围熟悉的一点人，总在原来的一些人中打圈子，不会深入到群众中去选拔人才”,② 并把它提到作风问题的高度来看待，认为这也是一种官僚主义。因为在他看来，政治表现好，又肯干，有本领的人才，各行各业、各地区、各单位都有，问题是我们不能眼睛向下去发现和提拔他们。

(2)摒弃成见，以公正之心选人。1989年，邓小平针对我们在选人上仍然克服不了个人成见和感情用事等极不利于改革开放伟大事业的情况，明确指出：“现在我们起用人，要抛弃一切成见，寻找人民相信是坚持改革路线的人。要抛弃个人恩怨来选择人，反对过自己的人也要用。”③他把选拔人提到了对待改革和人民负责的政治高度。

(3)注重本领，从各层(处)选人。随着党和人民事业的突飞猛进，邓小平深深地意识到，人才数量、质量和多样化对革命建设事业影响的极端重要性和时代紧迫性，他把它当做党的一项十分重要的任务对待，多次指出，党必须特别注意培养精通生产技术和其他各种专门业务知识的干部，因为这是建设社会主义的基本力量。在少数民族地区，必须用最大的努力培养本民族的干部，党必须用很大的决心培养和提拔妇女干部，帮助和鼓励她们不断前进等。

---

① 《邓小平文选》第1卷，人民出版社1994年版，第183页。
② 《邓小平文选》第2卷，人民出版社1994年版，第326页。
③ 《邓小平文选》第3卷，人民出版社1993年版，第299~300页。

第五，按照标准，坚持原则，创造条件，大胆用人，这是用人的基本准则。在邓小平看来，在用人上，除了要抓好先决条件、关键环节和重要举措外，还有一个十分重要的方面，就是要严格遵循用人的基本准则。

(1)严格按照“革命化、年轻化、知识化、专业化”的标准用人。能不能按照这个标准用人或彻底与否，邓小平认为，一是决定党和国家之兴衰或存亡，具有影响深远、意义重大的革命战略问题。他指出，如果“这场革命不搞，让老人、病人挡住比较年轻、有干劲、有能力的人的路，不只是四个现代化没有希望，甚至于要涉及(到)亡党亡国的问题，可能要亡党亡国”。① 二是这是一个关乎民心向背的大问题，他认为：“如果不进行这场革命，不论党和政府的整个方针、政策怎样正确，工作怎样有成绩，我们却只能眼睁睁地看着党和政府的机构这样缺少朝气、缺少效率，正确的方针、政策不能充分贯彻，工作不能得到最大的成绩，我们怎能得到人民的谅解，我们自己又怎能安心？”②此条标准不但为我们合理用人提供了可靠依据，而且还为党密切联系群众开创了一条新路子，为党和国家的生存和发展找到了一根坚实的支柱。

(2)始终坚持“德才兼备”的原则用人。“德才兼备”是我党历来选拔和使用人才的一个根本原则和优良传统。在新的历史时期，邓小平同志把它提到了关系社会主义现代化建设的政治高度来认识，他始终认为，“德才兼备”的人才队伍是我国社会主义现

① 《邓小平文选》第2卷，人民出版社1994年版，第397页。
② 《邓小平文选》第2卷，人民出版社1994年版，第397页。

代化建设的希望，如果“不解决这个问题，不可能实现四个现代化”。①

那么在新的时代要求和召唤下，党的人才队伍应该具备什么样的德和才呢？在“德”上，邓小平同志认为，由于我们要在中国社会主义制度下实现四个现代化，所以，我们的人才队伍一定要有坚持社会主义道路，要有马列主义的基本观点，要遵守党的纪律和国家纪律的“德”。

关于“才”，邓小平认为，只靠坚持社会主义道路，没有真才实学，还是不能实现四个现代化的。他指出：“无论在什么岗位上，都要有一定的专业知识和专业能力，没有的要学，有的要继续学，实在不能学、不愿学的要调整。”②在他看来，不管你搞哪一行，如果你不专，你不懂，你去瞎指挥，损害了人民的利益，耽误了生产建设的发展，不但起不到应有的积极作用，反而会产生不应有的消极作用，也就谈不上“红”(即德)，若此，同样不可能实现四个现代化。

邓小平同志不但深刻地阐明了德、才在新时代的深刻内涵和重要性，而且还简明扼要地讲清了二者的辩证关系，不但丰富和发展了我党的这一用人原则，而且对我们合理用人大大开阔了视野。

(3)积极为人才脱颖而出创造有利条件。进入 1980 年代中期，随着社会各项事业的蓬勃发展和改革开放的不断深入，怎样使人才脱颖而出，为蓬勃发展的宏伟大业注入新的活力和动力，就成为邓小平同志“最重要的，最关心的”问题。对此，邓小平同

① 《邓小平文选》第 2 卷，人民出版社 1994 年版，第 262 页。

② 《邓小平文选》第 2 卷，人民出版社 1994 年版，第 262 页。

志在 1985 年的全国科技工作会议上明确指出："要创造一种环境，使拔尖人才能够脱颖而出。改革就是要创造这种环境。人才是有的。不要因为他们不是全才，不是党员，没有学历，没有资历，就把人家埋没了。"①针对这种问题，他提出了许多重要意见和看法，这些意见和看法就成了他在新的历史时期为人才脱颖而出创造条件的基本思想。

一是要从精神上积极鼓励。邓小平认为，对人才要从精神上进行鼓励，即使他们有缺点，也要帮助、鼓励。他指出："对于优秀的教育工作者，应该大张旗鼓地予以表扬和奖励。"②要采取适当的措施，鼓励人们终身从事教育事业。

二是要从物质上尽量支持。邓小平认为，对于人才，除了精神上的鼓励，还要采取其他一些鼓励措施，包括改善他们的物质待遇。他指出："要调动科学和教育工作者的积极性，光空讲不行，还要给他们创造条件，切切实实地帮助他们解决一些具体问题。"③对于这方面的问题，他认为要区别轻重缓急，逐步加以解决；条件比较好的要充分利用；一下子解决不了的，也要尽力把工作做好。

三是要从职称(务)上给予确认。邓小平同志认为，不在其位，不谋其政。因此，他指出："要建立学位制度，也要搞学术和技术职称"，"在学术上，只要有创造，有贡献，就应该评给相应的学术职称，不能论资排辈。在工厂，总要选业务能力和管理

---

① 《邓小平文选》第 3 卷，人民出版社 1993 年版，第 109 页。
② 《邓小平文选》第 2 卷，人民出版社 1994 年版，第 109 页。
③ 《邓小平文选》第 2 卷，人民出版社 1994 年版，第 56 页。

水平比较高的人当厂长，不管他年龄大小，辈数高低”。①

四是要从制度上得以保证。邓小平同志认为，要把人才培养使用工作做好，最难的就是这一条，即有没有一套办法。他认为，若没有一套办法，怎么能把几百万知识分子骨干用起来？因此，他指出，我们要建立一套制度使那些有专业知识、年富力强的人，被选拔到能够发挥他们才干的工作岗位上来。

(4)不计前嫌，用人之长，大胆用人。邓小平同志认为，我们现在不是人才多了，而是真正的人才没有很好地予以发现，发现了也没有果断地起用。他指出：“每个人都会有不同的意见，不会完全一致。有缺点可以跟他谈清楚，要放手地用人。”②他还指出：“犯过一些错误，后来确已觉悟转变而又确有真才实学的人，我们也不能抛开不用”，③ 要大胆地用人，抛弃狭隘的用人思想，开辟用人的新局面。

（刊于《甘肃工人报》1999 年 6 月 15 日，发表时有删节）

① 《邓小平文选》第 2 卷，人民出版社 1994 年版，第 224 页。
② 《邓小平文选》第 3 卷，人民出版社 1993 年版，第 369 页。
③ 《邓小平文选》第 2 卷，人民出版社 1994 年版，第 325~326 页。

总结过去　开辟未来

——浅析邓小平关于总结经验的思想

“一个总结经验，一个使用人才，这两点是我的正式建议”,① 这是邓小平退休后对新的党中央领导的建议。总结经验，是邓小平在长期的革命、建设和改革的实践斗争中极为重视并始终坚持的一种科学方法；总结经验的思想，是贯穿邓小平理论始终的一条主线。认真学习研究邓小平总结经验的思想，对于我们抓住机遇而不是丧失机遇，开拓进取而不是因循守旧，正确处理种种矛盾和困难，顺利完成党所确定的各项工作任务，努力把我国建设成为一个富强、民主、文明的社会主义现代化国家具有重要的指导意义。

一、总结经验的重要性和必要性

邓小平认为，总结经验对于我们正确指导改革开放的生动实践，顺利完成建设有中国特色的社会主义现代化强国的伟大历史

---

① 《邓小平文选》第 3 卷，人民出版社 1993 年版，第 369 页。

任务极为重要和十分必要。他曾多次强调：“我们现在所干的事业是一项新事业，马克思没有讲过，我们的前人没有做过，其他社会主义国家也没有干过，所以，没有现成的经验可学。我们只能在干中学，在实践中摸索。”①他指出：“改革、开放是一个新事物，没有现成的经验可以照搬。”②因此，“现在需要总结经验，搞快一点、好一点”。③ 他从一定的战略高度，深刻地指出了总结经验的重要性和必要性。

二、总结经验的目的和作用

(1)为了回顾过去，开辟未来，引导大家团结一致向前看。邓小平认为，总结经验的目的，就是为了开辟美好的未来。他曾在不同的时间、场合多次指出：“总结历史是为了开辟未来”，④而且还指出：“总结过去是为了引导大家团结一致向前看”。⑤

(2)有利于防止错误，消除弊端，积极推动改革健康发展。邓小平认为，对改革，“我们的办法是不断总结经验，有错误就赶快改，小错误不要变成大错误”，⑥“我们不靠上帝，而靠自己努力，靠不断总结经验，坚定地前进。”⑦

(3)有利于适应斗争，做细工作，实事求是解决问题。邓小

① 《邓小平文选》第3卷，人民出版社1993年版，第258~259页。
② 《邓小平文选》第3卷，人民出版社1993年版，第248页。
③ 《邓小平文选》第2卷，人民出版社1994年版，第247页。
④ 《邓小平文选》第3卷，人民出版社1993年版，第271页。
⑤ 《邓小平文选》第2卷，人民出版社1994年版，第292页。
⑥ 《邓小平文选》第3卷，人民出版社1993年版，第174页。
⑦ 《邓小平文选》第3卷，人民出版社1993年版，第118页。

平认为，社会主义现代化建设的伟大实践要求我们把工作做得更细致一些，注意经常总结经验。他指出："我们开会，作报告，作决议，以及做任何工作，都为的是解决问题。我们说的做的究竟能不能解决问题，问题解决得是不是正确，关键在于我们是否能够理论联系实际，是否善于总结经验，针对客观现实，采取实事求是的态度，一切从实际出发。"①

(4)有利于认清过去，明确形势，提炼出新的方针和科学理论。邓小平不但把总结经验看成是提出新的方针的先决条件，同时也看成是提炼科学理论的先决条件。他指出："一个新的科学理论的提出，都是总结、概括实践经验的结果。没有前人或今人、中国人或外国人的实践经验，怎么能概括、提出新的理论？"②

三、总结经验的范围和途径

(1)既要注意总结成功的经验，也要善于总结失败和错误的经验。邓小平不但重视对成功经验的总结，也十分注重对错误和失败经验的总结。他认为："历史上成功的经验是宝贵财富，错误的经验、失败的经验也是宝贵财富。"③他在阐明我国社会主义取得胜利和遭受挫折的历史经验时，强调指出，我们现在的路线、方针、政策是在总结成功时期的经验，失败时期的经验和遭受挫折时期的经验后制定的，为我们成功总结经验明确指出了范围和一条重要的途径。

---

① 《邓小平文选》第2卷，人民出版社1994年版，第113~114页。

② 《邓小平文选》第2卷，人民出版社1994年版，第57~58页。

③ 《邓小平文选》第3卷，人民出版社1993年版，第234~235页。

(2)既要注意总结自己(国内)的经验，也要善于总结他人(国际)的经验。邓小平认为，我们不但善于总结自己的经验，而且更善于总结他人的经验，这样就更有利于我们的工作，有利于我国的发展。同时，他也强调，决不能照抄照搬别国经验，不然就无法取得成功。

(3)既要注重从高层总结经验，也要善于从基层总结经验。邓小平在南方讲话时郑重指出，在改革开放中，“每年领导层都要总结经验，对的就坚持，不对的赶快改，新问题出来抓紧解决”。① 他还十分善于将群众和基层的好经验和好办法吸收概括，并加以推广。比如，针对农村家庭联产承包的问题，他就明确指出：“农村搞家庭联产承包，这个发明权是农民的。农村改革中的好多东西，都是基层创造出来，我们把它拿来加工提高作为全国的指导。”②在总结十一届三中全会以来的成就时他诚恳指出：“近十年来的成功也是集体搞成的。我个人做了一点事，但不能说都是我发明的，其实很多事是别人发明的，群众发明的，我只不过把它们概括起来，提出了方针政策。”③他说：“一个党和它的党员，只有认真地总结群众的经验，集中群众的智慧，才能指出正确的方向，领导群众前进。”④

(4)要有重点、有步骤、适时地总结经验。邓小平始终认为，不论做任何事，我们都应有轻重、有步骤、有分寸地进行，不能“眉毛胡子一把抓”，总结经验亦是。比如，在1970年代末，针

① 《邓小平文选》第3卷，人民出版社1993年版，第372页。
② 《邓小平文选》第3卷，人民出版社1993年版，第382页。
③ 《邓小平文选》第3卷，人民出版社1993年版，第272页。
④ 《邓小平文选》第1卷，人民出版社1994年版，第218~219页。

对历史遗留问题，他指出："至于在实际过程中发生的缺点、错误，适当的时候作为经验教训总结一下，这对统一全党的认识，是需要的"，① 而且他也指出，对这些问题，宜粗不宜细，当然，"粗"也不是没原则的，对"大是大非的问题"还是要弄清楚的，总之是要有计划、有步骤、适时地进行。90年代初，在总结我国经济工作经验时，他明确指出："这一段总结经济工作的经验，重点放在哪里？我看还是放在坚持改革开放上。"②"总结经验，稳这个字是需要的，但并不能解决一切问题"，"什么时候用，如何用，这要具体分析。但不能只是一个稳定。特别要注意，根本的一条是改革开放不能丢，坚持改革开放才能抓住时机上台阶"，③ 从而为我们妥善解决历史遗留问题和保持改革开放的健康发展从思想上提供了可靠的保障。

(5)自己动手，是总结经验最根本的一条途径。邓小平认为，不论个人或组织都要自己动手总结经验，这样才可靠。他指出："对于犯错误的同志，要促进他们自己总结经验教训，认识和改正错误。"④"一个党犯错误是难免的，就是犯了错误，也要由自己去总结，自己去解决问题"，⑤ 之所以如此，就是因为"这样才靠得住"。⑥

（刊于《甘肃工人报》2000年1月18日）

① 《邓小平文选》第2卷，人民出版社1994年版，第149页。
② 《邓小平文选》第3卷，人民出版社1993年版，第368页。
③ 《邓小平文选》第3卷，人民出版社1993年版，第368页。
④ 《邓小平文选》第2卷，人民出版社1994年版，第148页。
⑤ 《邓小平文选》第3卷，人民出版社1993年版，第27页。
⑥ 《邓小平文选》第3卷，人民出版社1993年版，第27页。

关键应在“忠实”上下功夫

江泽民同志指出，因为我们党是代表最广大人民群众根本利益的，所以全党同志的一切工作都是全心全意为人民服务的，都是为了实现好、发展好和维护好人民的利益，任何脱离群众、任何违反群众意愿和危害群众利益的行为，都是不允许的。始终代表中国最广大人民群众的根本利益，是贯穿“三个代表”重要思想的一条主线，是新时代赋予共产党人特别是党的各级领导干部的重大历史责任。新的世纪，面对国际国内变化的新形势、艰巨的新任务和复杂的新环境，我们共产党人特别是党的各级领导干部，究竟怎样才能按照江泽民同志的谆谆教诲和严格要求，把最广大人民群众的根本利益代表好？关键应在“忠实”上下功夫。

第一，在忠实上下功夫，是一种历史的质的规定，共产党人特别是党的各级领导干部责无旁贷。忠实是一种崇高的思想境界，是一个时代的灵魂，也是任何一个共产党人的本色。共产党的性质决定了共产党人只能忠实地代表最广大人民群众的根本利益，没有自己的任何私利。马克思、恩格斯早在《共产党宣言》中指出：“共产党人同其他无产阶级政党不同的地方只是：一方面，在无产者不同的民族的斗争中，共产党人强调和坚持整个无产阶级共同的不分民族的利益；另一方面，在无产阶级和资产阶级的斗争所经历的各个发展阶段上，共产党人始终代表整个运动的利益。”①毛泽东同志也指出，共产党人就要“和最广大的人民群众取得最密切的联系。全心全意地为人民服务，一刻也不脱离群众；一切从人民的利益出发，而不是从个人或小集团的利益出发……这些就是我们的出发点”。②“共产党人的一切言论行动，必须以合乎最广大人民群众的最大利益，为最广大人民群众所拥护为最高标准。”③中国共产党之所以能够百战不殆，所向披靡，从一个胜利走向另一个胜利，就是因为它能始终忠实地代表人民的利益，始终为人民服务。革命战争年代，无数共产党人及其干部出生入死，英勇战斗，流血牺牲，前赴后继，推翻了“三座大山”的压迫，完成反帝反封建的新民主主义革命任务，结束了长达一百多年的半殖民地半封建社会的屈辱历史，赢得了人民的翻身解放，实现了人民当家做主；和平建设时期，无数共产党人及其干部呕心沥血，艰苦奋斗，发展经济，繁荣文化，不断地满足人民群众日益增长的物质文化需要，最大限度地实现着人民群众的根本利益，保证了人民当家做主，这些均生动而历史地证明，忠实地代表最广大人民的根本利益，全心全意为人民服务，是共产党人及其党的干部的使命和力量所在。只有忠实地代表最广大人民的根本利益，才能紧密地团结广大人民群众，将人民群众的智慧和力量凝聚起来，克服一切困难，战胜一切险阻，将革命、建设和改革的大业从胜利引向胜利；才能够得到广大人民群众的

① 《马克思恩格斯选集》第1卷，人民出版社2012年版，第413页。
② 《毛泽东选集》第3卷，人民出版社1991年版，第1094~1095页。
③ 《毛泽东选集》第3卷，人民出版社1991年版，第1096页。

衷心拥护和支持，党的执政地位就能得到巩固，党及其所领导的事业就能永远立于不败之地。由此可见，忠实地代表最广大人民的根本利益，是马克思主义政党先进性的质的规定，是得到历史充分证明的，是不以个人的意志为转移的。

第二，在忠实上下功夫，是一种现实的量的体现，共产党人及党的各级领导干部必须身体力行。忠是实的前提基础，实是忠的具体体现，两者相互联系，相互影响，是辩证的统一。正如党的二大所明确指出的，共产党人“不应只是在言论上表示是共产主义者，重在行动上表现出来是共产主义者”。

忠，就是要全心全意、诚心诚意地而不是三心二意、虚情假意地代表最广大人民的根本利益(其实这样是根本代表不了的)，就是要对人民忠诚，对人民负责。为此共产党人特别是党的各级领导干部要努力加强学习，认真总结正确贯彻党的路线方针政策同全面体现最广大人民根本利益要求有机结合的经验，提高各自的思想理论水平。要着重解决好三个问题：一要牢固地树立马克思主义的群众观。人民群众是党的力量源泉和胜利之本。要牢固地树立人民群众是历史的创造者的观点，向人民群众学习的观点，权力是人民赋予的观点，对党负责和对人民负责相一致的观点，既要依靠群众又要教育群众并引导群众努力前进的观点。要始终把人民群众赞成不赞成、答应不答应、高兴不高兴、满意不满意当做做好一切工作的根本出发点和落脚点。二要积极确立全心全意为人民服务的价值导向。共产党人及其党的各级领导干部如何对待广大人民群众的根本利益，是一个根本的世界观问题、价值观问题和党性问题。因而要自觉地、主动地在党的政策、党内生活和各种宣传中，进行正确的自我引导、自我调控，使自己牢固确立全心全意为人民服务的价值导向。正确地处理奉献与功利、竞争与协作、效率与公平、社会责任与个人利益等之间的关系，以便在市场经济条件下更好地代表广大人民的根本利益。三是要树立正确的公仆意识。党员干部是人民的公仆，是人民的勤务员，人民是国家的主人，是干部的主人。“门难进、脸难看、事难办”就是由于主仆意识的错位导致领导或管理行为的错位。要忠实地更好地代表最广大人民的根本利益，党的各级领导干部就一定要摆正容易颠倒的主仆关系，始终把人民群众置于主人位置，把自己放在公仆的位置上。

实，就是要实事求是、实实在在地而不是华而不实、虚情假意地代表人民群众的根本利益。每一个党的领导干部都要结合自己的实际，创造性地开展工作，使党的路线方针政策和中央的工作部署切实落到实处。要善于根据客观情况的变化，及时研究前进中的新情况新问题，不断改进和完善自己的工作。具体来讲即要努力做到说实话、办实事、鼓实劲、求实效。说实话，就是要把党和国家的大政方针和意图，不折不扣、原汁原味地交给群众；就是要把人民的疾苦、呼声、建议、要求，原原本本、毫无保留地反映给上级，努力做到党情下传，民意上达，中间无滞留。办实事，就是要把关乎国计民生的急事、难事、险事、重事，以实事求是的科学态度，从实情出发，经过科学的论证，有目标、有措施、有保障地一件一件地办好办实。坚决反对好大喜功，急于出政绩，或不干事实，一味地官出数字、数字出官的不良做法和风气。鼓实劲，就是干任何事都需要一股拼劲，都要竭尽全力地去做。像毛泽东同志所说的那样：“我们要保持过去革命战争时期的那么一股劲，那么一股革命热情，那么一种拼命精神，把革命工作做到底。”①求实效，就是要真正做到“三个有利于”，取得两个文明建设“双丰收”，着实引起一个地区、一个单位面貌发生变化，把实效作为检验工作成绩的一个标准。

总之，我们共产党人特别是党的各级领导干部要真心诚意、身体力行地代表最广大人民群众的根本利益，就要想群众之所想、急群众之所急、办群众之所需，着力在“忠实”上下功夫，只有这样，才能把广大人民群众的根本利益实现好、发展好和维护好，才能把广大人民群众的积极性调动好、引导好和保护好。

（刊于中电新闻网“职工观点”，2001 年 9 月 14 日）

① 《毛泽东文集》第 7 卷，人民出版社 1999 年版，第 285 页。

用创造性实践不断推动科学理论创新

——学习胡锦涛在"三个代表"重要思想理论研讨会上的重要讲话

胡锦涛总书记在"三个代表"重要思想理论研讨会上指出："理论创新必须以坚持马克思主义基本原理为前提，否则就会迷失方向，就会走上歧途，而坚持马克思主义又要以根据实践的发展不断推进理论创新为条件，否则马克思主义就会丧失活力，就不能很好地坚持下去；最广大人民改造世界、创造幸福生活的伟大实践是理论创新的动力和源泉，脱离了人民群众的实践，理论创新就会成为无源之水，就不能对人民群众产生感召力、对实践发挥指导作用。"①总书记的讲话为我们在新的历史时期，如何学习好、贯彻好、落实好"三个代表"重要思想，如何推动马克思主义科学理论的不断创新、不断发展、不断升华，提供了科学的思维、科学的方法、科学的途径，概括起来就是始终要用创造性实践推动科学理论不断升华。"三个代表"重要思想始终强调，实践没有止境，创新也没有止境。为此，我们党在推动科学理论不断升华的实践中要始终体现时代性，把握规律性，富于创造性。

---

① 《十六大以来重要文献选编》上，中央文献出版社 2005 年版，第 365 页。

一、用创造性实践不断推动科学理论创新，根本在于体现时代性

“三个代表”重要思想创造性地运用马克思列宁主义、毛泽东思想特别是邓小平理论，紧密结合新的实践，提出了关于建立社会主义市场经济体制的思想，关于按劳分配为主体、多种分配方式并存的思想，关于实行全方位对外开放战略的思想，关于社会主义物质文明、政治文明和精神文明协调发展的思想，关于依法治国和以德治国相结合的思想，关于巩固党的阶级基础和扩大党的群众基础的思想等，尤其是为我们在新的时代条件下运用辩证唯物主义和历史唯物主义认识和把握社会发展规律，更好地推进我国社会主义事业作了新的理论概括；为我们坚持马克思主义的最终奋斗目标、根据实际制定和实施推动我国社会主义发展的科学战略提供了新的理论基础；为我们坚持马克思主义的群众观点，不断实现最广大人民的根本利益提出了新的理论要求；为我们坚持马克思主义基本原理，不断在实践中推进理论创新打开了新的理论视野，即坚持马克思主义基本原理，又不从书本、概念和抽象的原则出发，而是一切从实际出发，从时代发展的要求出发，深刻总结实践创造的新鲜经验并上升到理论。我们在推动科学理论创新、发展和升华的生动实践中，无疑地也要体现时代性，也即不仅创新性的理论要体现时代性，而且创造性的实践也要体现时代性。因为每个时代有每个时代的特征和任务，而人们所处时代的现实和存在，则是人们认识和改造主客观世界的起点和落脚点，我们的创造性实践只有始终着眼于现实、立足于现实，才能紧跟时代又不超越阶段，才能秉承历史又不迷失方向，

才能体现时代性又不脱离先进性。只有紧跟时代步伐、科学把握时代特征、掌握时代规律的创造性实践，才能推动改革前进、社会进步、人类发展；只有紧跟时代步伐、科学把握时代特征、掌握时代规律的创造性实践，才能有力、生动地推动科学理论的不断升华和发展，也只有在体现时代性创造性的土壤上成长起来的理论才是强有力的和富有生命力的理论。没有体现时代性的实践土壤，就不可能产生体现时代性的伟大理论。

二、用创造性实践不断推动科学理论创新，关键在于把握规律性

任何事物的发展都是一个有其自身规律的历史过程，理论创新和发展亦然。规律是不以人们的主观意志为转移的，如果人们的认识和行为符合规律，就可以更好地认识和改造世界(包括更好地推动理论升华)，反之就会出现盲动和被动，遭受挫折甚至失败。目前，我们正面临科学判断和全面把握国际形势的发展变化，正确应对世界多极化和经济全球化以及科技进步的发展趋势，妥善处理影响世界和平与发展的各种复杂和不确定因素，抓住和用好重要战略机遇期，在日益激烈的综合国力竞争中牢牢掌握加快我国发展的主动权；科学判断和全面把握我国将长期处于社会主义初级阶段的基本国情，正确认识和妥善处理人民日益增长的物质文化需要同落后的社会生产这一社会主要矛盾，紧紧抓住经济建设这个中心不动摇，正确处理好改革发展稳定的关系，推动物质文明、政治文明和精神文明协调发展，不断增强综合国力，逐步实现全体人民的共同富裕；科学判断和全面把握我们党所处的历史方位和肩负的历史使命，正确认识和妥善处理党在改

革开放和社会主义市场经济条件下执政遇到的新情况新问题，以改革的精神加强和改进党的建设，不断提高党的领导水平和执政水平，增强拒腐防变和抵御风险能力，始终成为团结带领人民建设中国特色社会主义的领导核心这三大历史性任务和课题。能否解决好这三个重大课题，关系我们党和国家的前途命运，关系全面建设小康社会的成败。“三个代表”重要思想为我们正确认识和处理这些重大课题提供了科学理论和科学方法，指明了方向，我们在具体的实践活动中就必须科学运用马列主义的强大武器，积极探索这三大课题所蕴涵的客观规律。辩证唯物主义的认识论表明，只有科学认识客观事物，才能正确认识事物的本质和牢牢把握事物运动发展变化的规律；只有按照客观规律办事，才能取得佳绩，获得成效。我们只有科学把握了这三大课题所蕴涵的客观规律，才能够破解这三大课题，也才能稳步健康地推动社会主义的发展和小康社会的顺利实现。

三、用创造性实践不断推动科学理论创新，核心在于富有创造性

当前，我们党还有许多重大的实践问题需要进一步探索和回答，比如如何进一步完善以公有制为主体、多种所有制经济共同发展的基本经济制度，如何建成完善的社会主义市场经济体制，如何走新型工业化道路、统筹城乡经济社会发展，如何扩大就业和促进再就业，如何进一步深化收入分配制度改革、健全社会保障体系，如何在更大范围、更广领域和更高层次上参与国际经济技术合作和竞争，如何推动整个社会走上生产发展、生活富裕、生态良好的文明发展道路，如何最广泛最充分地调动一切积极因

素、不断为中华民族的伟大复兴增添新力量，如何弘扬和培育民族精神，如何改革和完善党的领导方式和执政方式，等等。这些重大问题的科学解决，都需要我们积极开展创造性的工作，没有“狠钻牛角尖”的创造性工作，就很难解决问题，我们的事业也难以继续前进。同时，这些重大问题的科学解决，也为我们推动理论创新提供了十分宝贵的契机。“三个代表”重要思想既是我们推动实践创新的根本指针，又是我们深化理论探索的崭新起点。我们必须解放思想、实事求是、与时俱进，从理论和实践的结合上不断研究新情况、解决新问题，做到自觉地把思想认识从那些不合时宜的观念、做法和体制的束缚中解放出来，从对马克思主义错误的和教条式的理解中解放出来，从主观主义和形而上学的桎梏中解放出来，不断有所发现、有所创造、有所前进。富于创造性，就是要坚持创新精神、创新思维和创新方法，不断推动理论创新、制度创新、科技创新、文化创新和其他各方面的创新。没有创造性的实践，就没有不断的理论创新，只有创新性的理论才能有力指导和引领创造性的实践。面临新时代，我们既需要创造性的实践，也需要创新性的理论。

（刊于人民网“强国论坛”精华区，2003 年 7 月 11 日）

用崭新的理论有力指导崭新的实践

——学习胡锦涛在“三个代表”重要思想理论研讨会上的重要讲话

胡锦涛总书记在“三个代表”重要思想理论研讨会上指出：新的时代呼唤新的理论，新的理论指导新的实践，学习贯彻“三个代表”重要思想，根本目的就是要推动全党更好地带领人民群众把中国特色社会主义事业推向前进。这为我们深入深刻学习“三个代表”重要思想指出了明确的方向，也为我们认真践行“三个代表”重要思想提供了广阔的思路。用崭新的理论有力指导崭新的实践，是我们学习科学理论的根本所在。

马克思主义不仅是生动实践的伟大产物，也是生动实践的犁铧，始终与千变万化的实践活动紧密结合，在广阔的实践土壤上耕耘、播种、开花、结果，有力地推动着实践的繁华锦绣。

一、用崭新的理论有力指导崭新的实践，是马克思主义政党的优良传统

马克思、恩格斯曾经说过：“一切划时代的体系的真正的内容都是由于产生这些体系的那个时期的需要而形成起来的。”①我

① 《马克思恩格斯全集》第3卷，人民出版社1960年版，第544页。

们党在指导思想上的与时俱进，既产生于党和人民事业发展的实践进程中，又是为党和人民事业的现实需要服务的。在毛泽东思想的有力指导下，我们党团结带领人民取得了新民主主义革命的伟大胜利，并取得了社会主义革命和建设的巨大成就。在邓小平理论的有力指导下，我们党团结带领人民取得了改革开放和现代化建设的伟大成就，成功走了一条中国特色社会主义的新道路。没有毛泽东思想的正确指引，就没有中国革命的胜利和社会主义基本制度的确立。没有邓小平理论的正确指引，就没有改革开放和建设中国特色社会主义新道路的开辟。这是历史的结论、实践的结论、人民的结论。“三个代表”重要思想是当代中国共产党人高举邓小平理论伟大旗帜，准确把握时代特征，科学判断我党所处的历史方位，围绕建设中国特色社会主义这个主题，集中全党智慧，以马克思主义的巨大理论勇气进行理论创新，用一系列紧密联系、相互贯通的新思想、新观点、新论断，在进一步回答什么是社会主义、怎样建设社会主义，建设什么样的党、怎样建设党的问题的基础上，逐步形成了反映时代特征和实践要求的科学理论。坚持以反映时代特征和实践要求的“三个代表”重要思想指导实践，是指引全党全国人民为实现新世纪新阶段的发展目标和宏伟蓝图而奋斗的根本指针，也是马克思主义政党坚持先进性、不断推进事业发展的根本保证。

二、用崭新的理论有力指导崭新的实践，既是崭新实践的客观需要，也是马克思主义科学理论的根本使命所在

目前，世界多极化和经济全球化不断发展，科技进步突飞猛

进，综合国力竞争日趋激烈，这对世界各国各党的战略选择产生了重大影响，我们的党在这场惊涛骇浪的严峻考验面前，如何妥善处理各种复杂和不确定因素，抓住和用好一切有利机遇，牢牢把握加快我国发展的主动权；我国经济、政治、文化等领域的改革愈加深化，深层次的矛盾和问题愈加凸显，发展愈加艰巨，特别是在社会经济成分、组织形式、就业方式、利益关系和分配方式日益多样化的情况下，如何用发展的办法解决前进中出现的新问题新困难，形成战胜各种困难和抵御各种风险的强大合力，有力推动物质文明、政治文明和精神文明的协调发展，不断增强综合国力，不断提高生活水平，逐步实现全体人民的共同富裕；随着国内外形势和环境的深刻变化，在长期执政的条件下党的领导方式和执政方式、领导体制和工作制度如何体现当代世界和中国社会前进的要求，不断提高党的领导水平和执政水平，增强拒腐防变和抵御风险能力，始终成为团结带领人民建设中国特色社会主义的领导核心，保证党的路线方针政策全面反映最广大人民的根本利益，使党和国家的事业充满生机和活力等，我们党面临的这些严峻的挑战和艰巨的任务，迫切需要我们的党用反映时代特征和实践要求的崭新理论——“三个代表”重要思想来指导实践、破解难题、推动工作、开拓局面、创造业绩。正如胡锦涛所说的：“我们党历来高度重视理论工作，目的就是要通过强有力的理论指导，使党和人民的事业不断从胜利走向新的胜利。”①

---

① 《十六大以来重要文献选编》上，中央文献出版社 2005 年版，第 374 页。

三、用崭新的理论有力指导崭新的实践，既是一个严谨的理论问题，也是一个重大的实践问题

理论如果不与实践相结合那么其必然成为空头理论，实践如果没有科学理论的有力指导就必然成为盲目的实践，为此，一方面必须在武装思想增强能力上狠下功夫。当前，就是要用“三个代表”重要思想来武装头脑、指导自我修养。我们的各级领导干部一定要认真学习其科学内涵和精神实质，着力掌握其科学态度和创新精神，努力提高马克思主义理论水平，牢固树立开阔的思维、前瞻的眼光和崭新的观念；一定要紧密结合自己的思想实际，坚定共产党人的理想信念，提高思想政治水平，加强道德品质修养，牢固树立科学的世界观、人生观和价值观，树立正确的权力观、地位观和利益观；一定要在提高马克思主义科学理论水平的基础上，不断开拓学习视野，开发学习领域，丰富知识结构，增强自身素质，尤其是不断增强科学判断形势的能力、驾驭市场经济的能力、应对复杂局面的能力、依法执政的能力和总揽全局的能力等，也就是要在改造主观世界上下功夫，不断调动人的主观能动性，从而能够紧紧围绕实现全面建设小康社会的宏伟目标，抓紧研究解决本地区本部门改革发展稳定中的重大问题，抓紧研究解决群众生产生活中的迫切问题，抓紧研究解决党的建设中存在的突出问题，真正把“三个代表”重要思想落实到各项工作中去，落实到各级党组织和广大党员的行动中去，成为推动事业实现新发展、开创新局面的强大精神动力。为此，一方面必须在指导实践推动工作上狠下功夫。说到底就是要用“三个代表”重要思想来指导工作、推动社会实践。要以崭新的理论为指导，坚

持从群众中来、到群众中去的工作路线，倾听群众呼声，反映群众意愿，集中群众智慧，推进决策科学化民主化，创新发展思路，制定出能够有力推进深化改革、促进发展、保持稳定的各项方针政策；要切实加强党风政风建设，改进领导方式和领导方法，转变思想作风和工作作风，使党的领导干部能够经常深入基层、深入群众，特别是要到最困难的地方去，到群众意见多的地方去，到工作推不开的地方去，同那里的干部和群众一道，努力排忧解难，化解矛盾，打开工作局面；要按照关键在坚持与时俱进、核心在坚持党的先进性、本质在坚持执政为民的根本要求，密切联系改革开放和现代化建设的实际，联系本地区本部门的工作实际，坚持用“三个代表”重要思想指导实践、解决问题，在各项工作各个环节都细心研究群众的利益，关心群众疾苦，体察群众情绪，为群众诚心诚意办实事，尽心竭力解难事，坚持不懈做好事，不断提高劳动人民的生活水平和质量，务必要深刻认识学习好、运用好科学理论对推进事业发展的重大意义，大力弘扬理论联系实际的马克思主义学风，努力做到学以致用、用以促学、学用相长。

（刊于人民网强国论坛“精华区”，2003 年 7 月 15 日）

务必牢牢抓住“始终是最紧要的”

——学习胡锦涛在“三个代表”重要思想理论研讨会上的重要讲话

胡锦涛总书记在“三个代表”重要思想理论研讨会上指出：“对于马克思主义执政党来说，坚持立党为公、执政为民，实现好、维护好、发展好最广大人民的根本利益，充分发挥全体人民的积极性来发展先进生产力和先进文化，始终是最紧要的。”①民心向背，是决定一个政党一个政权盛衰的根本因素，是决定我党领导的社会主义伟大事业成败的根本因素，也是决定一个单位和部门强弱的根本因素。各单位各部门不论想问题、下决定、办事情，应始终坚持权为民所用、情为民所系、利为民所谋，为群众诚心诚意办实事，尽心竭力解难事，坚持不懈做好事，所做的一切只有顺民意、谋民利、得民心，才能得到人民群众的积极支持和拥护。

马克思主义政党的一切理论和奋斗都始终把为最广大人民群众谋利益、全心全意为人民服务作为自己的根本宗旨和价值追求。马克思、恩格斯在《共产党宣言》中就庄严宣布：“过去的一

① 《十六大以来重要文献选编》上，中央文献出版社 2005 年版，第 369 页。

切运动都是少数人的或者为少数人谋利益的运动。无产阶级的运动是绝大多数人的、为绝大多数人谋利益的独立的运动。”①这一光辉的论断始终是马克思主义政党干革命、搞建设的行动指南。毛泽东在《关心群众生活，注意工作方法》中深刻地指出：“要使广大群众认识我们是代表他们的利益的，是和他们呼吸相通的。”②“一切群众的实际生活问题，都是我们应当注意的问题。假如我们对这些问题注意了，解决了，满足了群众的需要，我们就真正成了群众生活的组织者，群众就会真正围绕在我们的周围，热烈地拥护我们。”③正因为中国共产党时时处处为人民服务，始终与老百姓同呼吸共命运，我们才赢得了革命战争和社会主义改造的伟大胜利。改革开放后，在我国社会发生了巨大而深刻的变化，综合国力大大增强，科学技术突飞猛进，人民生活水平大幅提高的时候，邓小平同志依然提出必须把人民拥护不拥护、赞成不赞成、高兴不高兴、答应不答应，作为判断改革开放和现代化建设得失成败的根本标准。江泽民在《在庆祝中国共产党成立八十周年大会上的讲话》中也深刻指出：“我们党始终坚持人民的利益高于一切。党除了最广大人民的利益，没有自己特殊的利益。党的一切工作，必须以最广大人民的根本利益为最高标准。”④“只有把关心群众、服务群众的工作切实做好了，我们才能始终保持同人民群众的血肉联系，才能无往而不胜。”⑤这既是马克思主义最鲜明的政治立场，也是马克思主义政党领导下的各

① 《马克思恩格斯选集》第1卷，人民出版社1995年版，第283页。
② 《毛泽东选集》第1卷，人民出版社1991年版，第138页。
③ 《毛泽东选集》第1卷，人民出版社1991年版，第137页。
④ 《江泽民文选》第3卷，人民出版社2006年版，第280页。
⑤ 《江泽民文选》第3卷，人民出版社2006年版，第280页。

单位和各部门想问题、做事情和开展工作的根本出发点和落脚点，更是判断我们的工作做得到位不到位、衡量我们的工作有没有成效的唯一标准。正如胡锦涛所说的，相信谁、依靠谁、为了谁，是否始终站在最广大人民的立场上，是区分唯物史观和唯心史观的分水岭，也是判断马克思主义政党的试金石。

马克思主义认为，矛盾存在于一切客观事物和主观思维的过程中，矛盾贯穿于一切过程的始终。由于事物始终是在矛盾运动中不断变化发展的，因此我们不论做任何事都必须抓住主要矛盾，只有这样才能够做到纲举目张，才能够从根本上解决问题。抓住“始终是最紧要的”，也就抓住了我党领导社会主义伟大事业建设中的主要矛盾，也就抓住了我们改革开放工作中的主要矛盾。为此，我们首先必须紧紧把握发展这个第一要务，不断维护人民的最根本利益。我们党的各级组织及各部门要始终坚持一切为了群众、一切依靠群众的根本观点，坚持党的群众路线，深入群众，深入基层，倾听群众呼声，反映群众意愿，集中群众智慧，使各项决策和工作符合实际和群众要求，特别是我们党的各级领导干部一定要到最困难的地方去，到群众意见多的地方去，到工作推不开的地方去，必须围绕本单位人民群众最现实、最关心、最直接的利益来推进工作，努力把实现人民群众的长远利益和当前利益、集体利益和个人利益有机结合起来，同人民群众一道，努力排忧解难，化解矛盾，开展工作。尤其是要时刻把群众的安危冷暖挂在心上，对群众生产生活面临的这样那样的困难，特别是对下岗职工、农村贫困人口和城市贫困居民等困难群众遇到的实际问题，一定要带着深厚的感情帮助解决，切实把中央为他们脱贫解困的各项政策措施落到实处。一定要通过扎扎实实和富有成效的工作，有力推进各地区各单位生产力的大发展、科技文化的不断繁荣，不断满足人民群众日益增长的物质文化需要和提高人民群众的生活质量和精神境界。其次是必须充分调动广大人民群众的积极性、主动性和创造性，大力发展先进生产力和先进文化。要真正调动人民群众的积极性、主动性和创造性，我们就必须掌握和了解人民群众的思想动态，把握好人民群众的思想脉搏；就必须始终把群众的利益放在第一位，在各项工作各个环节都细心维护群众的利益，关心群众疾苦，体察群众情绪，努力运用说服教育、示范引导和提供服务等方法，做好新形势下的群众工作；就必须牢记党的宗旨，努力践行“三个代表”重要思想，积极为人民群众办实事，尤其是关系人民群众的重点性、关键性和长远性的实事；就必须始终尊重人民群众的首创精神和质朴感情，吃苦在前、享受在后，支持和帮助群众先富起来，决不能利用手中的权力与人民群众争利益；就必须加强党风政风建设，改进领导方式和领导方法，转变思想作风和工作作风，坚决防止和克服形式主义、官僚主义，坚决维护人民群众的合法权益，始终与群众心连心、同呼吸、共命运。只有了解实情、实话实说、实事办好、作风扎实，用实实在在的工作，取得实实在在的成果，谋得实实在在的利益，让人民群众真正体会到改革发展的实惠和劳动的快乐，才能激发人民群众的斗志和激情，才能从根本上调动人民群众的积极性、主动性和创造性，大力发展先进生产力和先进文化，总之，实现好、维护好、发展好最广大人民的根本利益，同充分发挥全体人民的积极性来发展先进生产力和先进文化，是一个辩证统一的过程，二者相互影响，相互渗透，相互促进，不可分割。

（刊于人民网首页“强国论坛”，2003 年 7 月 17 日）

抓住本质　理解本质　实践本质

——学习胡锦涛在“三个代表”重要思想理论研讨会上的重要讲话

面对新形势新任务，胡锦涛总书记在“三个代表”重要思想理论研讨会上强调指出：“‘三个代表’重要思想的本质是立党为公、执政为民，学习贯彻‘三个代表’重要思想必须以最广大人民的根本利益为根本出发点和落脚点。”①“学习贯彻‘三个代表’重要思想，必须牢牢把握立党为公、执政为民。这是衡量有没有真正学懂、是不是真心实践‘三个代表’重要思想最重要的标志。”②胡锦涛同志的讲话深刻揭示了“三个代表”重要思想的本质，为我们各级党组织及共产党员把握实质，率先垂范，身体力行，在具体的工作实践中和工作岗位上更好地实践“三个代表”重要思想，提供了可靠的理论依据、根本要求和根本途径。

“立党为公、执政为民”是共产党内在的质的规定和为长期丰富生动的实践所证明了的。马克思、恩格斯在《共产党宣言》中指出：“共产党人同其他无产阶级政党不同的地方只是：一方面，

---

① 《十六大以来重要文献选编》上，中央文献出版社 2005 年版，第 510 页。

② 《十六大以来重要文献选编》上，中央文献出版社 2005 年版，第 371 页。

在无产者不同的民族的斗争中，共产党人强调和坚持整个无产阶级共同的不分民族的利益；另一方面，在无产阶级和资产阶级的斗争所经历的各个发展阶段上，共产党人始终代表整个运动的利益。”①毛泽东同志指出：“共产党人的一切言论行动，必须以合乎最广大人民群众的最大利益，为最广大人民群众所拥护为最高标准。”②邓小平在《关于修改党的章程的报告》中指出：“党的全部任务就是全心全意地为人民群众服务。”③马克思主义政党自诞生以来，其理论路线和方针政策以及全部工作，始终是为顺民意、谋民利、得民心而着想和行动的，因而得到人民群众的支持和拥护。我们党 80 多年的一切奋斗，无论是战争年代浴血奋战推翻“三座大山”，无论是建立社会主义制度、开展大规模的社会主义建设，还是进行社会主义改革开放和现代化建设，归根到底都是为了实现好、维护好、发展好最广大人民的根本利益。可以说，80 多年的奋斗史就是为了实现好、维护好、发展好最广大人民的根本利益的艰辛史、成就史和辉煌史，中国共产党用 80 多年的心血和汗水谱写了“立党为公、执政为民”的光辉诗篇，深刻地诠释了“立党为公、执政为民”的丰富内涵，成为“立党为公、执政为民”的典范。

目前，我们党作为执政党，面临着严峻的执政考验。古人曰：“政之所兴在顺民心，政之所废在逆民心。”我们各级党组织及共产党员不论想问题，做决策，办事情，只有时刻把“立党为公、执政为民”摆在首要位置，尽心尽力为人民谋利益，保证人民群众的生活水平有所提高，才能赢得人民群众的信赖和拥护，

① 《马克思恩格斯选集》第 1 卷，人民出版社 2012 年版，第 413 页。
② 《毛泽东选集》第 3 卷，人民出版社 1991 年版，第 1096 页。
③ 《邓小平文选》第 1 卷，人民出版社 1994 年版，第 217 页。

获得人民的支持，我们执政党的地位才能得到巩固。尽管当前各级党组织在实践“立党为公、执政为民”这一要求上总体是好的，但是也不能不看到，在一些地方一些党员干部中，脱离群众、损害人民利益的现象时有发生。有的官僚主义严重，不关心群众疾苦，对群众冷漠无情，甚至专横跋扈，欺压百姓；有的凡事先替个人或小团体打算，与民争利，侵犯群众利益，加重群众负担；有的热衷于搞形式主义、做表面文章，弄虚作假，欺上瞒下，好大喜功，劳民伤财等。虽然这些发生在个别地方、少数人身上，但影响极坏，危害极大，严重损害了党和政府在人民群众中的形象，破坏了党和政府同人民群众的联系，很不利于“立党为公、执政为民”本质的实践，很不利于我们党的执政地位和国家的繁荣富强。因而从党和国家生死存亡的政治高度，我们要在具体的工作中牢牢抓住这一本质，深刻理解这一本质，努力实践这一本质，要切实解决好关系人民群众根本利益的问题。

一要不遗余力地促进各地方各单位生产力的进步，这是决定广大人民群众切身利益得以实现的关键。江泽民同志指出：“代表中国先进生产力的发展要求，就是党的理论、路线、纲领、方针、政策和各项工作，必须努力符合生产力发展的规律，体现不断推动社会生产力的解放和发展的要求……通过发展生产力不断提高人民群众的生活水平。”①胡锦涛指出：“只有不断解放和发展生产力，增强国家的经济实力，才能为建设中国特色社会主义文化和实现人民群众的根本利益提供雄厚的物质基础。”②各地方各单位生产力水平的高低将深刻地影响着职工群众的根本利益。

---

① 《江泽民文选》第3卷，人民出版社2006年版，第272~273页。

② 《十六大以来重要文献选编》上，中央文献出版社2005年版，第370页。

近几年来，甘肃刘家峡水电厂作为我国第一座百万千瓦级以上的大型水电站，始终抓住历史机遇，积极依靠科技进步，大力挖掘设备潜力，努力提高机组整体性能和延长设备寿命，经济效益十分显著，而且设备的健康水平和自动化程度大大提高，有力地促进了该厂生产力的发展，也为该厂经济效益和职工生活水平的提高奠定了坚实的基础。

二要坚持不懈地推动各地方各单位文化的蓬勃发展，这是影响广大人民群众切身利益能否得以实现的重点。广大人民群众的切身利益，不仅包括物质利益，而且包括丰富多彩的精神利益，两者相互影响，互为补充，缺一不可。正如胡锦涛所说的："只有不断发展和繁荣社会主义文化，才能不断满足人民群众日益增长的精神文化生活需要，才能为发展生产力提供强大的精神动力和智力支持。"①迎着21世纪的明媚曙光，面对知识经济的迅猛发展和科学技术的日新月异，刘家峡水电厂(以下简称"刘电")以前瞻的眼光和超前的思维，重新认识和定位刘电文化，从更高的哲学层面，更新的现代管理角度，前瞻性系统地提出了规范推进刘电企业文化的战略构想框架，及时地抓住设备改造后的战略机遇期，睿智地进行企业发展的战略转变——梳理丰富历史，汲取优秀营养，积极全面建设刘电特色的企业文化，大力提升文化灵魂，努力创建学习型企业，不断提高职工科技文化素质，努力营造美好的工作学习环境。他们充分发挥《刘电工人报》、厂内电视、广播、网络、新闻橱窗、黑板报等文化阵地和载体，对全厂职工进行经常性的企业文化

---

① 《十六大以来重要文献选编》上，中央文献出版社2005年版，第370页。

教育。结合创建文明单位活动、创建文明社区和综合治理，着眼刘家峡水电厂绿化美化规划，大力整治了运行和检修单身楼，维修了黄河滨河公园，在生活小区种植了花卉、树木和草坪等，为职工创造了优美舒适的生活环境。举办了职工书画、摄影等健康向上、丰富多彩、具有时代特征和刘电特色的群众文化活动，使职工群众充分享受到了生活之安乐、工作之愉快，成为职工群众奋力拼搏、创造效益和收入的强大精神力量。举办企业文化知识培训班，邀请清华大学著名教授张德为全厂中层以上领导干部讲课，广泛传播企业文化的理论知识。聘请国内知名学府——清华大学进行 CIS 策划，以视觉识别系统为战术切入点，以行为识别系统为战略着重点，以理念识别系统为最高目标，逐步导入 CIS 系统，真正使企业文化建设步入系统、全面、规范、持续的轨道。通过一系列建设，刘电营造了浓厚的舆论氛围，不断满足职工群众日益增长的文化需求。

三要切实有效地推动各地方各单位安民心顺民意问题的根本解决，这是体现广大人民群众切身利益的焦点。只有切实解决安民心顺民意的问题，不断提高人民群众的物质文化生活水平，改革和建设才能具有坚实的群众基础，人民群众才能始终以饱满的热情投身到中国特色社会主义的伟大事业中来。如果安民心顺民意的问题都不愿解决或解决不了，那么就根本谈不上代表广大人民群众的根本利益，“立党为公、执政为民”这一本质就是空话一句。职工住宅紧张一直是甘肃刘家峡水电厂的一大难题，也是职工的一块心病，为此，刘家峡水电厂于近几年狠下决心，想方设法，多渠道筹资，加大投入力度，在刘家峡生活区建设了两栋住宅楼，在兰州基地建设了 13 栋楼，届时将从根本上解决自建厂 30 多年以来困扰职工的这一“老大难”

问题。同时，该厂加大以整治脏乱差为重点的生活区环境建设，推进了以改善供水排污、垃圾处理为重点的基础设施建设，推进了以突出绿化美化为重点的花园式工厂建设，解决了困扰职工后顾之忧的子女上学、就业等顺民意的问题，尤其是密切了与社会有关部门的联系和协调，加强了综合治理的力度，打击了违法犯罪活动，安定了民心，净化了厂里的风气，有效地维护了职工群众的切身利益。

人民群众既是先进生产力和先进文化的创造者，又是其成果的享有者。作为代表最广大人民群众根本利益的坚强堡垒和坚实后盾，各级党组织和共产党人要坚持从群众中来、到群众中去的工作路线，倾听群众呼声，反映群众意愿，集中群众智慧，推进决策科学化民主化，创新发展思路，努力使我们的方针政策更好地体现人民群众的根本利益，使先进生产力和先进文化更快更好地发展起来，不断让人民群众得到实实在在的利益。只有这样，才能切实把“立党为公、执政为民”具体、深入地落实到各项工作中并取得实效，我们的党才能得到人民群众的支持和拥护，永远立于不败之地。

（刊于人民网“强国论坛”精华区，2003 年 7 月 20 日）

试论邓小平对毛泽东群众路线的继承和发展

群众路线是我们党的根本工作方法和工作路线，是我们党克敌制胜、搞好革命和建设工作的一大法宝。在新的历史条件下，邓小平根据党群关系的新情况新要求，对如何继承和坚持党的群众路线，提出了一系列富有创造性的观点，做出了重要的理论贡献。

一、毛泽东的群众路线有着丰富而深刻的内涵和具体而鲜明的特征

“一切为了群众，一切依靠群众，从群众中来，到群众中去”的群众路线，是中国共产党对马克思列宁主义关于人民群众是历史的创造者的创造性运用，是毛泽东同志在艰苦的革命战争实践活动中的科学总结。要真正运用这一科学论断，就必须深刻而准确地理解这一科学论断。

1. 丰富而深刻的内涵。群众路线是党的根本工作路线。对群众路线最深刻最完整的表述是毛泽东在 1943 年所作的《关于领导方法的若干问题》一文：“在我党的一切实际工作中，凡属正确的领导，必须是从群众中来，到群众中去。这就是说，将群众的意

见(分散的无系统的意见)集中起来(经过研究，化为集中的系统的意见)，又到群众中去作宣传解释，化为群众的意见，使群众坚持下去，见之于行动，并在群众行动中考验这些意见是否正确。然后再从群众中集中起来，再到群众中坚持下去。如此无限循环，一次比一次地更正确、更生动、更丰富。”①

笔者认为，毛泽东的群众路线既是一个认识论问题，又是一个实践论问题；既是一个认识方法，又是一个工作方法。它的主要内容包括：①一切为了群众。一切为了群众，全心全意为人民服务，这是党与群众关系中最基础、最根本、最重要的一条，是无产阶级政党的根本宗旨，也是党的领导机关和每个共产党员想问题、办事情的出发点和归宿。②一切依靠群众。人民群众是物质财富和精神财富的创造者，是进行社会变革的主体和决定方量，坚定地相信群众，紧紧地依靠群众，就必须反对命令主义和尾巴主义。③从群众中来，到群众中去。人民群众是社会实践的主体，是党的力量源泉；人民群众也是认识主体，人民群众的经验和知识是最丰富的、最宝贵的，是党的智慧的源泉。从群众中来，到群众中去，这是贯彻“一切为了群众，一切依靠群众”的认识路线和工作路线，是正确制定和执行党的路线、方针、政策的基本保证。坚持“从群众中来，到群众中去”就必须采取一般号召和个别指导相结合，就必须实行领导骨干和广大群众相结合，就必须把革命的热情和科学的态度相结合。群众路线是我党的根本工作路线，有着鲜明的时代特色和阶级特色，它是时代的产物，也是革命的结晶。

2. 具体而鲜明的特征。党的群众路线不仅包括群众观点、群

① 《毛泽东选集》第3卷，人民出版社1991年版，第899页。

众立场、群众方法等诸多丰富内容，也有着十分鲜明的特征。

①鲜明的唯物性。群众路线既深刻地体现着群众是实践的主体，是推动人类历史不断向前飞跃发展的决定力量，也体现“从群众中来，到群众中去”的科学的实践性，是人类生存和发展不可抗拒的历史潮流和运作方式，是马克思主义唯物论与中国革命实践相结合的伟大产物。

②科学的辩证法。群众既是社会实践的主体，也是认识的主体。“从群众中来，到群众中去”的两个阶段，也就是马克思主义认识论从感性认识到理性认识，再从理性认识到实践运用的过程，是一个循环往复、不断科学发展的辩证过程。

③生动的实践性。群众路线本是丰富而深刻的实践总结和科学结晶。群众路线始终要求我们做任何决策、干任何工作都以人民群众的利益为根本出发点和归宿，党的任何任务的完成和困难的克服都以人民群众的生动实践为支撑，否则，离开了人民群众的生动实践，任何事情也办不成，任何问题也解决不了。

④丰富的真理性。群众路线具有坚实的唯物性、实践性和辩证性，既是改造客观世界也是改造主观世界的强大武器，完全符合社会发展规律和人类活动规律，具有极其丰富的真理性。

二、邓小平对毛泽东群众路线进行了科学继承和充分发展

邓小平同志根据改革开放和社会主义现代化建设的成功实践，以巨大的理论勇气、睿智目光和创造精神，不仅继承了毛泽东同志这一伟大的科学论断，而且丰富和发展了这一科学真理，主要体现在：

1. 党同人民群众的关系是一个关乎党的生死存亡的政治问题。党同人民群众的关系问题，历来备受历代革命领袖的关注和重视。马克思、恩格斯在《共产党宣言》中明确指出，共产党人没有同整个无产阶级的利益不同的利益。伟大的革命家毛泽东同志说：“我们共产党人区别于其他任何政党的又一个显著的标志，就是和最广大的人民群众取得最密切的联系。”①邓小平同志继承马克思主义、毛泽东思想的群众观，提出党同人民群众的血肉联系，直接关系到党的生死存亡。邓小平同志指出：“我们党同广大群众的联系，对中国社会主义事业的领导，是六十年的斗争历史形成的。党离不开人民，人民也离不开党，这不是任何力量所能够改变的。”②“党的组织、党员和党的干部，必须同群众打成一片，绝对不能同群众相对立。如果哪个党组织严重脱离群众而不能坚决改正，那就丧失了力量的源泉，就一定要失败，就会被人民抛弃。”③尤其是在新的历史时期，“社会主义现代化建设的极其艰巨复杂的任务摆在我们的面前。很多旧问题需要继续解决，新问题更是层出不穷。党只有紧紧地依靠群众，密切地联系群众，随时听取群众的呼声，了解群众的情况，代表群众的利益，才能形成强大的力量，顺利地完成自己的各项任务”。④ 邓小平同志在新的历史时期，根据革命和建设形势的发展变化，把党同人民群众的关系问题提到关乎党的生死存亡的高度来认识和对待，充分反映了党的群众路线在新的历史时期的巨大魅力和在新的历史条件下的重要地位。

---

① 《毛泽东选集》第 3 卷，人民出版社 1991 年版，第 1094 页。
② 《邓小平文选》第 2 卷，人民出版社 1994 年版，第 266 页。
③ 《邓小平文选》第 2 卷，人民出版社 1994 年版，第 368 页。
④ 《邓小平文选》第 2 卷，人民出版社 1994 年版，第 342 页。

2. 党的各项政策和工作必须以人民拥护不拥护、赞成不赞成、高兴不高兴、答应不答应作为出发点和归宿。以人民群众的利益、要求和实践为最高的价值标准和评价标准，是毛泽东所一贯坚持、倡导和反复论证的。他多次指出：为人民服务，是共产党和共产党领导的军队、政权的唯一的最高的宗旨。共产党人的一切言论行动，必须以合乎最广大人民群众的最大利益，为最广大人民群众所拥护为最高的标准。邓小平同志面对新的形势和任务，继承和运用毛泽东的“最高的价值标准和评价标准”，创造性提出，我们不论干事情，作决定，必须以人民“拥护不拥护、赞成不赞成、高兴不高兴、答应不答应”为出发点和归宿。他反复强调，十一届三中全会以来确定的党的基本路线和一系列方针政策不能变，也变不了，因为实践证明是正确的，是行之有效的，是受到人民群众拥护的，如果改变，老百姓不答应。同时，在邓小平看来，检验改革得失，“判断的标准，应该主要看是否有利于发展社会主义社会的生产力，是否有利于增强社会主义国家的综合国力，是否有利于提高人民的生活水平”。① 这个具有高度理论创新性和实践指导性的命题，是对新时期党的建设提出的新要求，是对毛泽东群众路线在新时期的极大丰富和发展，具有鲜明的时代特征。可以说，中国共产党诞生、成长和壮大，在极其艰难的环境中克服困难，战胜一切困难和敌人，夺取一个又一个伟大胜利的原因之一，就在于中国共产党始终坚持和发挥着群众路线的积极作用，就在于能始终根据形势的发展和变化不断地丰富和发展这一理论，并创造性地运用于实践。

3. 群众的首创精神是改革开放和建设事业成功与否的关键。

① 《邓小平文选》第3卷，人民出版社1993年版，第372页。

人民群众是社会实践的主体，是社会物质财富和精神财富的创造者，是真正的英雄。在人民群众中，蕴藏着无穷的智慧和创造力。在党的七大上，毛泽东同志在总结抗日战争和世界反法西斯战争历史经验时说："人民，只有人民，才是创造世界历史的动力。"①在社会主义建设时期，毛泽东多次强调人民群众是社会主义物质和精神财富的有力创造者。他说："人民群众有无限的创造力。他们可以组织起来，向一切可以发挥自己力量的地方和部门进军，向生产的深度和广度进军，替自己创造日益增多的福利事业。"②邓小平同志在改革开放的新形势下，不仅继承了毛泽东同志的这一经典理论，而且创造性地丰富和发展了这一伟大理论，始终尊重人民群众的首创精神。他指出："我们改革开放的成功，不是靠本本，而是靠实践，靠实事求是。农村搞家庭联产承包，这个发明权是农民的。"③"农村改革中的好多东西，都是基层创造出来，我们把它拿来加工提高作为全国的指导。"④为此，邓小平坚定地认为，要充分调动人民群众的积极性，要坚定地相信和依靠群众，只有这样，我们才能克服前进道路上的一切困难。只要我们密切联系群众，深入地做工作，把道理向群众讲清楚，就能得到群众的同情和谅解，再大的困难也是可以克服的。比如，针对经济体制改革和政治体制改革的问题，邓小平深刻地指出："这些年来搞改革的一条经验，就是首先调动农民的积极性，把生产经营的自主权力下放给农民。农村改革是权力下放，城市经济体制改革也要权力下放，下放给企业，下放给基

① 《毛泽东选集》第3卷，人民出版社1991年版，第1031页。
② 《毛泽东文集》第6卷，人民出版社1999年版，第457页。
③ 《邓小平文选》第3卷，人民出版社1993年版，第382页。
④ 《邓小平文选》第3卷，人民出版社1993年版，第382页。

层，同时广泛调动工人和知识分子的积极性，让他们参与管理，实现管理民主化。”①由此可见，依靠群众，充分地尊重人民群众的首创精神，充分调动广大人民群众的积极性、主动性，就一定能取得改革开放的伟大胜利。

① 《邓小平文选》第3卷，人民出版社1993年版，第180页。

共产党人首当知识化

江泽民同志指出:“二十一世纪,科技创新将进一步成为经济社会发展的主导力量。”①知识经济的遽然来临,必将对我国的经济、政治、文化以及生产方式、生活方式、思维方式产生巨大的影响和提出严峻的挑战,对我们各行各业的人们,尤其是身处各岗各位的共产党人将产生更大的影响和提出更高的要求。

一、共产党人知识化是保证党领导的社会主义伟大事业取得决定性胜利的需要

中国共产党是我国社会主义事业的领导核心,为此就要不断加强和改善党的领导,每个共产党员必须紧跟时代发展和社会主义伟大事业发展的步伐,努力掌握人类所创造的一切文明成果和先进知识,提高建设社会主义现代化事业的本领。目前,全世界以信息科学技术、生命科学技术、新能源与可再生能源技术、软科学技术等为依托的高新技术产业正在迅猛发展,虚拟办公、网络经济、大数据等蓬勃而起,在各领域深刻地改变着人们的生活

---

① 《江泽民文选》第3卷,人民出版社2006年版,第36页。

方式和工作方式，深刻地影响着我国的社会主义现代化建设事业。共产党人能否实现知识化，与党领导的社会主义现代化事业的成败息息相关。我们每个共产党员必须按照江泽民同志“三个代表”重要思想的要求，不断提高自身素质，掌握过硬的本领。若此，社会主义的宏伟大业才能够取得决定性胜利。

二、共产党人知识化是保证党的执政地位和肩负神圣历史使命的需要

中国共产党是执政党，肩负着实现共产主义的伟大历史重任。中国共产党党员是中国工人阶级的具有共产主义觉悟的先锋战士。我们的党之所以能够实现和保持其执政地位，肩负起实现共产主义的神圣历史使命，从某种意义而言就是因为它是一个由许许多多具有高尚的共产主义觉悟，能够积极掌握和汲取人类所创造的一切先进知识和科学技术，始终站在时代前列，同广大人民群众一道同甘共苦不断完成不同历史阶段所赋予的历史任务的中华民族的优秀分子所组成的政党组织。当以高新技术产业为第一产业支柱，以智力资源为首要依托的新型经济——知识经济时代到来时，它的每一个成员必须一如既往，不断努力求知探索，尽快使自己知识化。只有这样，才能保证我们每个党员自身价值得到实现，才能保证我们的党在新的时代保持强劲的发展势头和旺盛的生命力，才能巩固其执政地位，为肩负的神圣历史使命得以最终实现提供最可靠的保障。

三、共产党人知识化是保证党在复杂多变的国际合作与斗争中立于不败之地的需要

江泽民同志在纪念中国共产党成立七十八周年座谈会上指

出："我们党领导的社会主义现代化事业，是一项十分艰巨的、不断发展的事业，又是在复杂多变的国际环境中进行的。"①随着知识经济时代的到来，世界各国以经济和科技为基础的综合国力的较量将日益激烈，争夺市场、贸易等各方面的斗争将日趋复杂，况且国际敌对势力由来已久，不愿看到我国的统一和强大，不断制造风波，千方百计遏制、阻挠、破坏我国的社会主义现代化建设，特别是他们时常利用我国对外开放交流合作之际，大力运用经济、科技等方面的优势，图谋对我国进行"分化"和"西化"，力图把我国纳入他们的制度轨道。我们的党欲在这样错综复杂的国际环境中领导和建设社会主义现代化事业，并取得绝对性胜利，我们的共产党员就必须知识化。只有我们的党员马克思主义理论基础扎实了，经济、科技、文化等各方面的先进文明知识丰富了，政治洞察力和敏锐性提高了，经济科技合作和竞争能力增强了，我们的党才能历史地全面地发展地认识和把握各种复杂的矛盾和问题，敏锐地识别和判断各种观点和思潮，科学恰当地做出各种积极对策和举措，才能在错综复杂的环境中沉着冷静地开展国际合作与斗争，稳定有序地进行伟大的社会主义现代化建设。

四、共产党人知识化是保证其先锋模范作用得以充分发挥的需要

共产党人必须贯彻执行党的基本路线和各项方针政策，带头参加各项改革和发展工作，带动群众为经济发展和社会进步艰苦奋斗，在生产、工作、学习和社会生活中起先锋模范作用，这是

① 《江泽民文选》第2卷，人民出版社2006年版，第362页。

每个共产党人应尽的义务。多年来，我们的党员严格遵守党章规定，认真贯彻党的路线方针政策，密切联系群众，在推进我国社会主义现代化建设过程中，在关键时刻和急难险重任务面前，以满腔的革命热情和干劲，自觉发挥先锋模范作用，出色地完成了各项艰巨的任务，在各行各业中涌现出了许许多多先进模范人物，起到了强烈的榜样的感召、教育和鼓舞作用。但在知识经济时代，我们面临着许许多多新情况新问题，若仍然凭借一股革命的热情和干劲肯定是解决不了的，先锋模范作用难以得到发挥，只有按照知识经济的规律要求，充分运用富有成效的科学的方法和手段才能得以解决。共产党人之所以能不断起模范带头作用，就在于他的时代先进性，能够始终站在汹涌澎湃的时代前列，超前领先于普通群众。如果我们的党员在经济、科技、文化等知识和本领方面混同于或落后于普通群众，胜任不了本职工作，不能够很好地完成任务，就会产生消极影响。因而，只有始终保持先进性要求，知识化的共产党人，才能够更有效更充分地发挥先锋模范作用。

“多少事，从来急，天地转，光阴迫，一万年太久，只争朝夕。”“莫等闲，白了少年头，空悲切。”处于新时代的共产党员，务必抓紧一切工作和生活间隙，结合自己的实际，不断地学习新知识提高新本领。不仅要向书本、群众认真学习求知，而且要向实践奋力拼搏获识；不仅要学习本行的理论知识和专业技术，而且要掌握一定的人类社会所创造的灿烂文明；不仅要有计划有步骤地求知学识，而且要加强对新知识新技术的成果转化等。同时，党的各级组织要充分引导和帮助每个共产党人树立迎接知识经济时代挑战的新观念新意识；党的各级领导干部要在尊重、学习、掌握、运用知识中率先垂范，积极倡导一种求知上进的新氛围新风尚；各级党组织要建立健全能够激励和约束共产党人努力学习和掌握本领的科学规章制度和有效组织培训形式等。只有共产党人首先知识化，才能在知识经济时代释放出更加璀璨的光芒和巨大的能量。

注意加强普通党员的党性修养

党性是共产党员具有共产主义觉悟的根本标志。共产党员党性的强弱，直接关系到党的先进性，关系到党在新时期基本路线的彻底贯彻执行，关系到党肩负的实现社会主义现代化和共产主义的伟大历史使命。我们党一贯重视党性问题。近几年来，我党在全国县级以上党政领导班子和领导干部中开展了以“讲学习、讲政治、讲正气”为主要内容的党性党风教育活动，现已取得了明显效果。普通党员占全党总人数的绝大多数，他们处于各岗各位各条战线，与人民群众结合得最紧密，是我党在基层的“一面旗帜”“一个窗口”，其一言一行直接反映着我党的精神风貌，其党性的强弱大大影响着我党在人民群众中的光辉形象、党的路线方针政策的彻底贯彻执行和党的改革开放事业向纵深的健康发展。但在目前情况下，由于种种因素影响，一些普通党员和干部，不加强学习，不注意修养，思想道德低下，共产主义理想信念淡化，全心全意为人民服务宗旨放弃，浑浑噩噩，好坏不分，美丑不辨，是非界限不清，政治界限不明，党性极其不纯，影响十分恶劣，这不能不引起我们的高度重视。

其一，加强普通党员的党性修养，最根本的是解决好世界观、人生观、价值观的问题。江泽民同志指出：树立正确的世界观和人生观，无论过去、现在和将来，对于每一个干部和党员来说，都是首要问题。共产党人的党性是马克思主义世界观的集中体现。不折不扣、富有创造性地贯彻执行党的基本路线方针政策，勤勤恳恳、一点一滴地实现全心全意为人民服务的宗旨，任劳任怨、仔细认真地干好我们的每一个岗位每一份工作，是共产党人党性的基本内容和要求。要解决好世界观、人生观、价值观的问题，最重要的是要深入学习马列主义、毛泽东思想特别是邓小平理论，用以武装头脑。共产党员只有马克思主义知识丰富了理论修养提高了，才能正确认识人类社会发展变化的客观规律，牢固地树立共产主义理想和信念，才能自觉提高认识世界和改造世界的能力，爱岗敬业，干好每一份工作，更好地为人民服务。还要不断强化在实践中摸索，在实践中总结，在实践中发展。只有如此，才能不断增强辨别是非的能力，才能不断解决人生观、价值观的问题，才能不断提高党性修养。因为，人的思想意识既不是自己头脑中固有的，也不是从天上掉下来的。它只能来源于社会实践，来源于在实践中的不断总结、提炼和升华。科学的世界观、人生观和价值观也是如此。

其二，加强普通党员的党性修养，最主要的是普通党员自己要加强自身修养。刘少奇曾明确指出：革命者革命斗争中的主观努力和修养，对于改造自己是完全必需的，决不可少的。任何一个共产党员，要想在实践中发挥先锋战士的带头作用、骨干作用、桥梁作用，就必须在本单位、本部门、本岗位上，自觉地进行思想、政治、道德、作风、文化等方面的修养和锻炼，严格约束自己，不断地改造，用真正的马克思主义和科学文化知识去克服抵制那些非马克思主义错误思想和反马克思主义的错误思潮、倾向。加强自身修养，最根本的就是要做到江泽民同志所要求的

“自重、自省、自警、自励”。“自重”，就是尊重自己的人格，注意自己的言行，珍惜自己的声誉，维护自己的形象；就是要牢记党的历史责任、奋斗目标和全心全意为人民服务的宗旨，努力做一名合格的共产党员。“自省”，就是“吾日三省吾身”，通过不断对自己的言行检查、批评、提醒，不断地刻苦学习，勇于实践，不断地完善自己的政治、思想、道德、文化等方面的修养。“自警”，就是时时处处告诫和警示自己，不要违反党纪国法，不要违背政治原则和政治要求，不断增强对腐朽思想和生活方式的自控力和免疫力。“自励”，就是要经常鞭策自己、鼓励自己、鼓舞自己，用强烈的事业心和责任感，创造性地完成各项工作任务。自重、自省、自警、自励是完整的辩证的统一，这是在新的历史条件下，自觉加强党性修养的基本要求。

其三，加强普通党员的党性修养，党的各级组织要发挥重要教管作用。加强党性修养，增强党性，各级党组织负有义不容辞的重要责任。一些普通党员之所以党性弱化或不强，与一些党组织的长期疏于严格教育、严格管理、严格监督不无关系。因此，各级党组织一定要按照“党要管党”的基本原则和从严治党的方针，对所在单位、部门的共产党员严格教育、严格管理、严格监督。当前，要按照党中央的统一部署，党的各级组织都应安排一定的集中学习时间，认真把“三基”“双学”等学习活动组织好，落实好，一定要从实际出发，坚持分类指导，抓住学习重点，解决好普通党员中存在的党性不纯的问题。在抓党内教育的同时，要严格党内生活，加强对党员的严格管理。要大力提倡学习先进，妥善处置不合格党员，同时关心、帮助在工作、学习、生活上遇到困难的党员。要加强和健全党内监督，要把党组织的严格监督同党员的严格自律结合起来，把党内监督同人民群众监督和其他监督方式结合起来，把注重制度建设同加强党员思想政治教育结合起来。对任何一个普通共产党员，无论从事何种职业，都不应认为他是一个无足轻重的党员而疏于严格管理，或让其自生自灭，这些想法、做法都是极其错误的。

（刊于《甘肃工人报》2000 年 7 月 12 日）

必须做到内质外形的有机统一

——浅谈牢固树立正确的权力观

正确的权力观，是一个领导干部党性和群众观的集中体现，是深入贯彻落实“三个代表”重要思想的基础，也是一个政党永葆青春的关键。只有树立了正确的权力观，领导干部才能有正确的思想方法和优良的工作作风，才能得到广大人民群众的拥护和支持，共产党的执政地位才能巩固，社会主义的现代化宏伟大业才能兴旺发达。如何才能做到这点，笔者认为一个领导干部必须做到内质外形的有机统一。所谓内质，就是要加强内在修养，提高自身素质，这是牢固树立正确权力观的关键；所谓外形，就是外在的实践活动，要在任何时候都紧密联系人民群众，这是牢固树立正确权力观的本质。

一、牢固树立正确的权力观，本质在密切党同人民群众的血肉联系

民心向背关乎事业成败。作为一个领导干部，一定要认识到自己手中的权力是人民赋予的。立党为公、掌权为民，是实践“三个代表”重要思想的根本要求，是党的领导干部应有的权力

观。我们只有为人民谋利益，想群众之所需，办群众之所急，才能得到广大人民群众的积极拥护和大力支持，我们的各项工作才能取得顺利进展。但目前，一些领导干部身上滋长蔓延着官僚主义、形式主义等不良作风；一些领导干部颠倒了党和群众的关系，高高在上，官老爷架子十足，很少深入群众，对群众的需求、困难和疾苦无动于衷，甚至麻木不仁；一些领导干部不顾本单位本地方的落后情况，一味地沉迷于吃喝玩乐、灯红酒绿之中；还有的干部滥用职权，划个人小圈子，贪赃枉法等这类违法违纪现象不胜枚举。如果对领导干部不进行世界观、人生观、权力观的教育，听之任之，党就会失去民心。树立正确的权力观就是要求领导干部摆正自己同人民群众的位置，时刻提醒自己手中的权力是人民赋予的，要把群众的呼声作为第一信号，把群众的需要作为第一选择，把群众的利益作为第一考虑，以满腔热情和高度负责的精神对待人民群众，紧紧地依靠人民群众，努力在自己的岗位上为人民群众谋利益。各级领导干部一定要时刻把人民群众的安危冷暖放在心上，只有把关心群众、服务群众的工作切实做好了，始终保持与人民群众的血肉联系，我们的事业才能兴旺发达，我们的党才能无往而不胜，我们的民族才能实现伟大复兴。

二、牢固树立正确的权力观，关键在加强内在修养

辩证唯物主义认为，外因是事物起变化的条件，内因是事物起变化的根据，内因决定外因。权力观与人生观、世界观、道德观的确立一样，必然经历一个由外在强制到内在自觉的过程，经历一个由外在他律向内在自律的转化过程。因而，树立正确的权

力观，建立健全各种干部考察、评价监督、激励的科学管理机制和制度十分必要，但树立正确的权力观，不仅要靠教育、管理及监督机制的完善和健全，关键还在于发挥领导干部的主动性、自觉性(因为制度不能穷尽所有)。领导干部应加强学习，加强内在修养，真正从思想上、观念上树立为人民服务的权力观，为人民掌好权、用好权，经常性地自重、自省、自警、自励，端正对群众的态度，增进对群众的感情，提高贯彻党的群众路线的自觉性和坚定性。为此，一要努力提高领导干部的思想境界和道德修养。古人曰："人生有三不朽，即立德、立功和立言。"我们新时代的领导干部一定要用科学理论武装头脑，在思想上、行动上、作风上做到立党为公、执政为民，增强公仆意识，自觉摆正同人民群众的关系。正如江泽民同志所说的，各级领导干部必须明白，我们是共产党人，要立志做大事，不要立志当大官，要把心思用在工作上，用在为人民群众谋利益上。二要加强党性修养。一个人如果没有坚强的意志和良好的个人道德修养，没有强烈的党性意识，就会在权力、金钱、美色的诱惑下丧失原则，丧失廉耻。各级领导干部都应该始终保持清醒头脑，坚定自己的操守，自觉维护权力的尊严，努力实现政治坚定性与道德纯洁性的统一，永葆革命气节。

大力提高党驾驭信息化的能力

信息化是当今世界经济和社会发展的大趋势，也是我国产业优化升级和实现工业化、现代化的关键环节。起源于20世纪80年代，兴起于90年代，以微电子、计算机和网络技术为代表的这场新技术革命浪潮，以排山倒海之势，快速向全球各个角落扩张，广泛渗透，业已在我国形成了强大的冲击波，给我国的政治、经济和社会生活带来了深刻的影响和冲击，对执政的中国共产党提出了严峻的挑战。

譬如遍布全球的信息网络具有廉价的多功能服务能力，我们在尽享这一文明成果的同时，也不可避免地受到西方国家凭借其先进的互联网优势输出的政治制度、价值观念乃至腐朽的文化和生活方式的侵蚀；信息经济的全球化使得各国经济“你中有我，我中有你”，为党观察问题、分析问题和处理问题拓展了时空，提供了越来越多的参变量，对党员干部的素质提出越来越高的要求；腐败手段也越来越智能化……这些变化对党的执政能力和领导水平提出了更高的要求，迫切要求我们党提高驾驭这场汹涌澎湃新科技革命浪潮的能力，为此：

一、必须牢固树立坚定的共产主义理想信念和高度的国家安全意识

信息化不仅有利于巩固和发展社会主义，为最终实现共产主义创造强大而丰富的技术条件，奠定扎实的物质基础，但同时，资本主义国家为了维护其意识形态和社会制度，会凭借一切先进的信息优势、便利条件，采取各种手段，通过各种渠道，向我国大肆渗透、侵蚀和抗衡。对此，我们党必须保持清醒的头脑，时刻提高警惕，自觉抵制和经受各种严峻的考验，牢固树立坚定的共产主义理想信念。同时，信息化的开放性和全球性特征引起的国家安全问题也异常突出，迫切要求我党树立高度的安全意识，采取一切科学得力措施，防范不良势力对网络和数据源的袭击和破坏，确保信息安全和国家安全。

二、必须具备超前性观念和前瞻性思维

所谓超前性观念，就是对事物未来趋势的预测性判断，是引导现实向新的方向和领域发展的思想观念。所谓前瞻性思维，就是在超前预测的基础上，谋求超常规发展策略的创造性思维。随着计算机的普及，网络化的形成，信息化向纵深发展，经济、政治、文化等领域的竞争将在全球范围内展开。置身于这样的形势中，如果不能超前意识到各种可能，敏捷而迅速地做出反应，及时调整行动方案，我们就难以把握良好的机遇和条件，赢得光辉灿烂的未来。只有胸怀超前性观念，大胆进行前瞻性思考，放眼于世界，着眼于未来，及时准确地预测把握各种可能因素的变化

趋势和规律，创造性地寻找到超常规的应对策略和举措，才能够迎接挑战，引导发展，取得社会主义各项事业的伟大胜利。

三、必须胸怀丰富的科技知识和过硬的战略决策能力

前所未有的以网络为基础的信息时代，将导致信息资本在经济中的主导地位，并最终成为核心经济资源。在这种条件下的经济活动过程，就是信息生产、传播、分享、使用的过程，人的活动将集中在信息领域，信息产业成为投资热点，经济的竞争变得空前激烈，因而胸怀丰富的科技知识，是适应和驾驭信息浪潮的基本要求，同时还要具备过硬的战略决策能力。“不为人知”“人未觉我先知”“敢为人先”“人无我有”“人有我新”等将成为信息经济时代战略决策的重要原则，我们党必须站在世界发展的历史高度，准确把握时代潮流和历史趋势，了解世界经济、政治、科技、文化，敏锐地洞察和分辨出有战略意义的事物和苗头，敏捷地捕捉尚未引起他国和他人注意却隐藏着巨大潜力的机会，选准目标，果断决策，方能出奇制胜，打赢信息时代的各种战争。

四、必须拥有处理突发事件、抗御各种风险和依法治国的能力和水平

在信息化浪潮的冲击下，我党可以预料和难以预料的各种风险的可能性日趋增多。作为执政党，我们必须拥有远大的政治胆略、深邃的政治目光、高超的政治艺术，面对任何突发事件，处惊不乱，临危不惧，沉着应战，及时果断处理和化解矛盾，才能经受住各种风险的考验，才能从容自若地矗立潮头，领导这场革

命。在信息化条件下，实施依法治国更显迫切，更显艰巨，因为信息经济也是法制经济，只有加强法制建设，抓紧制定电信以及信息管理、知识产权保护、信息安全等方面的法律法规，制定电子商务和网络经济的市场规则，建立健全国家的执法体系、监督体系，才能形成公开、合理、有序的市场机制环境，防止各种市场风险，才能与国际稳定接轨，按国际惯例办事，把我们的社会主义市场经济发展起来，使我们在激烈的国际竞争中永远处于主导地位。这也同时标志着我党在领导方式、执政水平上更加走向成熟。

信息化革命是生产力领域的一场极其深刻的变革，即将引起生产关系、经济基础和上层建筑各个领域各个方面的伟大变革，我们必须按照“三个代表”重要思想的要求，全面加强党的建设，坚持从严治党，增强党的凝聚力和战斗力，尤其是要从上述几方面下功夫，着力提高驾驭这场新革命的能力。

发挥党的政治优势的一项关键性任务

——国企党组织在参与重大问题决策上存在的问题与对策

企业党组织参与重大问题决策，是实现党对企业政治领导的关键，是企业党组织的重要职责，也是企业党组织发挥政治核心作用的基本途径。党组织参与企业重大问题的决策，有利于保证监督党和国家的方针、政策在企业的正确贯彻执行，有利于支持和帮助经理(厂长)、董事会实行民主决策、科学决策，保证决策的贯彻执行。因而，必须把参与重大问题决策作为确定党组织政治核心地位，发挥党的政治优势的一项关键性任务来抓。自党的十五届四中全会以来，国有企业党组织积极探索，大胆实践，较好地参与了重大问题的决策，有力发挥了政治核心作用，但随着形势的变化和发展，充分发挥党组织参与重大决策还存在一些现实问题，亟待我们去解决。

一、存在问题

1. 思想认识上。截至目前，党内外仍有不少人对企业党组织参与企业重大问题决策认识不一。一是认为公司法规定股东会是权力机构，董事会是决策机构，监事会是监督机构，没有规定党组织的具体地位，党组织只管党员就可以了，没必要参与。二是认为公司法明确规定企业作为经济组织，企业自主经营、自负盈亏，企业法人对企业生产经营的过程和结果负全责，企业党组织参与重大问题决策纯属多此一举。三是担心参与决策尺度不好把握，搞不好就会越权越位，引起党政摩擦。四是认为厂长(经理)负责制下，党委的参与意见企业法人愿听就听，不愿听就不听。凡此种种，导致党组织在企业中的监督作用难以发挥，党组织处于顺其自然或随波逐流的状态。

2. 素质水平上。在现代化的生产条件下，在企业改革发展的实践中，企业需决策的重大问题涉及许多新的知识领域，面临许多新课题，这对履行参与企业重大问题决策职能的党组织自身能力和素质提出了更高的要求。要求党组织一班人不仅懂马克思主义科学理论，有勇于改革创新的精神状态，而且要懂经济、会管理，熟悉企业生产状况，只有这样，参与才有可行性，说话才有权威性，才能取得参与决策的主动权。但当前，由于部分国企党组织和党员干部自身政治素质不高，理论功底浅薄，致使对党的路线、方针、政策理解和把握不够，分析和观察问题的角度有偏颇，衡量事物或问题的标准有出入。有的党组织负责人企业生产经营和管理的专业知识缺乏，长期处于外行状态，驾驭市场的能力较差，参与的点子不多，方法不活，直接影响了参与的能力。特别是有相当数量的企业党组织“立言”与“立行”不统一，党员干部凝聚力不强，模范作用欠佳，大大影响了参与的效果和水平。

3. 方式责任上。由于参与方式不规范，参与决策的责任不明确，在实际的参与活动中，许多国企党组织参与重大问题只是个人行为，不是组织行为，在做出某项重大决策时，只让党委书记或副书记参加讨论一下就算是党组织参与了决策，在决策前党委会也没有进行讨论，更没有形成一致的意见，因而大大减少了决策的科学性、有效性。同时，由于党组织参与决策缺乏必要的具体的法律保障，承担的决策责任难以划分。如若在重大决策表决中，党员董事按党组织的意图表决，决策失误了，甚至造成重大损失，到底责任由董事会、党委会负责，还是由董事个人负责，对此责任问题法律法规并没有做出相应的规定，再者上级党组织在考核参与重大问题决策时，只注重参与决策的内容、程序和方法，对参与决策者的素质、能力、效果和质量等并不重视或重视不够，因而使党组织的参与实际上处于一种“半休眠”状态。

4. 权位关系上。当前，在许多改组改制的企业中，董事会和经理成员高度重叠，决策层和执行层仍然难以彻底两断，党委会在法人治理结构中的权位无法确定，由此，党委会与法人治理结构的关系，“老三会”与“新三会”的关系并没有得到理顺，大大影响了参与的效果。比如，对技改、投资、基建等重大问题的决策时，一些企业采用董事会、经理办公会和党委会“三合一”的形式，致使党委在法人治理结构中的责任不清，权利不明，又缺乏操作性，因而党组织很难发挥应有的作用和功能。

二、解决对策

1. 统一思想，提高认识。思想不统一，认识模糊，参与意识不强烈，是导致当前党组织参与不力的首要影响因素。为此，必须切实采取各种形式，通过各种渠道，进行经常性的思想教育，充分认识党组织参与重大问题决策，发挥政治核心作用，是由现阶段国企领导体制的客观需要所决定的，是党的执政地位和领导作用在企业中的重要体现，是适应以经济建设为中心这一客观实际的需要，从而认真解决企业党组织在参与重大问题决策上认识不到位、思想不统一、意识不强烈的问题，以增强企业党组织参与决策的主动性和自觉性。

2. 提高能力，加强素质。企业党组织要发挥政治核心作用，履行参与重大问题决策的职责，最基本的条件就是要具备参与决策的能力，这是党组织取得参与决策的发言权和主动权的基础，也是对党组织战斗力的实际考验。首先要提高领导能力。领导干部要有深厚的理论功底、较宽的知识面和较高的知识层次，为此要努力学习马克思列宁主义、毛泽东思想特别是邓小平理论，不断提高运用科学理论解决实际问题的能力和自觉性，增强贯彻党的基本路线和党中央保持一致的坚定性和自觉性，增强工作的原则性、系统性、预见性和创造性，从而打好参与决策的理论功底和思想政治基础。其次要学习业务，提高参与经济管理工作的能力。应熟悉企业的历史、现状及发展目标，国内外同行业的发展状况和竞争优势，企业的产值、利润指标及完成情况，企业产品的质量与效益，重大投资计划，资产的保值和增值等情况。要不断调整、充实、更新知识结构，使自己具备管理现代化大生产和国际化经营所具备的经济理论、现代管理知识、法律知识，以及金融、外贸、外语等方面的知识，能够科学有效地运用这些知识，合理地调动人、财、物，保证各项生产经营活动高度协调地运行，从而为参与决策奠定坚实的物质基础。再次要强化参与的艺术修养。要善于运用系统观点解决问题，提高统揽全局的组织协调能力，坚持民主作风，善于集思广益，特别是要提高调查研究的能力和水平，不断取得参与决策的“发言权”，增强参与决策的科学性和有效性。

3. 规范方式，健全制度。参与方式不规范，责任不明确，是导致参与不力的又一影响因素。因此，首先，要规范方式，积极拓宽参与途径，努力做到集体参与，即由党委班子成员集体讨论，对重大问题决策提出意见和建议。同时要积极开拓例会参与、列席参与和情感参与等渠道，努力提高参与决策的能力和水平。其次，为了保证党组织有效地参与决策，必须建立相关制度，比如经理(厂长)定期向董事会、党组织报告工作制度及党委参加经理办公会制度、党政联席会制度等，并认真研究制定落实党组织参与企业重大问题决策的监督考核办法，明确各级党政领导、党政组织在落实党组织参与决策上的责任，明确监事会、纪委有关部门在监督考核工作中的职责和任务，使监督考核工作逐步走上制度化、规范化和科学化的轨道。同时，对违反规定，造成重大损失和重大影响的，要制定严肃处理的硬性规定，从而增强党组织参与重大问题决策的强制性和有效性。

4. 确定权位，把握环节。从目前来看，“新三会”与“老三会”矛盾的主要方面集结于党组织同法人治理结构方面，即党组织在法人治理结构中的法定权位。从公司法等有关条款来看，党组织仅定位于政治层面，即政治核心地位，但却游离于法人治理结构之外，跟经济或行政层面仍然没有合法席位。正因如此，极大地影响了党组织参与重大问题的决策权。同时，为增强党组织参与企业重大问题决策的实效性，还要注意把握好参与环节，努力实现对重大问题的全方位全过程参与。比如，根据现代企业的领导体制特点，为了从组织上保证党组织参与重大问题决策，要让党委成员进入董事会、监事会和经理层，并要占有半数以上的比例，同时还要担任一定的领导职务。其中董事长、总经理应当是党委成员，这样有利于将党组织的意图贯穿于最终决策。再比如决策形成后，党组织要主动与行政领导一道制定实施办法，同时要发动全体党员，切实保证决策的贯彻执行。

5. 分清轻重，找准参点。在对企业重大问题的把握上，现实中存在实践操作难的问题，为此应把握好两点：一是要分清重大内容的轻重。即所参与的应是那些关系到党的路线、方针、政策，带有原则性、方向性、全局性、长远性、关键性的问题，那些对企业产生较大影响的问题和关系职工切身利益的重要问题，而不是那些涉及生产经营管理的日常事务性工作。党组织参与重大问题的决策，要按照党和国家的方针、政策进行把关定向，而不是对那些生产经营中的具体事务进行指挥，不是包揽企业日常行政事务。二是要找准参与重大问题的着力点。党组织参与重大问题决策，不能仅仅简单地表明同意或反对的态度，而更多地要通过思想沟通、感情交流，进行政治思想引导，在沟通、交流与引导过程中，因势利导地把党组织的主张、意见传递给行政领导，融入其决策思维中，真正起到参与作用。

企业党组织参与重大问题决策是一项崭新的课题，没有固定的模式可套，我们一定要在继承与创新相结合的基础上，于实践中开拓新机制、新方式。

要坚持党的领导，国企党组织就必须提高自身素质

国有企业是我国国民经济的重要支柱，是实现国家长治久安和保持社会稳定的重要保证。坚持党对国有企业的领导，不断提高党组织的领导素质、能力和水平，调动广大干部群众的积极性，对推进国有企业改革和发展，进一步发挥国有经济的主导作用，巩固我党的执政地位，巩固我国社会主义制度，具有十分重要的现实意义和深远的历史意义。

一、坚持党的领导是一项极其重要的政治原则，是新形势新情况新问题的客观要求

1. 坚持党的领导是一项重要的政治原则，任何时候都不能动摇。江泽民同志在东北和华北地区国有企业改革和发展座谈会上指出："坚持党的领导，是一项基本政治原则，也是我们搞好各项事业的根本政治保证。越是国际风云变幻，越是改革和发展的任务艰巨繁重，越是要加强党的领导。"①在新形势下，特别是在

① 《江泽民文选》第2卷，人民出版社2006年版，第387页。

社会主义市场经济体制、推动国有企业建立现代企业制度的情况下，充分发挥党组织的政治核心作用，是我们的一大政治优势，也是我们的一个新的课题。党的十三届四中全会以后，以江泽民同志为核心的党中央对这个问题极为重视并作了积极的探索，初步明确了企业党组织的政治核心作用，成为实现和加强党对企业领导的基本途径。1992 年党的十四大通过的《中国共产党章程(修正案)》对企业党组织的地位和作用作了进一步明确，要求其发挥政治核心作用，围绕企业生产经营开展工作，并从保证监督党的方针政策的贯彻执行、坚持和完善厂长(经理)负责制、全心全意依靠职工群众、参与重大问题决策和加强自身建设等方面把政治核心作用具体化。1994 年党的十四届四中全会专门研究了党的建设问题，强调国有企业建立现代企业制度，要坚持发挥党组织的政治核心作用，在实践中积极探索，逐步完善企业领导制度。1997 年 1 月，中共中央发出了《关于进一步加强和改进国有企业党的建设工作的通知》，指出：党对国有企业的政治领导，主要体现在：坚持国有企业的社会主义方向，保持党的路线、方针、政策和国家法律、法规在企业贯彻执行；坚持党管干部的原则，按照管理权限，依法选派、推荐国有资产产权代表和企业经营管理负责人，并对他们实施教育、培养、考核、监督；坚持发挥企业党组织的政治核心作用和党员的先锋模范作用。1999 年 9 月，党的十五届四中全会明确指出：坚持党的领导，发挥国有企业党组织的政治核心作用，是一个重大原则，任何时候都不能动摇。同时对企业党组织的政治核心作用作了明确的规定：(1)保证监督党和国家方针政策在本企业的贯彻执行；(2)参与企业重大问题决策，支持股东会、董事会、监事会和经理(厂长)依法行使职权；(3)全心全意依靠职工群众，领导和支持工会、共青团等群众组织及职工代表大会，依照法律和各自章程独立自主地开展工作；(4)领导企业思想政治工作和精神文明建设，努力建设有理想、有道德、有文化、有纪律的职工队伍；(5)加强党组织自身建设，搞好党性党风教育，发挥党支部的战斗堡垒作用和党员的先锋模范作用。同时指出：企业党组织要认真贯彻党的基本路线，围绕生产经营开展工作，为实现党的任务和企业改革发展提供服务。要不断改进企业党组织的工作内容和活动方式，进一步探索发挥政治核心作用的途径和方法。事实上，坚持党对企业的领导，强调企业党组织的政治核心作用，这是由我们党的执政地位决定的。同样，企业党组织的这种地位和作用，是党对企业实行领导的具体体现。只有坚持党组织的这种地位和作用，执政党的路线、方针、政策才能在企业中得到充分有效的贯彻执行，才能保持企业的社会主义方向，才能真正使两个文明一起抓的方针得到落实，党的领导才能得到有力的实现。企业党组织是中国共产党设在基层的政治组织，是党的有机体中的基本细胞，党对企业的领导是一个整体概念，任何忽视、淡化、削弱、取消企业党组织对企业实施领导的观点都是错误的，是对党的领导的曲解，必须予以坚决克服和反对。

2. 坚持党的领导是新形势新情况新问题的客观要求。近几年来，许多国有企业在党组织的领导下，在深化改革、转机建制、加强内部管理、增强职工群众凝聚力、推动企业进步和发展等方面取得了重大成就，但是在新时期，国有企业确实面临着许多新情况新问题，迫切要求坚持党的强有力的领导。(1)从国际环境看，在经济上，随着经济全球化进程不断加快，知识经济迅速兴起，以知识创新、技术创新和高新技术产业为核心的综合国力竞争日益激烈。越来越广泛的经济联系和突飞猛进的科技发展，深刻地改变着人们的思维方式、生活方式和价值观念。虽然经济全球化会给我们带来国际资本、先进技术和高水平的管理和更多的贸易机会(特别是我国加入 WTO 后)，但同时也给我们带来了残酷的竞争和激烈的冲击，国有企业面临着日趋激烈的竞争。在政治思想上，我们党面临着一场没有硝烟的战争，西方敌对势力不愿看到一个强大的中华民族和一个生机盎然坚强巩固的中国共产党，加紧实施“西化”“分化”的战略图谋，千方百计用他们的那一套政治观点、政治体制和意识形态的东西影响我们的党，从而对企业及其党组织提出了极为严峻的挑战。(2)从国内环境看，当前我国改革开放已进入攻坚阶段和关键时刻，国家和社会均处于社会资源配置方式由计划经济向市场经济转轨、经济增长方式由粗放型向集约型转轨、治国方略由人治向法治转轨的全方位转变过程中。这一全方位的深刻变化，从生产力到生产关系、从经济基础到上层建筑等领域都引起了深刻变化，使经济成分、利益主体、社会组织、社会生活方式等日趋多样化，给国有企业的发展带来了许多新课题、新矛盾、新问题。(3)从国有企业自身环境看，总体上当前国有企业的体制转换和结构调整进入攻坚阶段，一些深层次矛盾和问题集中暴露出来。由于传统体制的影响，历史形成的诸多问题、多年来的重复建设以及市场环境的急剧变化，相当一部分国有企业还不适应市场经济的要求，经营机制不活，技术能力不强，债务和社会负担沉重，富余人员过多，生产经营艰难，经济效益下降，一些职工生活困难。具体而言，在深化改革建立社会主义市场经济的条件下，国有企业发生了许多深刻而重大的变化。企业的主体地位发生了变化，由政府的附属物变为具有“四自”功能的经济实体和市场竞争主体，依靠自己的能力在市场上求生存谋发展；企业领导体制发生了变化，由厂长负责制向法人治理结构转变，且法人治理结构不健全、不规范，没有形成有效的制衡机制；“老三会”与“新三会”的关系没有理顺，职责和权利范围没有界定清楚；企业中职工和党员的思想意识、价值观念等发生了变化，由保守、粗放、“等靠要”等观念变为开放、精细、竞争等观念。这些深刻的变化，必然对企业如何强化党的领导产生深刻的影响。

二、坚持党的领导就必须着力加强党组织自身修养，提高党组织自身素质

要坚持党的领导，就必须下大力气把企业党组织自身建设好，着力提高党的自身素质和修养。加强党组织自身建设，提高党组织自身素质和修养，这是实现党对企业领导的重要方面和客观要求。要通过各种途径和方法，切实把思想统一起来，把力量凝聚起来，把精神振奋起来，真正实现党的领导，从而推动企业各项工作不断迈上新台阶。

1. 抓根本，着力加强党的思想建设，不断提高共产主义思想道德素质和马克思主义科学理论修养。思想建设是我党的一大特有的政治优势，一项基本的政治原则，是党能够经受住各种诱惑和考验永不变质的根本保证。思想理论素质过硬与否是党及其党员在政治上成熟与否的主要标志。加强党的建设，提高自身素质和修养，就必须坚定不移地把思想理论建设放到首位，并结合新的形势和任务，切实抓紧抓好。一要夯实理论基础，坚持崇高的理想信念不动摇。坚定的理想信念，是我党的灵魂，是我们共产党人的精神支柱和动力源泉。坚定理想信念，必须以端正扎实的学风加强对马克思主义科学理论的学习，积极用邓小平理论武装

头脑，努力做到真学、真信、真用。二要巩固思想防线，坚持全心全意依靠工人阶级不动摇。保持工人阶级先锋队性质，坚持全心全意依靠工人阶级不动摇，是企业党组织的力量源泉。首先要积极开展优良传统和革命气节教育，帮助引导广大党员特别是领导干部树立正确的世界观、人生观、价值观、群众观，永远保持共产党人的政治本色。其次要在政治上保证、制度上落实、素质上提高、权益上维护四个方面狠下功夫，把全心全意依靠工人阶级的方针落到实处。尤其是要坚持和完善以职工代表大会为基本形式的民主管理、民主评议、民主监督制度，实行厂务公开，用有效的制度和措施，保证职工了解和参与企业的改革和经营管理。认真贯彻《劳动法》等法律法规，依法保证和维护职工的合法权益。最后要把握正确方向，坚持党对企业领导不动摇。要坚持党对企业的正确领导，坚定不移地执行党的路线方针政策，着眼于企业改革和发展，使企业各项工作符合党中央的战略要求，符合国家改革发展稳定大局的总体要求，符合国有企业长足发展和进步的要求。

2. 抓关键，着力建设强有力的领导班子，不断提高民主科学决策素质和大胆选贤任能。“办好中国的事情，关键在党，关键在人”，办好我国的企业，关键在领导班子。领导班子的主要职能就在于作决定和选人用人上。企业党委领导班子是企业领导集体的核心，是企业坚持社会主义方向的保证，是企业党的建设的领导者和组织者。企业能否坚持社会主义改革方向，能否取得生产经营上的高效益，从根本上看，取决于企业党委领导班子思想、政治、组织、作风建设的状况，取决于能否作好决策和选好用好人才。只有党委班子自身素质过硬，才能够做到这一点。因而要下大力把企业党委领导班子建设成为思想硬、素质高、作风正、团结紧、懂经营、善管理、眼界高远、多谋善断的强有力的领导班子。要求党委一班人胸怀宽广，关系融洽，努力做到有事常来往，急事难事互相帮，大事小事多商量，心往一处想，劲往一处使，团结一致，铁板一块。认真贯彻民主集中制原则，正确处理党委书记与厂长或经理之间的关系、集体领导与个人分工负责之间的关系，严格用党的纪律去规范领导的行为，按照“十六字”方针规范党委班子工作，切实做到落实制度不走样，履行职责不越权，执行程序不变通。认真坚持清正廉洁，严格纪律约束，严格自我监督，严格自我管理，也即做到廉洁奉公，遵纪守法，真抓实干，持之以恒，排难而进，取信于民，从而使我们党的威信不断提高，使党风和厂风得到根本好转。

3. 抓基础，着力发挥基层战斗堡垒作用，不断提高党支部在困难风险中的战斗力和在和平稳定环境中的凝聚力。基层党支部是企业党组织的基层组织，是党联系职工群众的桥梁和纽带，是党组织职工群众进行社会主义现代化建设的战斗堡垒，是党的全部工作和战斗力的基础。但从目前的实践不难看出，一些基层党支部在困难和风险中缺乏战斗力，在安稳和平的环境中缺乏凝聚力，大大地影响着整个党组织的形象和威信，这是极其危险的。因而必须加强基层党支部建设，特别是不断努力提高党支部在困难风险中的战斗力和在和平稳定环境中的凝聚力。一要不断加强对党员的教育管理，提高党员的素质。要发扬党内民主，健全党内生活，增强党的活力，建设一支能够在企业改革发展中经得起困难和风险考验，在两个文明建设中发挥先锋模范作用的党员队伍。二要不断提高党支部成员的理论文化素质，优化支部班子结构，增强支部班子团结；抓好廉政建设，弘扬优良传统，切实解决好作风问题，努力建设一支坚决贯彻执行党的路线方针政策，善经营，会管理，廉洁公正，得到职工群众拥护的领导班子。三要建立和完善党支部的各项制度，要建立一套加强党员教育管理，能及时解决自身存在的矛盾和问题，不断增强凝聚力和战斗力的工作制度；要建立一个适应企业改革和发展要求与生产经营紧密结合，保证企业党组织发挥作用的工作机制。除了要建立健全科学、完善、配套的制度外，对于已有的制度，也要切实贯彻执行。四要结合本单位本部门的实际，结合党员和职工群众的思想工作实际，以生产经营为中心，积极开展“主旋律”“党员责任区”“争先创优”等喜闻乐见、丰富多彩的活动，激发党员的积极性和创造性，使之更好地发挥先锋模范作用，从而不断增强党组织的凝聚力和提高党组织的战斗力。

4. 抓重点，着力加强党风建设，不断提高洁身自好拒腐防变素质和竭诚为民的修养。执政党的党风问题是关系到党的生死存亡的问题，企业党组织的作风建设直接关系到企业党组织的形象和战斗力，直接关系到党同职工群众的血肉联系，直接影响到社会主义精神文明建设和企业文化建设。为此，一要在企业党员和党员干部中进行马克思主义群众观和党的群众路线再教育活动，常抓不懈，常抓常新，常抓常深，全面提高党员素质，使企业党组织的领导权始终真正掌握在马克思主义者和全心全意为人民服务的人手里。二要各级领导班子和干部带头以身作则，遵纪守法，廉洁自律，转变作风，扎实工作，勤政为民，认真执行党风廉政建设的有关规定。三要加强以监督制约机制为主的制度建设，加强对领导班子特别是一把手的监督管理，充分发挥党组织的政治核心作用和保证监督作用。要按照建立现代企业制度的要求，建立健全重大决策失误追究制度、报告对话制度、违纪处理制度、双重组织生活制度、厂务公开制度，特别是要实行财务审批制度、项目招投标和物资竞价采购制度。要把作风建设与企业的经营管理密切结合，贯穿于企业的各项管理制度之中，从而使作风建设真正走上制度化、程序化、规范化的轨道。四要严格执行党的纪律，惩治腐败分子。要始终坚持“惩前毖后，治病救人”的方针，坚持纪律面前人人平等的原则和实事求是的原则，对无视法纪、违法乱纪的腐败分子，要用重典，不论什么人，该给什么处分就给什么处分，该重刑的要重刑，绝不手软。对情节恶劣、影响大的典型要曝光，教育大家引以为戒，要把严格纪律教育与维护纪律的严肃性相结合。要建立和健全适应新情况的法纪，以充实党的纪律内容，使党纪有章可循，有纪可依。要开展深入持久的反腐败斗争，维护党纪国法的尊严，为国有企业改革和发展创造良好的条件，

5. 抓原则，着力强化政治核心作用，不断提高驾驭经济的能力和统揽全局的能力。“坚持党的领导，发挥国有企业党组织的政治核心作用，是一个重大原则，任何时候都不能动摇。”企业党组织只有发挥这种作用，不断提高驾驭经济的能力和统揽全局的能力，才能保证其政治核心地位，才能在政治上吸引职工群众，团结职工群众，调动他们的积极性，企业才能贯彻党的路线、方针、政策，坚持社会主义方向。因而：(1)企业党组织必须努力提高参与决策的能力和水平；(2)厂长(经理)或董事会在进行决策前，必须认真听取党委的意见；(3)党委必须进行调查研究，吸取集体的智慧，经集体讨论研究后提出意见和建议，公司制企业在董事会对重大问题进行表决时，党员董事要认真贯彻并充分反映党委的意见；(4)必须建立、健全和坚持一些行之有效的制度，来保证党委在企业重大问题上的发言权，并且把按制度办事与增强党员领导干部的党性统一起来；(5)党委必须从战略和全

局的角度来考虑问题，务必不要过多纠缠于日常生产经营活动中的具体事务。

6. 抓领导，着力加强企业思想政治工作，不断提高把握正确的先进的舆论导向能力和善解民意解惑释疑的修养。开展企业思想政治工作是企业实现党的领导的重要内容。大量实践充分证明，舆论导向错误和职工疑惑得不到彻底解决，都会极大地影响党的领导。只有加强党对思想政治工作的领导，坚持用马列主义、毛泽东思想、邓小平理论，用党的路线方针政策教育广大群众，培育社会主义“四有”新人，才能保证党的路线方针政策的贯彻执行，保证党的各项工作顺利开展，卓有成效地实现党的领导。一要制定思想政治工作的长远规划、年度目标以及保证这些规划、目标完成的各项制度和措施。要切实把思想政治工作纳入自己重要的工作日程上来，抓紧抓实，使之真正发挥出应有的政治优势。二要讨论决定企业思想政治工作机构的设置和专职思想政治工作人员的编制、待遇等，负责专职政工人员的培训、教育、考核和使用等重大问题。三要组织和发动党支部的战斗堡垒作用和党员的先锋模范作用。四要帮助、指导并协调企业工会、职代会、共青团等群众组织结合自身的特点，发挥自身的优势，做好职工的思想政治工作。五要调查研究，把握职工的思想脉搏，因地因时因人因事有针对性地进行思想政治教育。六要把解决思想问题同解决实际问题有机结合起来。亏损企业、困难企业、破产企业党组织，要大力加强思想政治工作，主动关心并帮助解决困难职工和离退休职工的实际问题。效益好的企业党组织，更要注意职工的思想问题，特别是八小时以外的问题。七要关心、支持、引导思想政治工作研究会的建设，为其创造良好的研究环境，尽可能帮助解决一些实际问题和困难，积极引导思想政治工作研究，保证思想政治工作研究活动沿着正确的轨道前进。

（本文在2000年甘肃电力政研会上获评三等奖）

应着重增强企业党组织的创造力凝聚力战斗力

面对国内外形势尤其是国有企业改革与发展的深刻变化，我们的党组织只有不断增强自身的创造力、凝聚力和战斗力，才能充分发挥政治核心作用，充分调动广大职工群众的积极性、主动性和创造性，以开阔的思路，创新性的工作，开辟出国有企业改革与发展的新局面。

一、着力塑造灵魂，不断增强理解贯彻党中央意图的能力

如何从政治上、思想上和行动上真正与党中央保持一致，多年的企业实践证明，最根本的一条就是企业党组织要自觉抓住马克思主义理论学习不放松，坚持党的“一个中心，两个基本点”不动摇，着力塑造党组织的思想理论这一灵魂，不断增强理解贯彻党中央意图的能力，使之切实成为坚决贯彻落实党的路线、方针、政策，并带领广大党员、干部和职工群众为之奋斗的坚强核心。

1. 始终不渝地坚持用科学的理论和先进的文化知识来武装头脑，不断提高思想理论素质。思想理论水平高是党组织政治上成

熟的标志，是充分理解和坚决贯彻执行党中央意图的前提基础。加强企业党组织的建设，提高党组织的创造力、凝聚力和战斗力，就必须坚定不移地把思想理论建设放到首位，并结合新的形势和任务，切实抓紧抓好。一定要夯实理论基础。思想理论是我党的灵魂，是我们共产党人的精神支柱和动力源泉。国有企业要根据形势变化情况及时制订党建工作计划，按计划确定党员理论学习重点，不断掀起学理论高潮。要经常聘请高等院校的教授给全体党员上党课，讲授政治、经济、法律、企业管理等方面的知识。要组织职能部室检查学习情况，不断改进完善组织学习制度，根据学习要求，培养理论学习骨干，推动政治理论学习活动的有效开展。必须以端正扎实的学风加强对马克思主义科学理论的学习，积极用邓小平理论武装头脑，努力做到真学、真信、真用。广大党员要通过各种学习和各类活动，不断提高认识能力、工作能力和思想理论水平，不断增强工作中的原则性和创造性。

2. 紧紧围绕党的“一个中心，两个基本点”开展工作，积极促进企业经济发展和职工队伍稳定。要坚持党对企业的正确领导，坚定不移地执行党的路线方针政策，着眼于企业改革和发展，使企业各项工作符合党中央的战略要求，符合国家改革发展稳定大局的总体要求，符合国有企业长足发展和进步的要求。“一个中心，两个基本点”是我们党的一项基本方针，只有正确地予以理解，才能把其与企业的具体实际相结合，创造性地开展工作，取得企业改革与发展的重大突破。为此，(1)要紧密把党建与生产经营相结合，创造性地以“党员文明岗”“党员责任区”等为载体，在广大党员中广泛开展党员红旗岗、党员身边无事故、千项操作无差错等党建系列活动，充分发挥党支部的战斗堡垒作用和党员的先锋模范作用，有力地促进安全生产和经营管理等企业各项中心工作的开展。(2)要坚持四项基本原则，坚决抵制各种错误倾向和思潮的侵蚀。党组织要坚持用中央精神统一广大党员干部的思想，坚持四项基本原则，同各种错误倾向作坚决的斗争，保持政治上的坚定性，使各种错误思潮在企业没有市场，从而有力地保证企业的稳定和职工队伍的稳定，为企业的改革发展创造良好的环境。

二、着力强壮筋骨，不断提高党委的核心领导能力

随着企业改革的不断深化，企业的政治职能逐渐减弱，经济职能日益增强，要坚持和实现党对企业的领导，就要不断改进企业党组织的工作内容和活动方式，尤其是必须加强党的组织建设，着力强壮筋骨，不断增强企业党委的核心领导力。

1. 坚持和加强民主集中制。民主集中制是党的基本组织原则和领导制度。要正确地处理好党政一把手之间的关系，首先在重大问题上，我们强调党政一把手都要放下架子，主动与对方沟通，交流意见，力求统一思想，努力做到“六多六少”，即多商量，不独断；多奉献，不争功；多补台，不拆台；多自律，不争利；多交心，不猜疑；多谋事，不谋人。其次是坚持集体领导和个人分工负责制，在实行集体决策的过程中，努力做到“三通”，即“通气、通心、通法”。在具体实施的过程中，大力提倡“六互”，即“互敬、互信、互助、互补、互担、互谅”。在处理集体领导与个人分工负责的关系上坚持“四个一致，四个侧重”，即思想上一致，职责上各有侧重；目标上一致，工作上各有侧重；步调上一致，内容上各有侧重；制度上一致，管理上各有侧重，从而使党的民主集中制原则在企业得到有力的坚持和加强。

2. 严格管理程序，加强考核力度，大力加强干部队伍建设和党员的教育管理。要按照“党管干部”原则，在工作中严格贯彻干部队伍“四化”方针和德才兼备的标准，坚持任人唯贤；在任免干部时，事先都要经过组织的考察和集体讨论，由党组依规定任免，没有经过考察的，坚决不能提到会上讨论。要加强干部的管理与考核，不断改进干部考核制度。要按照德能勤绩廉五个指标考核干部任职期间的政绩，对考核不合格及基本合格的干部，进行诫勉谈话，对其缺点和不足，规定期限令其改正。要不断使党管干部逐步走上制度化和规范化的轨道。要坚持新时期党员标准，处理质、量关系情况，大力提高和改善党员的整体素质和党员的分布及结构情况。在组织发展工作中，认真开展入党积极分子的培养教育，按照“坚持标准、保证质量、改善结构、慎重发展”的原则发展党员，坚持入党志愿，成熟一个发展一个，重视党员质量，按照有利于改善结构的方向发展党员，重视在生产一线、生产骨干、专业技术人员中发展党员，对待入党积极分子高标准、严要求，对不能满足入党条件，在职工中不能发挥模范作用的发展对象，不打折扣，不开绿灯，关口前移，从根本上保证党组织的纯洁性和先进性。

3. 强化意识，完善程序，扎实基础，提高党委参与企业重大问题决策的能力。参与企业重大问题决策是企业党组织政治核心作用得以充分发挥的十分重要的方面，参与能力的大小极大地影响着甚至决定着党委核心领导作用的大小。要增强参与意识、加大参与力度，积极参与企业重大项目投资、生产经营、技术改造、人事变动等企业重大问题的讨论和决策；参与企业重大改革方案的组织与实施，对出台的每一项重大改革方案，都事先通过党组织动员广大党员带头参与，及时排除各种思想障碍，使得改革方案得以顺利实施；参与重大任务的突击和攻关，这应是党组织的经常性活动。要完善参与决策程序，每一项重大改革或重大问题在酝酿时，党政主要领导首先要充分交换意见，统一认识，然后召开企务扩大会或党委扩大会，在党政两级领导班子中充分讨论，基本形成议案，之后提交职代会讨论、审议，付诸实施。总之，党组织要积极参与企业重大问题决策，充分实行集体领导，凡属企业中长期规划、经营方针、机构设置、干部任免、分配方案、投资改造等企业重大问题，都按民主科学的程序进行决策，反复协商，多方针求意见，从而使企业党组织的政治核心作用得到充分发挥，地位得到巩固。

三、着力把准命脉，不断增强拒腐防变的能力

党风廉政问题关系到党和国家的生死存亡，不断增强共产党员特别是领导干部拒腐防变的能力，是加强党风廉政建设提高党的凝聚力生命力的重要内容，也是党取信于民，赢得职工群众信任和拥护的重要条件。

1. 加强党风廉政建设教育，牢固树立廉政勤政意识，不断增强思想道德防线。党组织要把领导班子的廉政勤政意识和思想道德防线当做党风廉政建设的一项长期任务紧抓不放。坚持廉政勤政教育，根据形势要求不断开展警示、警钟、典型案例、反腐倡廉和党风党纪等系列教育，及时充实教育内容，改进领导班子教育方法，完善教育和自我教育机制，重视理论联系实际，定期进行检查和考核，讲求教育效果，不断筑牢防腐防变的思想道德防线。

2. 加大内外监督力度，增强制约性。一是要不断完善制度监

督，认真开展批评与自我批评，集体研究带普遍性的职工意见，着力解决一至两个重点难点问题，认真贯彻党员干部廉洁自律的各项规定。二是要大力加强组织监督。注重开好领导班子民主生活会，通过生活会检查领导班子及个人的思想认识、工作态度，围绕生活会主题和职工提出的意见，相互检查，改进不足，增强共识。三要自觉接受党内外群众和上级组织的监督检查，各位领导要坚持做到不接受群众馈赠，不参加职工的宴请。把自律与他律结合起来，在广大职工群众中树立良好的形象，倡导良好的风尚。

3. 牢牢把握全心全意依靠工人阶级办企业的方针，坚持党的群众路线，发扬密切联系群众的作风。工人阶级是先进生产力的代表，是物质财富和精神财富的创造者，也是建设有中国特色社会主义企业的主力军。深化企业改革，应对加入 WTO 后的严峻挑战比任何时候都更加需要全心全意依靠工人阶级。党组织一定要把广大职工群众作为企业的主体，保证工人阶级的领导地位，充分发挥主人翁作用。一是要从政治上进行保证。首先要明确全心全意依靠工人阶级办好企业，是党的群众路线的具体运用。要摆正主仆关系，充分体现工人阶级的领导地位。只有这样，职工才会想主人事、操主人心、干主人活，企业才会兴旺。要转变工作作风。领导者要经常深入基层，到职工中去，强化公仆意识、责任意识。二是要从制度上给予落实。要坚持和完善以职代会为基本形式的民主管理、评议、监督制度。凡属企业的重头戏，如劳动、人事、分配制度改革，经营方式转变，新项目开发建设，出台重大措施等关系职工切身利益的问题，要广泛发扬民主，开好职代会，认真听取职工意见。三是要从素质上得以提升。国有企业一定要把对职工的素质教育作为大事来抓，制定切实可行的措施，采取灵活的方式方法，启发、教育、引导、督促职工学政治、学技术、学业务、练硬功，着力培育“四有”新人。四是要从权益上着力维护。就是认真贯彻执行劳动法等，保障和维护职工的合法权益。

四、着力抓好触角，不断增强党组织的号召力和凝聚力

文明单位、企业文化和企业思想政治工作是党组织发挥政治核心作用的触角。党组织的号召力和凝聚力是党的战斗力的具体体现，要通过以培养“四有”“六过硬”职工队伍为目标的文明单位、企业文化创建活动和企业思想政治工作建设，增强企业党组织的号召力和凝聚力，使党组织保持旺盛的战斗力和创造力。

1. 内容上。(1)要坚持不懈地对职工进行马克思主义理论和党的基本路线方针政策教育，帮助职工树立正确的世界观、人生观、价值观；坚持不懈地进行社会主义、爱国主义、集体主义及社会公德、职业道德、家庭美德教育，帮助职工树立高尚的职业情操和爱岗敬业的主人翁责任感，大力倡导和弘扬新时期的创业精神；有针对性地搞好形势政策、法制教育和社会综合治理教育，帮助职工树立懂法守法的法制观念。(2)要通过各种活动促进职工观念的转变。在企业开展“两个根本性转变”大讨论，学习减人增效、下岗分流等重大改革方案，进行文明单位创建和创建一流企业大宣传、大动员，研讨企业改革的目标和方向，组织宣讲团，开展现代企业制度知识讲座，提高职工对改革的认识，积极解放思想，转变观念。(3)要通过各种形式加强职工业务技能学习，提高职工业务素质，培养一支“四有、六过硬”的职工队

伍。在激烈的市场面前，有战略眼光的企业党组织都会把提高企业竞争力的着眼点放在构建学习型组织上，把职工业务素质教育作为企业改革与发展的第一道工序来完成，把人才作为企业的第一财富来对待。

2. 方式上。要抓好思想政治工作的载体，寓教于各种活动中。要经常利用节假日和业余时间，组织开展文化娱乐、体育、舞会等活动，在思想性、生动性强的有益活动中陶冶广大党员、职工群众的情操，增强企业的凝聚力。要充分利用企业报、电视台、图书室、俱乐部、网络等现代传播工具和文化设施，增强思想政治工作和精神文明建设的影响力。要牢固树立有时代特色的企业先进典型，充分发挥先进典型的示范、激励、引导作用，形成身边人教育身边人，同行人教育同行人的模式，从而发挥典型的示范导向作用，有力地带动两个文明建设上台阶。要始终坚持为职工办实事的初心，加大投资力度，通过修建住宅楼、改善职工安全环境、绿化美化休闲娱乐活动场所等，坚决把解决思想问题同解决实际问题有机结合起来，使思想政治工作和精神文明建设落到实处，得到职工群众的大力支持。要在创建活动中，积极摸索一些有效的工作方法，加大投入力度，设立政工奖励基金和精神文明建设奖励基金，提供强有力的资金支持，使文明单位、企业文化和企业思想政治工作真正落到实处。

3. 机制上。(1)要组织建立党政一把手挂帅的精神文明建设领导小组及办公室和企业文化建设协会，研究制定企业精神文明建设规划及相应的各项管理制度，明确指导思想、重点工作、工作标准、实施细则和考核办法。(2)要坚持“两手抓，两手都要硬”的方针，探索建立“大政工”运行机制，制定实施企业思想政治工作大政工运行机制办法、政工干部开展思想政治工作考核办法、党员开展思想政治工作制度及考核办法等一系列考核、激励、约束工作制度，明确工作职责、考核范围，形成目标同向、工作同步、责任同担的党政工团齐抓共管的思想政治工作运作机制。总之要积极通过各种创造性工作，有力地增强企业党组织的凝聚力和战斗力。

如何发挥好转型期电力企业党组织的政治核心作用

——刘家峡水电厂党委发挥政治核心作用的积极探索与实践

随着我国经济体制的有力转变，社会主义市场经济的初步建立，社会产业结构的广泛调整，国有企业改革改组的深入进行，我们电力企业正处于急剧的转变时期。在这个极为关键的时期，如何加强党的建设，充分发挥好党组织的政治核心作用，不仅对党的建设而且对电力企业的改革和发展都显得尤为重要。近年来，刘家峡水电厂厂党委认真贯彻党的指示精神，坚持“党要管党、从严治党”的方针，大力改进工作作风，积极探索转型期加强和改进企业党组织建设的新途径新方法，有力地增强了党组织的凝聚力、号召力、创新力和战斗力，充分发挥政治核心作用，为完成全厂各项工作任务提供了强有力的保证。

一、在转型期，企业党组织要充分发挥政治核心作用，首先必须提高自身素质，只要真正做到“内硬”，才能达到“外强”，才能产生广泛的号召力和强劲的凝聚力

多年的实践使我们深刻地认识到，充分发挥党组织政治核心

作用，首要的一条就是党组织要自觉抓住马克思主义理论学习不放松，着力提高自身素质，不断增强号召力和凝聚力，使之切实成为坚决贯彻落实党的路线、方针、政策，并带领广大党员、干部和职工群众为之奋斗的坚强核心。

1. 始终不渝地坚持用科学的理论武装头脑，不断提高思想理论素养。思想理论水平的高低反映党组织政治上是否成熟。厂党委每年根据形势变化情况制订党建工作计划，每月按计划确定党员理论学习重点，及时发放《马克思主义党建理论纲要》《毛泽东邓小平江泽民论思想政治工作》《“三个代表”辅导材料》等理论书籍，在全厂不断掀起学理论高潮。经常邀请省委党校、兰大等院校的教授给全体党员上党课，讲授政治、经济、法律、企业管理等方面的知识。每半年组织职能部室检查基层党支部工作，不断改进完善组织学习制度，根据学习要求，培养理论学习骨干，推动基层政治理论学习活动的开展。积极开展党建、邓小平理论、党史、党风廉政建设等竞赛、答题活动。组织党员隆重庆祝香港、澳门回归祖国，纪念厂发电三十周年等，以此激发党员学习马克思主义和先进科学文化知识的兴趣。广大党员通过各种学习和各类活动，提高了工作能力和思想理论水平，增强了工作中的原则性和创造性。

2. 大力加强干部队伍建设和党员的教育管理，不断强健组织肌体。按照“党管干部”原则，厂党委在工作中严格贯彻干部队伍“四化”方针和德才兼备的标准，坚持任人唯贤；在任免中层管理人员时，事先都经过组织人事部门的考察和集体讨论后，由党委、厂长依法任免(聘任或解聘)。没有经过考察的，坚决不提到会上讨论。每年坚持对中层干部进行一次任期考核，按照德能勤绩廉五个指标考核干部任职期间的政绩，对考核不合格及基本合格的中层干部，进行诫勉谈话，对其缺点和不足，规定期限令其改正。2000年还在干部考核中实行中层干部高位奖励、末位淘汰实施办法，进一步激励、约束、监督领导干部的行为，较好地保证了领导干部任职期间的状态，从而使党管干部逐步走上了制度化和规范化的轨道。在组织发展工作中，认真开展入党积极分子的培养教育，按照“坚持标准、保证质量、改善结构、慎重发展”的原则发展党员，坚持入党志愿，成熟一个发展一个，重视党员质量，重视在生产骨干、专业技术人员中发展党员，对入党积极分子高标准、严要求，对不能满足入党条件，在职工中不能发挥模范作用的发展对象，不打折扣，不开绿灯，关口前移，从根本上保证了党组织的纯洁性和先进性。

3. 牢固树立廉政勤政意识和加大内外监督力度，不断加强党风廉政建设。几年来，厂党委把两级领导班子的廉政勤政意识和思想道德防线当做党风廉政建设的一项长期任务紧抓不放。重视理论联系实际，定期进行检查和考核，讲求教育效果，不断筑牢防腐防变的思想道德防线。与此同时，认真贯彻党员干部廉洁自律的五条规定，先后制定了《新一届领导班子廉洁自律五条规定》《党风廉政建设责任制实施细则》《党风廉政建设责任分工负责和责任追究制》《科级以上领导干部重大问题报告制》等，从制度上加强管理。注重开好每年两次两级班子民主生活会，通过生活会检查领导班子及个人的思想认识、工作态度，围绕生活会主题和职工提出的意见，相互检查，改进不足，增强共识。

4. 积极创新党内活动形式，不断转变工作作风。近几年来，厂党委紧贴生产经营等中心工作，明确党建工作思路，卓有成效地开展了“创先争优”活动。如在生产分场党员中开展“党员责任区”活动，在机关党员中开展“党员文明岗”活动，在运行分场党员中开展“千项操作无差错”活动，在汽车运输公司党员中开展“万里行车无事故”活动，在全厂党员中开展“我为安全生产献一计”“双达标中显身手”“党在我心中”“重温入党誓词，发挥模范作用”“四比四看”等主题活动，尤其是创设“党政一把手接待日”，把每月15日作为接待日，风雨无阻，主动解决职工的矛盾和问题。厂党委还不断赋予这些活动以新的内容，制定管理制度，建立工作标准和考核办法，并对“党员责任区”的责任人和“党员文明岗”的获得者实行挂(授)牌公示，实行群众监督。通过这些手段，不断创新党建工作机制，树立党员良好形象，涌现出不少整体功能强、思想政治工作细的先进党支部；涌现出一批先锋模范作用突出、群众威信高的优秀党员和优秀党务工作者；涌现出一批工作尽职尽责、活动效果明显的最佳党员责任区，从而密切了党群干群关系，有力地改进了工作作风。

5. 正确处理党政工之间的关系，不断加强班子建设。协调班子成员之间的关系、维护班子内部的团结、增强班子的凝聚力是党委的一项重要任务。厂党委在处理党政关系和班子成员之间的关系时坚持做到“六多六不”，即多商量，不独断；多奉献，不争功；多补台，不拆台；多自律，不争利；多交心，不猜疑；多谋事，不谋人，在处理集体领导与个人分工负责的关系上坚持做到“四个一致，四个侧重”，即思想上一致，职责上各有侧重；目标上一致，工作上各有侧重；步调上一致，内容上各有侧重；制度上一致，管理上各有侧重。厂党委还把开好民主生活会作为加强班子团结、增强班子凝聚力和加强党风廉政建设的重要途径，班子内部形成了讲学习、讲政治、讲正气的良好风气。

二、在转型期，企业党组织要充分发挥政治核心作用，就要准确定位，积极主动参与企业重大问题的决策，为企业的改革与发展保驾护航、出谋划策，只有做到“有为”，才能达到“有位”，才能产生蓬勃的创造力和强大的战斗力

参与企业重大问题决策，是党章赋予企业党组织的一项重要职责，是企业党组织政治核心作用得以充分发挥的十分重要的方面，参与能力的大小极大地影响着甚至决定着党委核心领导能力的大小。

为此，厂党委一是增强参与意识、加大参与力度。积极参与企业重大项目投资、生产经营、技术改造、人事变动等企业重大问题的讨论和决策，大力参与企业重大改革方案的组织与实施。我厂出台的每一项重大改革方案，都事先通过党组织动员广大党员带头参与，比如三项制度、住房、医疗、保险等改革，及时地排除各种思想障碍，使得改革方案得以顺利实施。尤其是参与重大任务的突击和攻关，这是党组织的经常性活动。在近几年我厂进行的设备技术增容改造中，党组织积极开展工作，充分发挥党支部的战斗堡垒作用和党员的先锋模范作用，出色地完成了2号机、3号机、4号机、5号机、220千伏电缆、330千伏电缆等改造更换工作。二是完善参与决策程序。每一项重大改革或重大问题在酝酿时，党政主要领导首先要充分交换意见，统一认识；然后召开厂务扩大会或党委扩大会，在党政两级领导班子中充分讨论，基本形成议案；之后提交职代会讨论通过，在全厂付诸实

施。三是夯实参与基础，每月召开政工例会和行政例会，两个例会党政领导人都要参加，会上大家畅所欲言，反馈各种信息。党委组织党员讨论企业决策的有关重大问题，努力使党委的参与建立在广大党员智慧的基础上。

三、在转型期，企业党组织要充分发挥政治核心作用，就必须加强宣传力度，积极开展思想政治工作，着力加强精神文明和企业文化建设，只有达到“形”正，才能做到“神”往，才能产生过硬的形象力和强烈的影响力

加强宣传思想工作，塑造良好形象，是转型期企业党组织发挥政治核心作用极其重要的方面。厂党委始终紧紧围绕企业安全生产、经营管理等重点工作，采取各种办法，积极探索各种开展宣传思想工作、加强精神文明和企业文化建设的新途径，为发挥党委的政治核心作用提供了强大的舆论支持和精神保证。

1. 加强队伍建设，严明奖惩办法，加大对外宣传，着力提升品牌的知名度和美誉度。队伍过硬与否，奖惩严明与否，影响企业宣传工作的成败。为此，我们通过摸底调查，果断调整充实了厂通讯员、报纸编辑人员队伍，大量吸收了一批年纪轻、文化程度高、作风扎实、热爱宣传报道的同志，逐步形成以专职宣传干部为骨干，各级通讯员为站点，业余爱好者为触觉，广大职工群众广泛参与宣传报道的“大宣传”格局和厂、分场及班组的“三级”宣传网络队伍，使宣传报道力量大大加强。与此同时，为着实调动全厂通讯员队伍的积极性和主动性，我们制定实施《刘家峡水电厂宣传报道奖励办法》，对于在社会媒体上所发表的稿件，根据级别进行2~5倍的奖励，并且把每年的宣传稿件任务进行细

化，分解到各基层支部，纳入党支部工作目标，每月进行考核，在每月的政工例会上进行通报，对没有完成稿件的单位，在月评奖会上扣款。通过以上措施和办法，充分调动各单位通讯员写稿投稿的积极性和主动性，强化了对外宣传力度。近几年来，对外投稿近千篇(条、幅)，超过省电力公司下发的指标90%。尤其是在《人民日报》、中央电视台、《中国企业政工信息报》等中央级新闻媒体和《中国电力报》上发稿100多篇，在《甘肃日报》、甘肃电视台、《中国西部发展报》、《水电厂》等十多种省级新闻媒体上发表300多篇(条、幅)。大量稿件对全厂设备改造、职工住宅、经营管理、多维发展和“双创”等工作进行全方位、全过程，滚动化、持续化的宣传，及时传递信息，尽情讴歌刘电人扎根深山无私奉献的优秀精神风貌，充分展示良好的企业形象，使“刘电”这个品牌更加响亮，知名度更加广阔，美誉度更加升华。

2. 坚守宣传阵地，规范管理制度，深化对内宣传，大力为企业改革和发展鸣好锣开好道。阵地坚实是搞好内宣的物质基础，制度规范是使内宣得以持续化、正规化、科学化的切实保证。我们按照“多层次、多渠道、全方位、全过程”的原则和以“有章可循，有据可考”为出发点，大力夯实宣传阵地，逐渐规范管理制度和不断深化对内宣传，为全厂各项改革和发展工作的顺利开展发挥了鼓动、引导、凝聚的强大作用。投资15万元，调研、设计和装修了电视播音室，改造卫星电视信号接收机房并安装空调等必要配件，配备数字摄像机、照相机，购买、安装、调试非线性编辑机。及时敷设新建家属楼闭路电视线和户外音响。设置9块阅报栏、17块宣传橱窗等，使宣传舆论阵地得到加强，使对内宣传有了强大的物质基础。在加强阵地建设的基础上，我们不断规范和强化各项规章制度，使内宣工作走上一条制度化、科学化的轨道，从而保证内宣工作持续、高效、常胜。我们在坚持厂已有的报纸编前会制度、评报制度、宣传稿件任务考核制度的同时，根据情况制定实施《厂报编校制度》《宣传部人员深入基层制度》《宣传干部联系通讯员制度及考核办法》《电视、广播宣传工作制度》等宣传规章制度，初步建立起一套比较完善的制度体系。由于阵地过硬，规章制度规范，有力地保证了内宣工作的顺利推行。比如近两年来厂广播共播出各种稿件 1611 篇。除播放新闻通讯稿件之外，结合不同阶段不同时期的宣传热点开办了邓小平理论专题学习、创建文明单位、“公民道德实施纲要”、“WTO 与电力”等专题广播节目 200 多篇；试播了录音报道 5 期，开设“星星点歌 * 祝你健康”等听众喜欢的节目；刘电电视录播“刘电新闻”53 期，播出新闻 350 多条，制作《大河竞雄》《泄水道二号孔修复工程》《峡谷绽放文明花》等大型专题片 15 部，等等，内容既有享誉全国的设备改造、泄水道二号孔修复工程等特大事件，也有发生在职工中点点滴滴的小事，尤其是及时宣传了商业化运营、住房改革、医疗药费改革等涉及职工切身利益，关乎企业发展的热点问题和发展举措，使各项方针政策做到家喻户晓，有力地起到舆论导向的作用，从而使内宣内容更丰富，氛围更宽泛，渠道更畅通，层次更多样，质量更优质，在全厂范围内形成了强大的声势，收到了良好的效果。比如一对夫妇，由于丈夫经常加班而闹矛盾，当她有一次在电视录像中看到自己的丈夫是跪在那样冰冷的水泥板上辛苦地劳作时，她的心灵受到了极大的震撼，从此改变了对丈夫的态度，夫妻关系重归于好。

3. 结合全国热点，围绕全厂重点，有针对地开展舆论引导，不断激发职工的爱国爱厂热情。近两年来，我厂内外喜事、大事、难事接连不断。我们宣传工作紧密结合这些热点重点工作，按照上级党委和厂党委的部署、安排，有计划、有步骤、有针对性开展大量卓有成效的工作，进行积极的舆论引导。如针对建国活动开展的“庆国庆，迎华诞”大型歌舞晚会、“歌唱祖国”歌咏比赛、篮球比赛等各种丰富多彩的活动，宣传人员及时采写了《庆国庆活动丰富多彩》《张灯结彩庆国庆》等新闻稿件，在《中国电力报》《甘肃电力报》《甘肃工人报》和《刘电工人》等厂内外新闻媒体上展开宣传，并在《刘电工人》上开辟《党建征文》专栏，回顾祖国辉煌成就，展望祖国灿烂明天，大造声势，有力地激发了全厂职工的爱国热情和敬业爱岗精神。针对厂庆30周年，采写大型通讯《光耀黄河三十春》《聚黄河精气，耀明珠异彩》等文章，在《人民日报》《工人日报》《中国电业》《甘肃工人报》等报刊上发表，同时出版了《刘电工人》厂庆专版和庆祝刘家峡水电厂发电三十周年《水电厂》专题，充分展示电厂三十年的艰辛不屈，三十年的热潮彭湃，三十年的曲折，三十年的辉煌，热情讴歌了电厂英雄儿女“献了青春献子孙”的博大的无私奉献精神和顽强的艰苦创业精神，再次激发职工的斗志和爱厂热情，有力地增强了主人翁的责任感和自豪感，在社会上引起了强烈的反响，使单位的知名度再次得以提升，等等。这些强有力的针对性强的宣传活动，极大地增强了全厂职工的爱国爱厂热情，他们保持旺盛斗志投入到企业的各项改革和发展工作中去，相继完成了五号机改造、右岸小水电建设、泄水道二号孔修复工程等10多项重点工作。

应把国企党建工作纳入经营管理和法制化轨道

——对转型期国企党建工作的粗浅探讨

随着经济体制和政治体制改革的深入，社会主义经济由计划经济向市场经济转变，国企由工厂制向现代企业制转变，国有企业党的建设遇到了大量新情况新问题新矛盾。如何加强和改善国企党建已是一个亟须从更深更高层次来研究和解决的问题，本文主要就两个问题作一粗浅的探讨。

一、影响因素

影响国企党建工作顺利开展的因素很多，经过分析归纳，笔者认为主要有以下几种。

1. 舆论因素。随着社会主义市场经济的逐步完善，国企改革的日渐深入，领导体制、管理体制等的迅速转变，有些人对国情企情认识不清，对企业党组织的地位和作用缺乏正确的认识，于是产生了种种消极论调。如分离论，借口同国际惯例接轨，主张把党组织从企业分离出去；无为论，对党中央精神理解不透，认为现在企业实行厂长(经理)负责制，党组织的地位下降了，党建无所作为了；无用论，认为现代企业制度的建立，“新三会”自成体系，不需要党组织的“掺和”，企业党组织无用了。在这些消极论调和思潮的影响下，企业产生了许多对党组织不利的行为和做法，既制约了党组织政治核心作用的充分发挥，也影响了企业的改革和发展。

2. 政策因素。近几年来，党中央对新形势下的国企党建作了一系列重要决策和部署。1995 年 8 月，江泽民同志作了党对企业在政治上的领导权绝不能丧失的重要批示；1997 年 1 月，中央专门发出《关于进一步加强和改进国有企业党建工作的通知》；党的十五大对深化国有企业中的党建工作作了更深远更全面的部署；1999 年 9 月，中共十五届四中全会在全面深刻分析当前国企改革和发展所面临的复杂形势、艰巨任务和具体对策的基础上，重申和强调必须加强党对企业的政治领导，并创造性地提出了一些指导意见，等等，从宏观上为国企党建创造了良好的发展空间和环境。但由于具体操作指导意见少，所以目前的国企特别是改制国企党建运作仍处于一种不成熟的探索状态，运行质量欠佳。

3. 企业因素。在深化改革社会主义市场经济的条件下，国企发生了许多深刻而巨大的变化。企业的主体地位发生了变化，由政府的附属物变为具有“四自”功能的经济实体和市场竞争主体，依靠自己的能力开始在市场求生存谋发展；领导体制发生了变化，由党委领导下的厂长负责制变为厂长(经理)负责制，党委不再对企业的生产经营、管理等具体事务直接发号施令；职工和党员的思想意识、价值观念等发生了变化，由保守、粗放、“等靠要”等观念和意识变为开放、效益、危机、竞争等观念和意识等。这些深刻的变化，必然对企业党建工作产生深刻的影响，党组织传统的工作思路、方式和方法，显然不再适应新形势新情况的要求。但由于有些国企党组织不能够正视所面临的这种困难，一味地主观上怨天尤人，客观上抱残守缺，导致党建工作缺乏应有的生机和活力。

4. 自身因素。在新的历史环境和条件下，有部分国企党组织结合新的情况，高度重视加强自身建设，政治核心作用得到充分发挥，取得了显著的成绩，但是在许多转型改制的国企中，党不管党、自身不强的问题仍相当突出。党组织“三会一课”长期得不到坚持，党员、干部得不到足够的理论、理想、宗旨和信念教育；工作思路、方式和方法陈旧，缺乏新的思路和“增长点”；许多党员干部组织观念淡薄，纪律松弛；许多党员干部特别是领导干部忘记了党的宗旨，淡化了艰苦奋斗的好传统，作风腐败，生活奢侈等，从而使基层党组织逐渐失去了先进性和纯洁性，削弱了凝聚力和战斗力。

从以上因素不难看出，影响国企党建工作顺利开展的因素既有主观方面的也有客观方面的，既有宏观方面的也有微观方面的，既有外因也有内因，因此，必须慎重寻求解决的良策。

二、相应对策

怎样加强和改进国企党建工作目前众说纷纭，笔者根据上述情况，有针对性地提出一些不成熟的看法。

1. 加强教育学习，提高认识，统一思想，这是加强国企党建工作的必要前提。江泽民同志指出：“我在提出领导干部要讲学习、讲政治、讲正气时，是把学习放在第一位来强调的。”①“领导干部的马克思主义理论基础扎实了，各方面知识丰富了，才能全面地认识和把握各种复杂的矛盾和问题，敏锐地识别各种错误的观点和思潮，科学地制定各项政策措施，也才能在各种复杂的局势中坚持正确的政治方向。”②以上论述精辟地指出了领导干部加强教育学习的重要性和必要性，这些论断和要求对国企党建工作也是适用的，但具体要求会有所不同：一是教育对象，不仅包括领导干部，而且包括职工群众；不仅包括企业内部，而且包括企业外部。二是教育学习内容，不仅要进行马列主义、毛泽东思想和邓小平理论，特别是其中关于党建的重要论述的教育学习，同时还要进行国际共产主义运动史、中国近现代史、党史党章、国情企情的教育学习。因为只有在这些方面的知识全面了丰富了，人们才能自觉地深刻地正确地认识加强国企党建工作的重要性、必要性和紧迫性，才能从更高层次提高国企党员、干部和群众的认识，统一思想，从根本上扫除种种不利于国企党建工作的舆论影响因素，为国企党建工作提供良好的环境和条件，也只有这样，国企党建工作才能够得到广大党员、干部和职工群众的积极有力的支持。

2. 把党建工作纳入企业经营管理的轨道，这是加强国企党建工作的关键环节。把党建工作纳入企业经营管理轨道，这是适合国企当前深刻变化，建立现代企业制度的需要，也是保证党建工作规范健康运作的需要，更是实现企业管理协调发展的需要。事实上，国企党建工作作为企业管理十分重要的组成部分，两者之

① 《十五大以来重要文献选编》上，人民出版社2000年版，第151页。
② 《江泽民文选》第2卷，人民出版社2006年版，第366页。

间并不矛盾，而是相互依赖、相互促进的相融关系。但目前，由于种种原因，国企党建工作一直没有被纳入企业经营管理的轨道，仍然是“两大块”：党建工作是党建工作，企业管理是企业管理。实践已证明，这是一种不利于党建工作的做法。把党建工作纳入企业经营管理，目的是使党建工作走出自我封闭的“小循环”，进入整个企业管理的“大循环”，使党建工作真正融入企业生产、计划、经营等工作，与其结合得更加紧密，最终使国企党建工作走上一条与企业经营管理工作同规划、同布置、同实施、同考核、同促进的更加健康成熟的轨道。当然，把党建工作纳入经营管理轨道，主要是指具体工作的安排，也并不是要削弱党建，而是为了提高党的渗透力、指导力、凝聚力和战斗力。

3. 加快法制化进程，依法治党，这是加强国企党建工作的重要举措。从企业角度而言，随着社会主义市场经济的逐步完善，国有企业的市场化、国际化，企业对内对外的各项活动必然法律化，因而也就必然要求国企党建工作必须在法制的轨道上开展各项工作，绝不允许以党组织或书记的名字或身份随便干预企业的正常管理和生产经营活动，而是要通过合法的渠道来体现和贯彻党的意图。从依法治国和法制的角度而言，的确有必要彻底改变“法不言党”的状况。从党建自身而言，目前我国宪法、公司法等少数法律对党建工作作了一些规定，但大多是原则性要求，实际操作性条款相当欠缺，且内容比较抽象、分散，法律效力不一，很不利于国企党组织适应目前千变万化的形势和自身发展的要求。由此可见，依法建党，这是国企走向市场，建立现代企业制度的迫切要求，是依法治国的重要表现，也是加强党自身建设的客观要求。特别是在目前我国经济体制处于转轨过程中，市场经济体制没有完全建立起来，不少改制企业的法人治理结构不健全、运作不规范的情况下，只有以法律的形式对国企党组织的各种行为进行有力的规范，才能使国企党建工作真正得到法律的保护，才能使党对企业的政治领导真正落到实处，党组织的政治核心作用得到充分发挥。

4. 加强企业文化建设，搭建企业文化平台，这是加强国企党建工作的新型载体。在长期的计划经济的实践中，国企党建工作已形成了具有自我特点的工作方法等，对促进国企的发展发挥了很大的作用。但在社会主义市场经济条件下，企业成为具有“四自”功能的经济实体和市场竞争主体，明显地突出了企业的经济组织的特征，在这种情况下，国企党建工作面临新的问题新的情况，难度加大，解决好开展工作的载体问题显得尤为迫切，如果这个问题解决不好，就势必会影响党组织政治核心作用的充分发挥。辩证唯物主义认为，事物是普遍联系的，是可以相互沟通、互为借鉴的。企业文化创建作为一种先进的管理理论、管理模式，与党建工作自然有许多相通的地方，比如，两者都是以工人阶级为基础，都是以经济工作为中心，借以促进企业的长足发展，都有责任培养一支“四有”“六过硬”的职工队伍，特别是企业文化的核心是在生产经营中培育职工的群体价值观。这既是行政领导的主要职责，也是党组织、工会、共青团的重要职责，即通过企业文化这一纽带，把党政工团又紧紧地连在了一起，而且借助企业文化可使党组织的工作渗透到企业生产经营的各个环节中去，这样可使党的工作更容易贴近改革、贴近生产、贴近职工。若此，国企党组织就能更好地发挥应有的功能。

5. 坚持“党要管党”原则和“从严治党”方针，加强自身建设，这是加强国企党建工作的基础。辩证唯物主义认为，外因是事物起变化的条件，内因是事物起变化的根据，内因决定外因。国企党组织只有根据形势变化，努力加强自身建设，才能充分发挥政治核心作用。根据目前情况，主要是加强改制企业党组织机构和党务干部队伍建设，着力建设借口改革、接轨、任意缩小党的组织机构，削减党务干部队伍的偏颇做法及党务干部队伍中存在的作风不正、业务不精的问题；要按照德才兼备的要求，高标准地配备好党委领导班子特别是要选配好“一把手”，彻底改变一些班子成员思想观念滞后、知识结构单一、年龄偏大的状况；要正确处理继承与创新的关系，努力改变党组织的一些旧的工作思路、工作方法和工作方式；要切实加强党的制度建设，抓好党员教育、监督和管理工作的制度化、规范化；要积极倡导“集体领导、民主集中、个别酝酿、会议决定”方针，加强党内民主集中制；要严格坚持党员标准，正确处理“入口”松、“出口”不畅的问题，从而增强党组织自身的凝聚力和战斗力。

党建工作已成为国企改革中一个十分突出的问题，需要做大量的艰苦的工作，但不论怎样，我们一定要摆脱“就党建而党建”的狭隘做法，必须以开阔的思路来开创国企党建工作的新局面。

（刊于《甘肃电力政工》2000 年第一期）

关键在于选用具有持久战斗力的干部

中共中央政治局委员、书记处书记、中组部部长贺国强最近在《求是》杂志上谈到，“非典”这场突如其来的疫病灾害，是对中华民族与灾难抗争能力的重大考验，是对党的领导能力和执政能力的严峻考验，也是对党的建设和组织工作水平的现实考验。现在应立足当前，为“两手抓”“双胜利”提供强有力的组织保证，进一步加强领导班子建设，充分发扬各级党组织的领导核心作用。

他并强调，对在防治“非典”和促进经济发展中表现突出、做出突出贡献的，要及时表彰；对工作不力，甚至失职渎职、畏惧退缩的，有的要果断进行组织调整，有的要按有关党纪和政策法规进行严肃处理。同时要在防治“非典”和促进经济发展中考验和锻炼干部，特别是年轻干部，使他们砥砺品格，增长才干。要及时发现和大胆起用那些有忧患意识、有远见卓识、有实事求是勇气、有应对突发事件能力的优秀干部，进一步优化领导班子结构，提高整体素质，增强战斗力。

对于贺部长的观点，我表示赞同，另外也想提点自己的看法。所谓赞同者，就是每个时代每个阶段，我们评判和选拔干部和人才的标准肯定要符合这个时代和这个时代的发展阶段，否则，就不符合事物发展变化的规律要求，无法选拔适合时代发展的人才，也就无法推动工作、开创局面。但是，在我们伟大社会主义事业建设中，有许许多多的工作和岗位不会时刻发生像“非典”这样的事件，而是需要广大干部和人才用更多的才智和能力、艰辛和汗水、意志和精神，在平凡而伟大的岗位上勤勤恳恳、任劳任怨地工作和拼搏。如果我们就因为某些干部处理了几件属于自己职责和责任范围的事情就予以大力提拔，而对于这些日常表现比较优秀和突出的人才干部不问不管，试想这恐怕也是违反客观规律的，也是不利于我们党和国家事业的发展和进步的。一个人做一件轰轰烈烈的事情比较容易，但是若要持久地用一生的心血来为党的事业而奋斗则很难很难。因此，我们在选拔干部上，应该保持一定的谨慎态度和严谨作风，选拔那些具有持久战斗力、创新力的领导干部和人才，这应是我们选拔干部的关键，也应该是我们选拔干部的主流标准。

（刊于人民网“强国论坛”精华区）

探索把握执政规律，保持稳健长期执政

习近平总书记在党的十九大报告中就党的建设明确指出，要“以加强党的长期执政能力建设、先进性和纯洁性建设为主线”。① 在“不忘初心，牢记使命”主题教育工作会上，习近平总书记还明确强调：“不断增强人民群众对党的信任和信心，筑牢党长期执政最可靠的阶级基础和群众根基。”②面临世界百年未有之大变局及当前国内外党内外的严峻形势，如何完善“长期执政”已然成为党必须迫切考虑解决的重大现实问题。执政70多年来，我党一直对于如何执好政在不断地进行探索总结，2004年就做出了《中共中央关于加强党的执政能力建设的决定》，总体而言，对于稳健“长期执政”的问题理论界已经从不同角度进行了有益的研究，本文仅从把握执政规律角度予以简要探析。

---

① 《习近平谈治国理政》第3卷，外文出版社2020年版，第48页。

② 《十九大以来重要文献选编》中，中央文献出版社2021年版，第110页。

一、从执政要素的普遍联系中深入研究提炼执政规律，明晰基本内涵、重要特征及存在形态，这应是保持稳健长期执政的核心要义

纵观古今中外的历史，一个朝代历时有长有短、一个组织执政有强有弱，都没有摆脱“历史宿命”，原因种种，但粗略梳理历史轨迹可见：任何一个执政组织从不同角度不同渠道碎片化间断性总结改进的较多，全面、系统、深入探索执政规律，把握执政规律，运用执政规律，以此来加强自我、提升自我的几乎没有。借鉴历史，综观现实，我们党总体上有必要从历史与现实、内因与外因、主观与客观、宏观与微观、国体与政体、精神与物质、传统与创新、整体与局部、组织与个体、核心与外围、权威与权力、集中与民主、上级与下级、官吏与民众、战略与战术、政策与策略、决策与执行、法治与德治、事件与人物、作风与形象、宏阔与细节、我党与他党、我党与国际等全方位全要素全维度铺展，科学分解各类课题，探索研究“场景图”，提出改进“路线图”，细化加强“施工图”，逐步提升“效果图”，最后达到“实景图”。由此全面梳理熔炼把握执政形势、执政矛盾、执政方略、执政理念、执政原旨、执政内容、执政方式、执政力量、执政风格、执政品质、执政文化、执政能力、执政法理、执政机理、执政途径等，从各种要素的普遍联系和矛盾交织中抽丝剥茧提炼出执政规律，明晰基本内涵、重要特征及存在形态，像马克思、恩格斯总结出人类社会发展运动的规律一样，予以总结提炼出中国共产党执政的一般规律和特殊规律。只要真正把握了执政规律这一命脉，才能赢得稳健长期的执政。

二、从执政环境的矛盾运动中深入探索执政规律，创新性破解消除一些重大历史课题和疑难问题，这应是保持稳健长期执政的关键环节

矛盾和问题孕育着规律，规律推动矛盾和问题的发展与解决。虽然我们党一直在研究历史问题和现实难题，也破解了一些历史重大问题和现实难题，取得了一些重大成就和卓越伟绩，但随着“世易时移”，党面临的执政环境是复杂的，影响党的纯洁性、弱化党的先进性的因素极其繁杂，特别是党面临的“四大考验”“四种危险”及党内存在的思想不纯、组织不纯、作风不纯等突出问题尚未得到根本解决，需要在一些问题上根据变化情况予以前瞻性地深入研究把握规律，对症下药、除痾去疾，强化预警、防患未然，保证党的肌体始终健康。比如“民主监督”问题，党是找到了“民主监督”这个法宝，也有了“民主集中制”这个法杖，但从实际情况看对各级领导干部特别是“关键少数”“实权部门”的民主监督在一定程度上仍不尽如人意，需要进一步采取更为高效有力的措施予以完善。比如“传统秉承”问题，党在长期的血与火的革命洗礼中总结提炼出了十分宝贵的“三大作风”“思想政治工作”等优秀革命传统，但在改革开放大潮的冲击下其有所虚化弱化，虽然经过十八大后多次的党内教育和从严治党实现了大幅提升，可随着形势的迅猛推进和变化，优秀革命传统需要持续强化弘扬、优化丰富。比如“弹性模量”问题，古今中外的历史表明，一个组织的执政是波浪式推进的，经过多次的跌宕起伏，最终在某一个历史薄弱节点超过一定的压力“极限”就会退出历史舞台，我们党应汲取这种历史演进的教训，积极锻造执政“刚度”

和“韧劲”，努力做到同频共振行稳致远。比如“科技触媒”问题，随着人工智能、区块链等科技信息的迅猛发展，其像“催化剂”般对各行各业的组织管理体系带来强烈冲击，反应不及的将遭受到致命打击，对此，我们党的执政方式方法、手段途径等需要顺势而为，积极创新求变以推动向“高精尖”智能化转变升级。比如“掘墓人”问题，马克思在《共产党宣言》中明确指出，资产阶级“它首先生产的是它自身的掘墓人”，① 从此“掘墓人”一词进入了政治理论视角。但历史地看任何一个国度和执政者都会面临“掘墓人”这一问题，不仅是资产阶级，东欧和苏联剧变也是。虽然我们党现在做了大量工作防止“七个有之”的腐败行为等，可从长远来看依然需要动态地剔除隐患。

三、从执政运行的决定因素中深入研究把握执政规律，牢牢厚植人民特别是干部(人才)及其思想这一决定因素，这应是保持稳健长期执政的根本所在

综观人类历史发展进程，人是决定社会发展进步的决定因素，“人民，只有人民，才是创造世界历史的动力”。如果蔓引株求地研究，从生产力与生产关系这一规律的各自要素及其运行来看，起决定推动作用的就是劳动者——人，抽掉劳动者这根轴，这一规律也就不存在了。梳理古今中外治国理政史，也可以简单归结为下安其民、上治其吏，民能载舟亦能覆舟，官能驭舟也能弃舟。由此可见保持稳健长期执政最为重要的因素为人民，特别是干部(人才)及其思想(包括理想、信仰、道德、情操、意志、

---

① 《马克思恩格斯选集》第1卷，人民出版社1995年版，第284页。

意识、心理等)。

也许有人会认为决定因素在制度。制度固然很重要，古人也说“凡将立国，制度不可不察也”，但制度往往是因人而生因人而止的。人是主体，制度是客体，有了一批批团结一心的“忠臣良将”，即便制度再有缺陷、决策再有纰漏、问题再有多重，总会想方设法研究对策予以解决。历史上苦撑一个个朝代危局的“忠臣良将”，现实中制度执行偏离、政策落地遇阻的实例不胜枚举。中国共产党如果没有一大批思想果敢坚毅的老革命家带领人民前赴后继浴血奋斗，就不可能夺得革命的胜利取得历史的辉煌。正如西方著名伦理学家麦金泰尔指出的：无论道德原则设计得多么具体和完美，如果人们不具备道德品格或美德，这些原则就不会起作用。

因此，在具有相对较完善制度的基础上，关键在根植人民服务人民，教育人民引导人民，以人民为中心，落实群众路线，始终保持与人民群众的血肉联系和深厚感情，特别是党员领导干部需要始终不渝与人民“面对面、心贴心、实打实”，保持“鱼水关系”，充分调动激发人民群众的凝聚力向心力创造力战斗力，不断增强人民群众对党的信任和信心。

总之，就是通过挖掘运用各种执政智慧富矿和资源禀赋，经过深入研究和细致推敲，精心提炼把握运用执政规律，促进全党各级组织传承红色基因，构筑价值图腾，激发内生动力，依靠先进的科技信息技术，锻打出百折不挠的“刚度”与“韧性”，持续提升党的超群本领和卓越质量。

(本文获评中共甘肃省委党校庆祝中国共产党成立100周年理论研讨会优秀论文)

企业改革管理与发展

对具有水电特色企业文化建设基本途径的辩证认识

——兼谈水电企业文化的基本特征

电力企业以市场为取向，以建立现代企业制度为目标，以安全文明生产为基础，以提高经济效益为目的，以减员增效为手段的重大改革，将为电力企业的生存和发展注入新的生机活力，提供新的机遇和挑战。地处偏远山区、交通不便、信息不畅的水电企业，如何才能借助这种生机和活力，抓住机遇，迎接挑战，走向市场？业内人士认为：要真正树立与市场经济相适应的经营管理观念；要不断增强水电企业的凝聚力、向心力和竞争力。企业文化建设作为一种以人为本的企业管理新学科、新理论，作为一种促进企业发展强有力的“文化力”，已被许多企业格外注目和重视，并已通过各种渠道、手段、方法，初步展示其在深化内部改革、加强两个文明建设等方面的巨大功能。与此同时，在营造、构建水电企业文化的认识和实践上，也存在不少问题有待进一步改进。本文主要就标题所列问题谈一些粗浅的看法。

一、水电特色企业文化的基本特征

企业文化建设作为一种高级管理行为科学和高级经济管理形

态，是企业在长期的生产和经营管理中形成的企业意识、企业价值、企业道德、企业精神、行为规范、管理思想和管理方式的总和。由于水电厂所处的地域范围、行业特点和具有的历史传统，决定了它的文化特征既不同于火电企业、电建企业、核电企业、风电企业，更不同于其他行业，而有着自己的独特之处。

一是水电厂企业意识的立足点是安全第一，满发多供，稳定可靠。这是水电厂对长期生产经营管理实践的经验总结，是全体员工始终遵循的永恒主题，是水电厂得以生存和发展的根本，是企业文化的基本出发点。

二是水电厂企业价值观的核心内容是甘于寂寞，勇于奉献。水电厂地处偏远地区，承担着繁重的发电任务，要求广大职工群众“扎根山区，献身水电”，有强烈的主人翁责任感、历史使命感和时代紧迫感，如此，凝聚着甘于寂寞、无私奉献的崇高精神和伟大情操，便成为其自觉对本职工作的质的观念认同。

三是水电厂企业道德观的核心是密切协作，集体奋斗。水电厂“小社会”式相对独立的企业环境，严谨细致的工作要求，集体协同的作业形式，融洽的人际关系，较强的群体意识以及与企业同甘苦共命运的价值取向，有力地培育了其浓厚的集体主义优良传统。

四是水电厂企业优良传统是吃苦耐劳，敢打硬拼。由于电力生产的特殊性，设备多、体积大、科技含量很高，稍有不慎运行中就会出现异常情况，加之设备运行中会出现各种故障，定期的检修任务，要求水电职工随时随地处于战备状态，具备处理各种事故的能力，进而培养了他们吃苦耐劳、不畏艰难、敢打硬拼的优秀品质，形成了艰苦创业、勇于拼搏、坚忍不拔的优良作风。

五是水电厂企业文化氛围上存有三重性。一是由于历史原因、地域条件和工作性质，造成了企业文化设施简陋、文化“营养”单调、信息交流“迟缓”、工作条件艰苦、后顾之忧颇多的客观实际，在一定程度上大大制约了企业文化的培育和发展；二是社会的蓬勃发展、科技水平的不断提高、市场经济的逐步完善、企业改革不断深化等客观环境影响，引起水电厂职工道德意识、思想观念、思维方式、生活方式等的剧烈变化，要求营造浓厚、文明、先进、优秀文化氛围的欲望越来越强烈；三是由于水电厂建设历史悠久，经验丰富，因而也形成了不少值得继承和发扬光大的优良的企业文化传统。

综合以上特征，我们不难看出：

一是水电厂企业文化有着很强的客观必然性，势在必行。水电厂要想在竞争激烈的市场中立稳足、求生存、谋发展，就必须克服滞后时代、保守、封闭的消极方面，着力建设适应市场的具有自身特色的开放、文明、现代的企业文化，并在实际中大力运用和发展这种企业文化，以促进水电厂的全面进步、长足发展。

二是水电厂企业文化内涵丰富，个性鲜明。水电厂企业文化归根到底是要立足水电厂实践，根植水电厂自身的文化土壤，走一条符合客观实际具有自身特色的企业文化之道。这不仅有利于水电厂自身的发展，也有利于整个电力企业文化整体水平的上升。

三是水电厂企业文化源远流长，优势突出。积极总结经验，利用优势，发扬传统，挖掘潜力，内弘企业精神，外树企业形象，不仅有利于自身企业文化建设内容的不断丰富和优势的更加突出，而且有利于把整个电力企业文化建设引向纵深。

二、对水电特色企业文化建设基本途径的认识

企业文化建设是一项复杂的系统工程，需调动各方面的积极因素，采取各种渠道、方法和方式，特别是随着市场经济的巨大变革，科技的逐渐渗入，信息网络的迅速扩张，进一步增加了企业文化建设的难度。因此，采取什么样的手段，走什么样的路子，才能将水电厂企业文化大跨度推向前进，是亟须从深层上认识和把握的一个重大问题，

一是既要突出重点又要兼顾全面。“以人为本”是企业文化的中心，人才是企业生存和发展的决定性因素。企业文化建设始终要以人为本，通过创造优越的工作环境和营造良好的文化氛围，从根本上调动全体职工的积极性、主动性和创造性，进而为企业创造出更高的效益。近年来，电力企业发生的许多事故究其原因多是由安全意识淡薄、文化素质不高、技术水平低下、思想麻痹、责任心不强等人为因素所致的。所以，加强水电厂企业文化建设，就是要着眼于人的思想、行为的管理和控制，将企业的组织思想、管理行为深入文化这一更深层次，从而推动企业的稳步发展。

“以人为本”就是要尊重人、关心人、理解人，给他们充分创造、学习和施展才干的机会，特别是要培育人和塑造人。以先进的科技武装人，科技含量的高低，决定人的整体素质的高低，从而决定水电厂整体素质的高低，大力提高科技水平既是水电厂的迫切需要，也是企业文化建设的关键；以先进的思想教育人，大力开展“三爱”(爱国、爱厂、爱岗)、“三德”(社会公德、职业道

德、家庭美德）教育，弘扬敬业、乐业、勤业、精业的爱岗敬业精神，使之成为推动水电厂职工不断前进的实际行动，这也是企业文化建设的内在要求；以独特的企业精神塑造人，让每个职工都能按照水电厂的发展方向调整自己、约束自己，把企业的奋斗目标、共同价值和道德标准、传统习惯同每个职工的自觉意识和行为准则统一起来，形成强大的凝聚力，这是企业文化建设的核心内容；以优良的价值观念引导人，树立正确的世界观、人生观、价值观，使职工清楚自己工作的目标和意义，正确处理国家、企业和个人三者之间的利益关系，从而自觉地为实现目标而创造性地开展工作，这既决定企业经营管理行为的基本性质和方向，也是企业文化建设的基础；以先进的典型激励人，先进典型来自实践来自群众，是广大职工优秀品质、优良作风和崇高精神的高度浓缩，其事迹易为职工熟悉，易于学习，引导性强，是正面教育最基本、最生动、最有效的“良方”，不能被其他方式所替代，这是企业文化建设的重要途径。

水电厂企业文化是水电厂物质与精神、主体与客体、“硬件”与“软件”的总和。水电厂企业文化不仅要以人为本、重点建设，而且还要附之以十分必要的优美环境、文化设施和活动场所等全面建设，这些不仅是企业文化建设不可缺少的组成部分及其外在表现，而且更有益于职工队伍的建设与发展。辩证唯物主义认为，人既是环境的客体也是环境的主体，人与环境是相互联系、相互渗透、相互影响的。良好的环境对人的影响力是十分巨大的，不但有利于职工身心健康，还可以更有效地帮助员工提高工作效率，创造更好的效益。优秀的文化氛围，既能丰富职工生活，陶冶职工情操，又能帮助职工树立自信，鼓舞精神，增强承受能力和适应能力，这也是企业文化职能得到发挥的具体表现，企业文化建设必须重视发挥文化环境的熏陶作用。应建好用好各种文化设施、活动场所，积极组织开展立意新颖，主题鲜明，格调高雅，文明、健康，富有时代气息，融思想性、艺术性、知识性、娱乐性于一体的为职工喜闻乐见的各种文体活动，做到寓教于乐、寓教于文，使职工精神境界不断得到升华，在企业中形成温馨和谐、蓬勃向上的良好的文化氛围。

二是既要领导带头又要全员参与。企业文化建设中，企业领导的身体力行、率先垂范是关键。各级领导均拥有一定权力，因而对企业文化建设的领导、决策、组织、协调、示范起着决定性作用。水电厂企业文化建设不仅是党委的事，也是行政及群众组织分内的工作。在企业文化建设中，党群组织通过理论引导、加强教育做好“软件”工作，行政领导则侧重于运用行政手段，做好“硬件”工作。要克服企业文化建设只是“软件”工作，只归党委工作的不正确的模糊的认识。要发挥领导的带头作用，首先各级领导要加强学习，努力增强文化观念，增强水电厂企业文化建设的紧迫感和责任感，成为强有力的倡导者和组织者。其次党政领导要提高认识，真正从“以人为本”的现代企业管理高度来予以认识，齐心协力，全厂一盘棋，共同抓好企业文化建设。最后要树立“大”企业文化观念，努力把企业文化建设和水电厂经营生产工作相结合，发挥企业文化对生产经营的保证和促进作用。

古人曰：“举国之事，主体在民，主导在官。”职工群众是水电厂企业文化建设的主体，是水电厂企业文化建设的动力源泉和物质支柱，各级领导干部做出了表率，真正把职工群众发动、带动起来，企业文化建设才能最终得到落实。从现实看，明确岗位责任、端正职业行为、严格劳动纪律、提高文化素质、澄清模糊认识、鼓舞创业精神等，是水电厂企业文化建设的具体表现和普遍规范。在水电厂企业文化建设的操作运行中必须注意各项规范、措施制定及实施的严肃性，努力开拓和不断完善职工群众参与企业文化建设的各种渠道，探讨各种有效的企业文化建设的方式方法。总之，水电企业应积极探索一条适合自己特点的企业文化建设之路。

三是既要形成机制又要注重养成。企业文化建设是一项系统工程，要精心设计策划，分步组织实施，形成机制，常抓不懈。形成机制，总体上要形成党政工团齐抓共建，党委要发挥政治核心作用，对企业文化建设进行全面领导，从宏观主导大政方针，工作策略上把好方向，加强企业宣传教育工作；行政要突出抓好企业文化中企业各项管理，在激发职工工作积极性的同时，依靠严密的规章制度和严肃的组织纪律强化车间管理；群众组织尤其要抓好职工文化娱乐、民主参与和群众监督等，通过立法建规、强化管理、舆论监督等手段，提高经济效益。这是水电厂适应改革，稳步踏入市场，迎挑战、争胜利在企业文化方面必须超前解决的一个迫切问题，是水电厂企业文化建设在机制上的一个发展方向。

一般而言，机制仅能管某一事物业已定型的部分，是一种较为“死”的手段，而对正在发展尚未定型的部分，就只能用其他较为灵活的方法、手段对待，养成就是常用的手法之一。机制与养成相辅相成、相得益彰，企业文化建设也有个养成问题。水电厂企业文化不仅包括企业意识、企业价值观、企业精神、企业道德观，必须经过常抓不懈持之以恒的养成教育才能使之成为人们的自觉行动，而且还包括随着市场经济向纵深发展，水电厂企业文化要为适应社会发展和市场要求，吐故纳新的部分。因此必须提倡养成，必须在狠抓养成教育上下功夫。一要抓领导。水电厂企业文化养成与否，关键是各级主要领导首先有没有“两手抓，两手都硬”的强烈意识，做到一把手抓两手。对企业文化建设整体部署和一些重大问题，一把手要认真研究，提出指导意见。各级领导要身体力行，率先垂范，如此，企业文化建设才有巨大的感染力、号召力和凝聚力。二要抓规划。要加强调查研究，认真总结经验，结合本单位企业文化建设的实际，制定规划，确定工作重点，层层分解落实责任，研究贯彻落实办法，像抓安全生产那样，抓好企业文化的养成指标和任务的落实。三要抓队伍。企业文化养成的方针原则任务确定之后，造就一支高素质的企业文化工作队伍就成为决定因素。要培养一批全面掌握企业文化理论，学贯中西，联系实际，方向明确，态度端正，责任心强，业务精通的理论家和实干家。要注重培养和选拔各基层单位的优秀工作者，建成企业文化建设的后备军。四要抓活动。广泛开展群众性的企业文化建设活动，是调动广大职工群众积极参与企业文化建设实践的重要载体，有助于企业文化建设与经营生产有机结合。五要抓典型。通过树立先进典型，使人们学有榜样，学有标准，赶有目标，从而推动企业文化建设。六要抓舆论。要通过强有力的宣传工作，营造企业文化建设妇孺皆知的浓厚舆论氛围。要充分利用各种宣传阵地、宣传工具和宣传手段，广泛深入地宣传爱国主义、集体主义、社会主义思想，宣传文明、健康的生活方式，宣传艰苦奋斗、开拓进取、无私奉献的精神。七要投入。要切实解决企业文化养成的投入，不仅是物质上的投入，还有精力与时间上的投入。八要抓检查。企业文化养成是否取得成效，不仅取决于规划的科学性和领导的决心，而且还取决于抓督促检查，抓落实。

[本文在西北电力政研会上荣获二等奖(1998年)；刊于《甘肃电力政工》1999年第1期]

电力走向市场，关键在观念转变

当前，按照社会主义市场经济和建立现代企业制度的客观要求，电力企业全力实施“公司化改组、商业化运营、法制化管理”的改革举措，向着具有“四自功能”和“市场竞争主体”的方向迈进，这是电力工业体制改革史上的一次创新和质的飞跃，将为电力企业带来无限的生机和活力，但是，这场改革能否取得成功，关键还在于广大电力企业员工思想观念的解放程度如何。思想观念的转变是企业改革中最困难、最关键、最深刻、最生动、最具有决定意义的，思想观念转变的快慢、深浅、好坏，直接影响着企业改革的前进步伐与质量。本文现就此问题结合实际作一浅显探讨。

一、变“安乐意识”为“忧患意识”

古人曰：“生于忧患，死于安乐。”有没有强烈的忧患意识，决定着企业的发展成败。目前，在我们水电企业员工中普遍存在这样一些安乐观念，即电力走向市场后，水电比火电好，大水电比小水电好，认为坐上大水电这条船，就如进了避风港；对于我们水电企业而言，“狼”不会来得太快，至少十年；电力紧缺状况缓解是暂时的、局部的，这只是由于国家各行各业的经济不景气所致，等国家经济发展了，电力紧缺的问题仍然会存在；电力走向市场仍然是一个比较遥远的问题，电力是国民经济的命脉，为了社会的稳定，国家肯定会保护的，没必要担惊受怕等。在这种种观念、思想的主导下，一些人仍然过着四平八稳的日子，仍然没有感觉到“优胜劣汰”的市场竞争法则会即刻降临到自己头上，自己会被淘汰出局。其实，对于一个企业而言，效益的好坏并非仅仅取决于其所处的地利和外部环境优势，还取决于其内部人员的素质、设备状况、管理水平等多方面的综合因素。一些员工之所以会产生上述看法，主要原因就在于认识到了问题的有利一面，而没有认识到问题的不利一面，特别是没有认识到建立电力市场已是市场经济体制改革的大势所趋，是实现电力工业经济发展的客观要求，是电力工业改革和发展的实践的必然结果，“狼已来，而且头已伸进了电力大门”，“厂网分开，竞价上网”已迫在眉睫。因此，对于我们水电企业而言，最紧迫的就是先要改变这一盲目乐观的观念，树立“时不我待，直面生死”的忧患意识。

二、变“计划观念”为“市场观念”

有没有强烈的市场观念，决定着企业职工能不能自觉地主动地去认识市场、适应市场和占领市场。由于深受计划经济的影响，我们基本上还是“你上头说什么我们干什么”，依然承袭着计划经济条件下的发展靠国家、管理靠行政、效益靠政策的经营管理意识和思维方式，市场观念比较淡薄。之所以如此，关键原因就是电力企业垄断经营的观念根深蒂固，一些人错误地认为发、输、变、配、供、用是一个不可分割的整体，必须实行高度集中的统一管理，对电力日益市场化、法制化和商业化的认识不足，没有真正认识到市场经济的冷酷无情性和不以人的主观意志为转移的向前发展的客观必然性。在企业走向市场之际，十分有必要集中一定的力量，采取一定的办法，彻底转变这种“高崖壁垒，集中管理”的计划观念，树立起“丢掉幻想，推墙入海”的市场观念。只有如此，才能凭着计划经济的这张“旧船票”，登上市场经济的这艘“新客船”。

三、变“粗放观念”为“效益观念”

长期以来，由于受计划经济的影响，电力企业效益观念淡薄，管理粗放，浪费严重，极大地阻碍了企业的发展。比如在我们水电企业里，一般来说，其修理费、材料费和管理费一年下来少说都在千万元以上，对这笔巨款，我们一般在千位数和百位数上控制得较好，但十位数和个位数基本是处于无意识状态。再比如，对水电的使用，虽说内部要收取一定的水电费，但是在绝大多数员工看来，这是得天独厚的优势，浪费些没什么，因此，夏日“细水长流”，冬天“电炉常烤”是一种较为普遍的现象，殊不知这种算不了什么的浪费，日积月累也是一笔不小的数目。对上述情况，如果说在计划经济条件下是“大家的孩子没人疼”的话，那么在市场经济条件下就成“羊毛出在羊身上”了，绝不可等闲视之。因此，必须让员工尽快丢弃大手大脚或熟视无睹的粗放观念，树立精打细算、增收节支的效益第一观念，并将其贯穿于企业管理的全方位、全过程。

四、变“依赖意识”为“竞争意识”

我国经济从短缺经济逐渐走向剩余经济，电力供应也逐步由卖方市场转向买方市场。在买方市场格局下，加上集资办电的发展，企业平均利润率下降，同行业竞争日趋加剧；而在计划经济体制下，企业作为政府的附属物，员工养成的那种严重的依赖意识，已经难以适应形势发展和市场经济的客观要求，因此电力企业必须树立竞争意识。比如我厂，1970 年代是全国水电企业中的老大，一切由国家直接扶持，可以高枕无忧，而 90 年代的今天，随着改革的不断深入，市场经济体制的逐步完善，电力工业结构调整的客观要求，由国家大包大揽的日子已经一去不复返了，如再不尽快转变观念，抓住机遇，加快改革步伐，树立起竞争意识，到市场竞争中求生存、谋发展，那么我们的企业就无法在市场竞争中把握主动权，取得胜利。

五、变“看客意识”为“主人意识”

职工群众是企业生存和发展的力量源泉。全心全意依靠工人阶级办好企业，是中央的“三句话”精神之一，是我党的一条基本方针。在计划经济时期，这一方针仅仅停留在政治层面上，而在实际中，则是职工利益与企业的效益相脱离，且企业的各项管理体制不健全，缺乏有力的制约和激励机制，对职工的一些切身权益保护不够，职工缺少深切的主人翁感受，对企业的关切度逐渐淡漠，从而导致企业在资金使用、生产管理等各方面浪费严重，给国家造成了很大的损失。而在社会主义市场经济中，其“无形的手”会把企业和职工牢牢地捆在一起，“一荣俱荣，一损俱损”，这就要求企业必须摒弃计划经济条件下的一些做法，尽快完善各种管理体系和建立健全各种有效机制，切实保障职工的各项合法权益，调动其积极性和主动性。同时，也要求职工自觉增强主人翁责任意识，清醒地认识到自己在企业发展中的主体地位，认识到只有“想主人事，干主人活，尽主人责”，那么企业才能兴旺，个人权益才会从根本上得到保障。这就是说，在电力走向市场的过程中，职工必须扭转“事不关己，高高挂起”的看客意识，树立起“国家兴亡，匹夫有责”的主人翁意识。比如，在少数职工中就存在这种“干好干坏不都一样”“又不是给自己干的，何必那样卖力”的看客意识。若在计划经济条件下，此举还能混得过去，但在市场经济条件下绝对是不行的，因为市场经济不需要“看客”，它讲究的是“负主人责，得主人利”，因此，十分有必要扭转这一不正确的或是滞后的观念。

六、变“生产观念”为“经营观念”

在长期的生产实践中，我们发电企业形成了重生产、轻销售的橄榄型格局。不问发电质量如何，用户需求如何，只管多发电，在销售上养成了一种官商作风，这是过去我们发电企业的普遍做法；而在无情且公平的市场竞争面前，面对多样多变的用户需求和激烈的同行竞争，如不彻底转变机制，把“用户满意不满意，高兴不高兴”作为评判发电好坏的标准，那肯定是会被市场淘汰的。因为，用户就是上帝，如果你失去一个用户，就相当于失去了一个消费者，也就失去了一块市场。时下，我们正实行的电力模拟市场已使许多发电企业的员工对此有所认识，认识到了电能质量、销售成果和企业利润与职工收入有直接的关系，其形势的严峻性已不能等闲视之，但仍有一些职工持盲目的乐观态度，对市场营销不屑一顾，认为销多销少，工资照拿，至于销售的事，那是供电部门的事，与己无关。在电力迈向市场之际，应尽快转变生产型观念，树立经营型观念。

七、变“守旧意识”为“创新意识”

面对电力走向21世纪的市场现实，要想争得市场竞争的主动权，亟须解决员工在计划经济条件下形成的“做一天和尚撞一天钟”，饱食终日、不思进取的消极思想和守旧意识，尽快树立起新型的创新意识。试想，如果一个企业什么问题等别人想好了再想，等别人干过了再干，拾人牙慧，亦步亦趋，那它还能超前发展吗？只有勇于开拓、大胆探索、创新进取走自己的路，企业才能赢得主动权，才能求生存、谋发展。正如邓小平同志所认为的那样，没有一点闯的精神，没有一点“冒”的精神，没有一股气、一股劲，就走不出一条好路，走不上一条新路，就干不出一番新的事业。

八、变“人治观念”为“法治观念”

从一定意义上来讲，市场经济是一种法治经济，企业的市场行为要依靠法治来引导和规范、调节和保障。随着市场经济的逐步完善，企业经营环境更加法治化，电力企业定位发生变化，由过去的执法者变为承担民事责任的主体，与其他竞争者在同等的市场环境中运行，电网公司作为电力企业的主要市场，必须遵守公平竞争的市场法则。而目前正要实施的“厂网公开，竞价上网”战略举措的实质就是逐步实现各发电企业的电力按照法定要求在公平、公正、公开的环境中竞争上网，同质同价。因此，确立依法办电、依法经营、依法管理的法治观念势在必行。在电力走向市场之际，广大发电企业员工必须树立和增强法治观念，依法发电、依法经营、依法管理，依法维护企业的合法权益，使发电企业逐步走上法治化、规范化的发展轨道，迎来灿烂的明天。

九、变“群工观念”为“科技观念”

在计划经济体制下，我们的企业承担着解决社会就业的职能，加上“人多好办事”的群工观念，导致人浮于事，劳动生产率低下。而随着改革的不断深入，科技发展的日新月异，设备的严重老化，市场压力的逐年增大，“人多好办事”的群工观念严重地阻碍了企业的发展。与此同时，随着企业内外环境的日趋变化，依靠科技挖潜、减人增效的新观念不得不被提上议事日程，登上历史舞台。正如近来电力公司某老总指出的：“技术创新是科技进步的灵魂，是企业生存和发展的命脉。要全方位作好科技的系统规划，用科技手段和先进技术解决电力生产过程中各环节的管理和技术问题，积极采用新技术、新成果，努力提高增量资产的技术含量，用先进成熟的技术加大技改的力度，加快促进产业升级与进步”，强烈要求我们“必须增强紧迫感，使命感，坚持实施科技兴电和可持续发展战略”。我们刘家峡水电厂可以说已经走出了一条依靠科技、深挖潜力的新路子，但是，这只是一个良好的开端，以后的路还将更长，还有许多困难等着我们去解决，我们只有在企业的经营、管理、设备等方面加大科技含量，才能迎挑战、抓机遇、克困难、攻险关，迎来市场竞争的全面胜利。

综上所述，我们不难看出，影响电力企业观念的因素是多方面的，既有外因也有内因，既有历史的也有现实的，既有客观的也有主观的，但无论如何，在电力走向市场的过程中，观念转变是一个极其重要的问题，是一个艰巨而复杂的问题，亟须我们电力企业的每个单位结合自己的实际，认真调查研究，做出积极的响应。不仅要明确转变什么观念，更重要的是要探寻和采取何种恰当的实现途径，笔者认为应做好以下几点：

第一，搞好调查，帮助员工转变观念。“没有调查就没有发言权，没有调查就没有决策权”，可见调查研究的重要性。搞好调查研究，是我们电力企业走向市场实现观念转变的重要措施和必要途径。观念转变不仅仅关系到人们思想认识的扭转和提高的问题，更重要的是关系到人们利益关系调整的问题，具有一定的艰巨性；由于各个电力企业的性质、特点、所处环境及各个员工的性格特点、出身背景、知识素养、兴趣爱好、人际交往不尽相同，观念转变一具体到各个企业及每个员工身上就有所不同，具有相当的复杂性。因此，只有搞好深入细致的调查研究，弄清企业及各个员工的思想观念方面的情况，才能对症下药，起到“药到病除”的良好效果。为此：一是各个企业的各级领导干部一定要充分认识调查研究的重要性和必要性，坚决摒弃情况熟，用不着调查；工作忙，顾不上调查；没必要，不愿意调查等观点和做法。二要拟定好调查计划，组织好调查人员，实施好调查措施，运用好调查方法。方法，毛泽东曾把它形象地比喻为桥，足见其重要性。没有或运用不好方法，任何调查都不会取得好的结果。我们不但要运用研讨会、走访调查、蹲点调查等传统方法，而且要运用统计调查、问卷调查、网络调查等现代科学方法。三要对获取的信息和数据，以见微知著明察秋毫的眼光，及时、准确地综合分析、归纳判断出企业需转变哪些观念，先转变哪些观念，重点转变哪些观念，根本点在哪里，切入点在哪里，关键点在哪里，有效点在哪里，着力点在哪里等。

第二，抓好领导，带动员工转变观念。古人曰：身教重于言教。各个领导干部只有身体力行，率先垂范，才能开创性地开展工作，以工作业绩昭示人们观念转变的好处，而且其"无言的行动"会形成一种观念转变的良好风气，起到有力的倡导作用。一要求企业各级领导分片包干，深入基层开展讲大局、讲政治、讲改革、讲形势的思想教育工作，宣传电力企业改革和走向，分析本单位的实际情况，有利的方面和不利的方面，从而推动全厂(企)上下一致，统一认识，提高思想，明确目标和出路。二是努力提高各级领导班子的综合素质和驾驭市场的能力。三是大力抓好督查考核工作，并把观念转变工作作为干部考核的一项主要内容，形成领导层转变观念和自觉去带动员工转变观念的外在压力。

第三，学好理论，启发员工转变观念。科学理论是观念转变的指导思想，要充分发挥科学理论的指导作用，观念转变的过程，实质就是解放思想、实事求是的过程。只有通过学马列主义、毛泽东思想和邓小平理论，掌握了辩证唯物主义和历史唯物主义的世界观和方法论，掌握了实事求是的思想方法，才能够更主动、更自觉、更积极地转变观念。一是各企业特别是管理者要充分认识学好理论的重要性，要坚决杜绝理论学习中“雷声大，雨点小”或“雨过地皮干”的形式主义。二要为企业员工特别是一线职工配备好浅显、通俗、易懂的学习材料。三要培育一支过硬的工人理论队伍。由于工人理论队伍大都来自一线，活跃在班组，他们与各个职工之间地位平等、感情相投、语言相通且熟悉职工情况，能把深奥的理论，运用通俗易懂的语言宣传到班组基层、职工心里，在推动理论学习方面有着得天独厚的优势。

第四，造好舆论，引导员工转变观念。马克思主义认为，社会存在决定社会意识，有什么样的社会存在，就有什么样的社会意识。心理学家认为，处在不同环境、氛围中的人，其各自的思想、观念、心态等也各不相同，而且人的心理、思想、观念等随着环境、氛围的变化而改变。古人在战争中讲究“先声夺人”，江泽民同志强调“要用正确的舆论引导人”。因而，我们在员工观念转变上也要这样。要加强宣传舆论工作，充分发挥厂(企)广播、电视、橱窗、报刊等诸多媒介和载体的作用，开展声势浩大、卓有成效的宣传活动，营造观念转变的浓厚氛围。要在强大的舆论氛围中使员工认识到，再不转变观念或观念转变不彻底，其影响和结果都是非常严重的——个人难以立足，企业难以发展，最终二者难以生存。

第五，健全机制，强化员工转变观念。机制是指一个组织系统中各要素之间相互作用的过程和方式，机制是观念转变的制约力量，观念转变能够促进机制转变，同样，机制转变能够推进、强化，甚至强制、迫使员工转变观念。剖析我们电力企业员工观念转变缓慢的原因，十分重要的一点，就是由于我们的企业员工处于一个比较宽松、优越的环境中，缺乏一种能够真正体现市场压力的严肃的竞争、激励和约束的机制，而今，面对呼之欲出的电力市场，尽快建立健全这种机制已是刻不容缓。要使电力职工树立适应市场经济和建立现代企业制度要求的思想观念，就必须建立好机制，用机制推动、促进员工转变观念，最重要的是要尽快改革完善竞争机制、激励机制和约束机制。比如我厂，为了扭转员工中一度流行的“干好干坏一个样”的观念，克服员工的懒惰作风，提高工作效率，我们在员工中实行了按工作好坏、出勤率高低等综合情况分配奖金的制度，一直延续至今，不但使员工树立了“干好干坏就是不一样”的观念，也激励员工克服惰性作风，形成了人人争着干活、干好活的良好局面，大大提高了工作效率和质量。再比如，从年初开始实行内部模拟市场后，我厂也积极做出响应，在员工工作质量和工作行为中引入竞争、激励和约束机制，使员工的收入同电力运行的好坏、奖罚情况相挂钩，同频率波动——上奖我奖、下罚我罚、谁出错谁负责，通过与收入挂钩，既体现了每个人利益分配上的不同，也更加激励了每个人的工作积极性，约束了每个人的工作质量和工作行为，不但使员工感受到了市场的压力，使其深刻认识到不转变观念不行，转变慢也不行，而且也增强了员工的责任心等，但是这只是一点初步的尝试，仍存有许多不足之处，还需继续调查研究，总结经验，不断完善，使之更加科学化、系统化和规范化。

第六，学好文化，助推员工转变观念。先进、优秀的文化不但能够熏陶员工的道德情操，锤炼员工的品格风范，更重要的是能够助推员工解放思想，转变观念，提高业务水平，养成过硬的作风。人们常说："艺高胆大""财大气粗"，探究我们电力企业员工思想观念转变慢，一个十分重要的原因，就是没有强有力的科技文化知识作为后盾，自身素质不过硬，在激烈的市场竞争面前，一方面希望改革，给自己带来实惠、益处；另一方面又怕改革，对竞争取胜毫无把握，怕失去工作，丢掉饭碗。鉴于此，我们一要积极引导员工加快学习和掌握市场经济所要求的一些文化、科技知识，自觉增强市场搏击能力。二要努力搞好员工培训，加大教育投入，创造条件和机会，采取各种形式，有计划有步骤地努力搞好员工的教育和培训，全面提高员工的综合素质，为员工自觉主动地转变观念提供可靠的物质支柱。

第七，做好思想工作，促进员工转变观念。强有力的思想政治工作是我党的一大政治优势，要充分发挥其释疑解惑、解放思想、转变观念的保证作用。一要处理好思想引导与政策导向、制度调节、行政指挥、物质奖励等方面的关系。其各自之间于员工观念转变问题上既有区别又有联系，不能混为一谈，否则，处理不好、运用不妥，不但起不到互相促进的积极作用，反而会适得其反，造成一定的消极影响，引起员工的反感。二要在做思想政治工作时，应把握好时机，创造好氛围，选择好对象，采用好方法，只有在恰当的时机，良好的氛围中，运用可靠的方法，进行有针对性的思想工作，才能起到春风化雨、事半功倍的作用。

第八，用好典型，推动员工转变观念。榜样的力量是无穷的，不但在激励、鼓舞人干好工作的问题上是这样，在推动员工观念转变问题上也是这样。因而，一要树好典型。社会上广泛宣传的各条战线上的先进典型，尤其是下岗员工中，因经营观念转变而取得成绩的典型，是人们学习和关注的焦点。在本企业内部各个岗位上，同样存在着爱岗敬业、贡献突出的模范人物，如果将他们树为企业的典型，员工就会感到典型在身边，有可比性、可信性、可学性，他们与各个岗位的员工朝夕相处，工作、学习、生活在一起，群众基础好，典型的模范作用就能得到真正发挥。二要育好典型。典型培育如物质生产一样有投入才有产出。在企业内部树典型，归根到底是为了解决企业员工的思想、素质问题，因此一定要特别注重培养问题。三要宣传好典型。企业树立的典型，不是什么神或苦行僧，而是有血有肉，生活、工作在广大员工中的普通人，因此在宣传典型时，既不以偏概全，一好百好，也不夸大溢美、任意拔高，要实实在在使人们能够接受，如此，不但使所树典型能够经得起实践的检验，而且更能起到“典型引路”的积极作用。

（刊于《中国电力政工》2000 年第 1、2 期）

抓好"三项工程"，建设企业文化

近年来，我们坚持把企业文化建设作为完善企业管理，加强和改进企业思想政治工作，促进企业精神文明建设的有效途径，狠抓精神培育工程、力量凝聚工程、形象塑造工程，为我厂安全文明生产和机组改造等各项工作任务的顺利完成，提供了强大的精神动力和智力支持，有力地促进了企业两个文明建设的协调发展。

一、精神培育工程

企业精神是企业文化的核心，企业精神是"凝聚剂"，是推动企业发展的精神支柱和动力源泉。我厂始终把培育企业精神，铸造企业之魂，当做企业文化建设的首要任务来抓，取得了可喜的成绩。

一是在生产实践中提炼企业精神。我厂是全国第一座百万千瓦级以上的大型水力发电厂，在 30 年的发电历程中，不但为社会创造了 1280 多亿千瓦时的电能和近 90 亿元的产值，而且在长期的生产劳动中形成了优良的传统和作风，形成了十分丰富的精神财富。通过回顾历史，结合企业发展目标，反复总结提炼，我厂从“艰苦奋斗的创业精神，扎根山区的奉献精神，团结互助的友爱精神，开拓创新的改革精神，力争上游的拼搏精神”中概括出富有时代特征的“立足黄河，献身刘电，勇于拼搏，争创一流”的刘电精神和“团结、勤奋、严细、文明”的八字厂风。

二是在生产实践中培育企业精神。为了使企业精神成为全厂职工的整体意识和自觉行动，我厂在工作生活实践中开展了广泛深入的培育活动。首先，从刚入厂的学生和青工着手，对他们进行刘电创业史、发展史、奋斗史、辉煌史，重要地位、历史作用等方面的厂史厂情教育，让他们全方位、高层次地了解和掌握刘电精神所蕴含的深刻内涵和时代个性，增强职工的自豪感和工作责任感。其次，充分利用《刘电工人》、电视、厂内广播、新闻橱窗、黑板报、厂史展览馆等文化阵地和载体，对全厂职工进行经常性的厂史厂情教育，把“刘电精神”和“八字”厂风内容及说明编入职工手册，人手一本，经常组织职工学习，在每半年的目标检查中抽查职工学习情况，严格考核，并通过知识竞赛、演讲比赛、讨论会等形式多样的活动，讲解企业精神，使“刘电精神”深深地扎根于每位职工的心中。最后，经常利用机组检修、大修、抢修、扩修和对外紧急援助等有利时机，用企业精神激发职工不怕困难、敢打硬仗的斗志，将企业精神融入安全生产、机组增容改造、经营管理等具体工作中，激励和鼓舞全厂职工克服困难，出色地完成了各项工作任务。如1997年8月，青海龙羊峡水电厂遭受特大暴雨袭击后，我厂派出23名职工前去救援，他们清淤泥、拆卸设备、处理因水淹而出现的设备重大缺陷，多数人由于环境不适应患了重感冒，还有的连续几天拉肚子，可谁也没有离开救援现场，他们的精湛技术和在恶劣条件下苦干、实干的作风给龙羊峡水电厂领导和职工留下了深刻的印象。西管局、青海省局及龙羊峡水电厂的领导说：刘电职工不但把精湛的技术教给了龙电人，而且也将优良的作风留给了龙电人。

三是培养职工爱国主义精神。我厂是中国水电建设史上的一座丰碑，也是甘肃省首批爱国主义教育基地，我们通过基地建设，从开展爱国主义教育活动中了解到，爱国主义精神能够产生巨大的感染力和强大的精神动力，如果职工有了爱国主义思想，就会爱厂、爱岗、敬业、勤业，就会立足本职岗位、辛勤工作、默默奉献，为企业的发展、祖国的振兴做出积极贡献，还会正确处理好国家、集体、个人三者之间的利益关系，积极支持和投身于企业改革。为此，我们制定了《刘家峡水电厂爱国主义教育实施办法》，分阶段、有步骤、有组织地开展形式多样的爱国主义教育活动，为全厂职工配发了《爱国主义教育读本》，全厂科级以上单位配发桌式国旗，在各会议室配发台式国旗，在刘电宾馆广场建造旗座旗杆，每逢法定节假日和企业重大庆典活动，组织全厂职工举行升国旗仪式，并在全厂职工中开展学习国旗法、唱国歌活动。我们还利用国庆、迎接香港回归、纪念十一届三中全会20周年、纪念五四运动80周年、纪念发电30周年等有利时机，召开座谈会、讨论会畅谈祖国发生的巨大变化和取得的辉煌业绩，抒发职工的爱国热情。通过举办“迎回归、爱祖国”演讲比赛、爱国主义百题知识竞赛、“百年梦圆”大型文艺演出等主题鲜明的爱国主义教育活动，结合本企业的工作实际，把培养职工崇高的职业理想、高尚的职业道德当做对全厂职工进行爱国主义教育的一项主要内容和基础性工作来抓，并将爱国主义教育与企业中心工作、思想政治工作、创建文明单位、爱岗奉献有机结合起来，有力地促进了安全生产和经济效益的提高，职工精神面貌和思想觉悟得到了较大提高。

二、力量凝聚工程

在多年企业文化建设活动中，我们深切地感到，企业要达到企业目标，争取最佳的效益，要想在市场经济中立于不败之地，必须有强大的凝聚力和向心力，并拥有一支热爱企业、信赖企业，对企业有强大的认同感、归属感，为实现企业目标奉献自己的才智和才能，处处维护企业利益和形象的职工队伍。为了达到这一目的，我们注重抓了以下几点：

一是用企业目标凝聚力量。目标是人们奋斗的方向，一个企业没有目标，职工劳动便没有意义和价值。为了建立明确性和可分解性的企业目标，我们先后制定了《刘家峡水电厂'九五'规划和远景目标》《刘家峡水电厂精神文明建设长远规划》《厂党委'九五'工作目标》《刘家峡水电厂设备增容改造规划》，为了创建社会主义一流企业，我们及时制定出了"四年跨三步，达部标，争文明，创一流"的创一流企业规划，并将以上目标任务逐级分解，落实到基层，落实到班组，甚至把有些指标落实到人头，使各单位、各部门和全体职工不仅明白自己现在干什么，而且清楚将来干什么。在我厂跨年代、跨世纪的机组增容改造工作中，我们全面计划，周密安排，不等不靠，全凭自己的力量苦干实干，一步一个脚印，顺利完成了三台机组增容 9.5 万千瓦的工作任务，到 2001 年上半年，5 台机组增容改造全部完成后，年发电量将增加

8亿千瓦时，相当于又建了一座中型水电厂。我们认为机组增容目标的实施与完成，是人心同向、力量同聚的结果。

二是用党员干部的表率作用凝聚力量。常言道“喊破嗓子，不如做出样子”。要建立一支奋发拼搏具有高度凝聚力和战斗力的职工队伍，领导干部的表率作用是关键的关键。我厂的厂级班子提出要在职工面前树立清正廉洁的形象，团结向上的形象，努力工作的形象，全心全意为职工服务的形象。在企业“双达标”工作中我们提出“一级带着一级干、一级做给一级看”的口号，虽然在达标考核中我们两次受挫，仍然在各级干部的带领下，实现了部级达标。我们生产一线的中层干部，更是身先士卒，与职工群众一起战高温、修设备、爬机坑、搞改造，几十个小时不下火线，涌现出了机械分场主任张京文、水工分场主任于文革等一批优秀干部，他们用实际行动写出了一篇干群同甘苦、共奋斗的光辉篇章。领导干部的表率作用，职工对领导的服从感、敬重感和信任感大增，产生了高度的企业凝聚力和向心力。

三是依靠强有力的思想政治工作凝聚力量。思想政治工作是我们战胜各种困难的法宝，也是调动职工生产积极性、创造性，增强企业凝聚力的主要手段。近年来，我们坚持“两手抓，两手都要硬”的方针，不断加强和改进企业思想政治工作，充分发挥“大政工”优势，做到了思想政治工作与行政管理工作的“四同步”。尤其是近期我们在全厂中层以上干部中开展思想政治工作“六个一”活动，即每天至少与一名职工谈心，重点深入一个班组；每月深入一次单身宿舍，进行一次职工家访；每年抓好一个后进班组的转化，为思想政治工作办一件实事。活动收到良好的效果，通过深入细致的思想政治工作，起到了化解矛盾、理顺情绪的作用，激发了职工劳动积极性，全厂上下形成了做主人事、操主人心、尽主人责、出主人力，心往一处想，劲往一处使的良好氛围。职工的心，企业的根；人心齐，泰山移。只要我们拥有一支具有高度责任感和义务感，有向心力和强大凝聚力的职工队伍，就能战胜各种艰难与风险，无往而不胜，这是我们抓力量凝聚工程的深切体会。

三、形象塑造工程

良好的企业形象是企业无形的潜在的资源，有助于提高企业知名度，扩大企业的社会影响，有助于增强职工的荣誉感、自豪感和责任感，增强企业凝聚力，促进企业的发展。我们刘家峡水电厂虽然在20世纪六七十年代名震海内外，但是随着社会经济的发展与进步，装机在百万千瓦级以上的大型水电站在大江大河上一个个崛起，若不注意企业形象的塑造，就会落后于时代，为此，我们主要抓了以下方面的“塑形”工作。

一塑企业形象。在大力培育符合时代特征的企业精神，发扬“八字”厂风的同时，我们在全厂范围内广泛征集厂徽、厂歌，组织人员数易其稿，编写出版近50万字的《刘家峡水电厂志》，利用翔实、生动的历史图片，编辑印刷精美的《刘家峡水电厂》大型画册；投资近10万元，建起全面反映我厂历史的“刘家峡水电厂厂史展览馆”，并拍摄制作《大河竞雄》《峡谷绽放文明花》等电视专题片，设计印制图文并茂的《刘家峡水电厂简介》《刘家峡水电站旅游指南》等宣传品，还邀请孙荪、张抗抗等全国著名作家来厂采风，写出了《情系刘家峡》《低首刘家峡》《难忘刘家峡》等精彩文章，在全国各大报刊上发表，并将讴歌我厂的作品编辑成册，由百花文艺出版社出版了《在一部巨著面前》一书。今年我们结合纪念发电30周年活动，在《工人日报》《中国电力报》《水电厂》等报刊上发表了《播撒光明三十载》《大河壮歌》等通讯，专稿达6万多字。通过广泛的宣传，展示刘家峡水电厂艰苦创业的光荣历程，达到了内强素质、外塑形象的目的，产生了较好的社会影响。

二塑党员干部形象。企业文化建设需要依靠和发动职工群众从多方面做工作，但是，关键是各级领导干部要发挥主导作用。在相对封闭、人员较少的水电厂，企业领导和党员干部的实际行动直接影响着全厂职工，为了搞好“塑形”工程，我们先从领导做起，采取自上而下、以上带下的方法。首先，新一届厂级班子按照班子建设要求和干部行为规范，制定下发《厂级干部廉洁自律五条规定》并自觉接受全厂职工的监督，努力塑造团结向上、锐意进取、勤政廉洁、严于律己、求真务实的厂领导班子形象。塑造政治上坚持原则，思想上实事求是，工作上开拓进取，作风上公道正派，能全心全意为职工服务的公仆形象。其次，在党内深入开展“树党员形象，为党旗添彩”系列活动，并开展“入党为什么，在党图什么，为党干什么”的主题教育活动，激励全厂党员努力做到热爱本职、尽职尽责、钻研业务、遵章守纪、克己奉公、多做贡献，努力塑造共产党员工作中能看出来、关键时刻能冲出来的先锋模范形象。

三塑文明职工形象。我们按照省电力公司“四有”“六过硬”职工队伍的要求，通过开展创建文明单位活动和其他各种教育活动，教育职工要讲文明话、干文明活、做文明职工；在工作岗位上服从指挥、确保安全、钻研技术、遵章守纪、讲究职业道德；在社会上要讲文明、讲礼貌，遵纪守法，助人为乐，自觉维护社会公德。先后制定《文明职工标准》《刘家峡水电厂职工守则》《职工文明公约》《生活区文明行为规范》等规章制度，编印《文明职工手册》。每年评比奖励一批“文明职工标兵”“文明家庭”“文明宿舍”，并在全厂职工大会上予以表彰奖励。我们还经常引导职工自觉地把个人的前途命运同企业的兴衰荣辱紧密联系在一起，努力塑造刻苦学习、勤奋工作、爱厂如家、敬业爱岗的新型企业职工形象。

四塑企业环境形象。多年来我们把环境建设作为企业文化建设的重要内容来抓，营造出了一个整洁、舒适、文明、优美的生产生活环境。一是坚持不懈地开展“绿化山头，美化家园”活动，使过去的荒山头变成了瓜果飘香、鸟语花香的绿色家园，曾两次荣获中央绿化委员会授予的“全国绿化先进单位”荣誉称号。二是结合“双达标”和创建文明单位活动，全方位整治设备，治理环境，改善职工工作条件。三是建章立制，严格管理，清除生活区内的违章建筑，取缔自发形成的自由市场，整治维修运行及检修单身楼，建成三个文明生活小区，并在小区内种植花草、树木，维修黄河滨河公园，为职工创造一个优美的生活环境，去年底我厂被甘肃省评为安全文明小区。四是大力营造文化氛围，在厂区及后方生活区制作安装了50多个宣传灯箱，制作8幅大型固定标语，安装安全文明警示牌600多个，重新设计制作17块宣传橱窗，9块职工阅报栏。改造更新厂内广播系统，安装20余个音箱，进一步完善闭路电视系统及摄像、照相器材，充实职工阅览室图书，建起职工健身房、棋牌室等文体活动场所，举办职工书法、摄影、手工展览。今年4月为纪念发电30周年，自编自演的“欢庆30年”文艺节目，连续演出5场，场场观众爆满。近期，又在刘电宾馆广场开办了“周末歌舞晚会”，吸引众多的职工和家属，深受群众喜爱。

以上是我们开展企业文化建设的一些基本情况，与兄弟单位相比，我们的工作还有一定的差距，我们有信心也有决心搞好具有刘电特色的企业文化建设。

（刊于《西北电业》2000年第1期）

对老水电厂走向市场的理性思考

一、老水电厂面临的严峻形势

1. 外形。当前，电力工业体制的改革和发展已进入关键时期：一方面，电力工业体制改革正在自上而下逐步深化，改革举措从“政企分开，省为实体，联合电网，统一调度，集资办电”到“公司化改组，商业化运营，法制化管理”，近期国家电力公司又提出了“控股型、经营型、现代化、集团化管理的国际一流企业”的改革战略构想，不论是前者还是后者，都十分明确地表明，电力企业朝着具有“四自”功能的经济实体和市场竞争主体的方向不断迈进。另一方面，由于我国电力供需形势发生新的变化，严重缺电的局面已暂时得到缓解，甚至有些地方还出现了供大于求的现象(比如我省电力)，促使电力市场从“卖方市场”转向“买方市场”，使计划经济体制下的电力行业垄断地位受到严峻挑战，电力商品不再是“皇帝的女儿不愁嫁”，不再享受国家计划经济的“庇护”，也即电力企业已面临着调整结构、优化资源配置的艰巨任务。

2. 内势。随着电力事业的快速发展，科技的日新月异，老水电设备已严重老化，机组开停频繁，耗水率高，供电效率低，给企业的安全、文明、经济运行带来了极大的困难；长期受计划经济的影响，企业机构庞大，层次职责不清，办事效率低下；缺乏科学的经营管理意识，管理体制、手段上存在诸多缺陷，特别是资金控制不产，对工程管理缺乏监督，有法不依，有章不循，给企业带来了巨大的损失；退休职工多，人员老化，且"亲近繁殖"，富余人员过多，历史包袱过重，劳动生产率低下。

综上我们不难看出，老水电厂存在来自内与外、主观与客观、历史与现实、机制与管理等多方面的压力，如何走向市场，形势十分严峻。

二、老水电厂应采取的积极对策

为使电力企业稳步进入市场，避免大的震荡及引发不良后果，逐步实现电力企业"公司化改组，商业化运营，法制化管理"的重大举措，从1997年底，全国就有许多电力企业(包括老水电厂)施行了电力模拟市场(甘肃电力从1999年1月1日起正式施行)。虽然电力模拟市场能把市场的信息、压力传递给每个企业及每个员工，促使企业从生产型向经营型转变，但毕竟是模拟市场，内部市场不是完全意义上的电力市场，不能真正体现"厂网分开，竞价上网"的硬性要求。因此，老水电厂在一边搞好模拟市场运行，摸索经验，取得进入市场"门票"的同时，还得采取一些积极对策，练好内功，方能变挑战为机遇，化危险为平安，为早日步入市场，经受住市场经济的严峻考验奠定扎实基础，因此，笔者认为老水电厂应着手做好“八个一”。

1. 树立一些新颖的市场观念。长期以来，老水电厂深受计划经济的影响，其发展靠国家、管理靠行政、效益靠政策的经管思想和思维方式根深蒂固，职工市场观念淡薄。而目前实施的模拟市场毕竟是内部市场、有情操作的市场，和真正激烈、无情、公平的电力市场相比，相差甚远。如果老水电厂不趁此契机，迅速转变观念，那么，就不可能主动去认识市场，适应市场，占领市场，将来势必会被市场所淘汰。笔者认为，老水电厂职工要树立以下几种观念：计划经济条件下，企业效益观念淡薄，管理粗放，浪费严重，严重阻碍着企业的发展，而市场经济条件下，企业职工必须树立效益第一的观念，要把其贯穿到经营管理的全过程中；电力供应逐步由卖方市场转向买方市场，在此现实下，在“竞价上网”的要求下，社会平均利润率势必下降，同行业竞争势必加剧，企业的生存和发展亟须老水电厂职工树立竞争意识；市场经济从某种意义上讲是法制经济，发电企业成为独立法人实体后，其市场行为必将依靠法制来引导和规范、调节和保障，这就要求必须树立法制意识，增强法制观念，自觉遵守法纪，依法管理，依法经营，并依法维护好企业的合法权益；企业一旦进入市场，市场就会像一条绳索一样把职工的利益荣辱和企业的利益兴衰牢牢地捆在一起，要求职工必须树立责任意识，与企业同呼吸、共命运；面对竞争激烈的市场经济，企业要立足生存发展，若停滞不前或徘徊不前或拾人牙慧，亦步亦趋，都不会有出路，只有大胆改革、勇于创新、走自己的路，才有出路，因此，广大职工必须树立创新意识，超前思维，超前开拓发展。

2. 组建一个优秀的领导班子。江泽民同志指出，办好企业，关键在领导班子，在经营管理者。一个企业只有领导班子懂经营、善管理、好廉洁、肯团结、知法纪、能实干、求上进、勇开拓，那么这个企业就肯定有凝聚力、向心力和战斗力，企业的发展就大有前途，老水电厂亦然。因此，老水电厂就必须积极探索改革人事管理制度，建立科学的选人用人和激励约束机制，严格执行“党管干部”的原则，努力建设一个强有力的领导班子。对该领导班子的要求应该是既能信念坚定、顾全大局、勇于开拓、锐意进取、情操高尚、廉洁奉公、处事公道、胸怀坦荡、甘于吃苦、乐于奉献、知识全面、视野开阔、技术娴熟、业务精通、心系职工、团结同志的经得住市场经济严峻考验的，又要能做到彼此思想共识、目标共立、决策共谋、任务共布、风险共担发挥整体优势的；党政一把手是能做到职责上分、思想上合，工作上分、目标上合，制度上分、关系上合的，坚决杜绝争权、比位、夺利、结派、拉帮的不良风气的。若此，该班子才能在职工心目中树立良好的形象和增大含金量，才能发挥好领导力、号召力、感染力，增强企业的凝聚力、向心力、战斗力，把握好航向，引导企业走向市场。

3. 建设一支过硬的职工队伍。马克思主义认为，人是生产力中最活跃、最具决定性的因素。一般而言，一个企业竞争能力的强弱、后劲的大小完全取决于该企业职工整体素质的高低，而且实践已使我们认识到，没有人不能办事，没有有本领的人办不成事。因此，老水电厂当前的重中之重就是要采取各种办法，创造各种条件，积极建设一支知市场、懂经营、会管理、重安全、求效益、有技术、精业务、勤岗位、爱水电，吃苦耐劳、勇于拼搏、敢于创新、善打硬仗的多专多能的具有水电特色的职工队伍。这是老水电厂面临市场考验，求生存、谋发展的力量源泉。

4. 建立一套科学的管理体系。面对“厂网分开、竞价上网”的经营体制改革要求，老水电厂必须建立一套科学规范的管理体系，进行科学管理，才能走向市场，赢得竞争的主动权。所谓科学管理就是使内部各项管理做到科学有效，能结合本企业实际，借鉴他人经验，通过制度创新，使企业生产、经营活动的各方面和各环节都形成一套科学的适应市场经济运行的组织结构、管理体系和规章制度。简而言之，就是形成一种凡事有人负责、凡事有章可循、凡事有人监督、凡事有据可查的封闭式运作管理体系。对老水电厂来讲，应先建立八大分支管理体系，即以安全生产为中心的能对安全基础进行自我诊断，综合分析及时处理，超前控制的全员参加、全过程控制的安全生产管理分支体系；以资金管理为中心的，能强化资金管理、优化资金运作、加强经济活动科学分析的计划财务管理分支体系；以人才配置为中心的，能加快人才资源开发，最大限度调动和发挥人才的积极性、主动性和创造性的人事培养管理分支体系；以创新为中心的，能结合自我实际，大胆采用新技术、新材料、新工艺，内强企业科技素质，外揽科技攻关项目的科技开发管理分支体系；以经济效益为中心的，能在确保安全生产的前提下，进一步强化设备管理，千方百计提高机组的可靠性和经济性，以求增强调峰能力、降低消耗指标的管理分支体系；以经济行为约束为中心的，能对企业的各个经济行为起到有力的监督、约束、匡扶、纠正，保证各项经济规章制度得到彻底贯彻执行的监督审计管理分支体系；以党员干部监督为中心的，能真正体现“从严治党”方针、“党管干部”原则，保证企业党组织核心作用得到有力发挥的党委监督管理分支体系；以服务为中心的，能使企业前方稳定、改革稳定、发展稳定，与主业相分离，内占阵地，外拓市场，促进企业改革发展顺利进行的后勤保障管理分支体系。然后，将其有机地统一为一套管理体系，在全厂范围内科学运转。同时，也要围绕这八大分支管理体系，有重点有层次地制定一系列相应的、具体的、严密的、操作性强的规章制度，既保证各分支体系的完善和正常运作，又保证老水电厂有坚实的制度基础。

5. 加快一些方面的改革步伐。古人曰："穷则变，变则通，通则久。"江泽民同志也指出，越是困难大的企业越要加快改革，改革既是压力，也是动力，但最终是活力。老水电厂若想早日争得市场经济的接纳，就必须加快改革步伐。针对老水电厂目前情况，主要应做好以下几方面的改革：①要按照"产权清晰，权责明确，政企分开，管理科学"的要求，尽早建立完善的现代企业制度，也即要加快企业经济体制改革。老水电厂若要提高市场竞争能力、抗御风险的能力和科技创新的能力，就必须建立起充满生机的管理制度和组织形式。只有建立了现代企业制度，才能真正成为自主经营、自负盈亏、自我发展、自我约束的法人实体和市场主体。②要按照效率优先、兼顾公平的原则，尽快建立按劳分配与按生产要素分配相结合，工资与安全效益相挂钩的新型分配制度，也即要加快企业分配机制改革，坚决杜绝按资历分配，这样才能充分调动职工和经营者的积极性、主动性，促使老水电厂早日踏入市场。③要按照"职工能进能出，干部能上能下"的原则，加快企业用工制度改革，真正做到动态用工，合同化管理，杜绝一张聘书聘到老、一张合同定终身的现象。④要抓住"行业结构调整，优化资源配置"的良好机遇，努力争取设备增容改造、自动化控制、信号传输等技改项目，大力加快技改步伐，这样，才能增强机组调峰能力，降低发电成本，保证电能质量，提高劳动生产率，既可实现老厂挖潜增效，又可增强企业的市场竞争力。⑤要积极稳妥地做好转岗分流、减机撤构工作，实现主业转岗人员中间无滞留环节，顺利平稳过渡，理顺企业内部管理结构，引入企业竞争机制。这样既解决富余人员多、生产效率低的弊端，又理顺了企业人员的关系；既解决了机构庞大、职责模糊，办事效益低的弊端，又理顺了企业的内部治理，最终是增强了职工对改革的信心和企业闯市场的竞争能力。

6. 培育一个先进的企业文化。先进的企业文化是企业在市场经济条件下健康持续发展的内动力，它能使企业通过塑造共同的理想、信念、价值从而提高职工素质和管理水平，“内强素质，外塑形象”，不断强化其凝聚力、市场竞争力。企业文化建设与现代企业制度建设一样是企业面向市场的必然选择。如果一个企业不能对企业文化进行整合与创新，培育不出一个适应市场要求并使广大职工认同的先进的企业文化，那么企业职工特别是老职工，长期在计划经济条件下形成的思维方式、思想观念、行为习惯，以及各种不良文化的积淀，就会成为阻碍企业改革发展的强大力量。因此，老水电厂要从自己的实际出发，紧密结合市场经济的发展，建立具有水电特色的企业文化。一是要坚持继承和创新相结合的原则，在创新中发展提炼、培育新的企业精神；二是立足于自己的生存和发展，适应市场经济客观要求，尽快导入CIS，实施形象战略，塑造良好的企业整体形象；三是坚持以人为本，努力提高职工队伍整体素质；四是企业经营管理者要按照市场经济发展要求，及时调整自己的思维方式、经营观念和知识结构，努力提高自己的综合素质，这是建设先进企业文化的关键；五是要积极探索，建立具有水电鲜明特色的管理模式，这是建设先进企业文化的有力保障。

7. 强化一个党的政治优势。强有力的思想政治工作是党取得革命、建设和改革胜利的一大优势，在老水电厂走向市场的过程中，其思想政治工作只能改进和加强，不能停滞和削弱。主要应注意以下几方面问题：内容上在大力加强思想道德教育的同时，要把科技文化和经营管理等方面的知识教育纳入职工教育范畴；形态上不光要注重人的思想道德、观念形态、文化素养、业务技能等“软件”建设，还当注重基础设施、活动场所、规章制度等有利于其开展的“硬件”建设；方法上既要继承优良传统，又要结合新的实践，吸取新的营养，革故鼎新，才能提高思想政治工作的吸引力、感染力，让其始终保持生机和活力；形式上要把思想教育的思想性和知识性、趣味性结合起来，把思想教育形象化、具体化，变“要我听”为“我要听”，才能增强其实效性；力量上要把领导干部的表率带头和职工群众的参与结合起来，达到上下同欲，干群互助，坚决改变仅靠几个政工干部单打独斗的做法；队伍上要积极树立创新观念和提高创新能力，培养一批敢于创新、热于创新、勇挑思想政治工作重担的政工队伍；功能上要积极处理好思想引导与政策引导、制度调节、行政指挥、物质奖励等各方面的关系，强化思想政治工作对企业走向市场的保障作用。只有这样，思想政治工作的优势才能够真正发挥出来，为企业的改革和发展提供可靠的精神支柱、智力支持和动力源泉。

8. 扶持一个鲜活的多经企业。有人认为，多经企业是发电企业减人增效的“蓄水池”，此说法不无道理，但笔者认为，一个鲜活的多经企业更是强化主业、帮助主业走向市场的一个“助推器”，各老水电厂都应大力扶持好多经企业。根据我们刘家峡水电厂多经发展的实践经验：多经发展最好是强化统一集中管理，如果公司林立，各自为政，内耗严重，不但带不来效益，而且只会带来损失，成为主业的包袱。具体方法为：一要建立强有力、少而精的领导班子和组织严谨、责权明确的管理机构，实行人、财、物的集中统一管理。二要在强化项目、人员、资金严格管理的基础上，适当下放经营自主权，培育多经发展的新机制，形成科学高效、面向市场的经营竞争机制。三要建立和完善各项规章制度，从经济利益的分配、资金管理运营到各种经济形式的管理，都按章办事，严格考核。四是立足服务主业，放眼社会市场，因地制宜，精心经营，不断充实多经企业的实力。总之对多经企业要采取有力措施，完善机构，全面扶持，才能使其增强市场竞争力，实现“四自”要求。

面对激烈竞争的市场，面对形势严峻的挑战，老水电厂出路何在，是一个需要从多层次、多角度、多方面深究和回答的问题，但有一点，就是老水电厂必须认清形势，加强自我，抓住机遇，迎接挑战。

（刊于《水电厂》1999 年第三期）

创新型人才——电力企业未来制胜的关键

随着锐不可当的经济全球化、汹涌澎湃的经济知识化和日新月异的科技改革浪潮的滚滚而来，当代企业的竞争已无疑地转向知识、科技和人才的竞争，任何企业只有具备先进的科技，才能维持生存并促进持续发展；只有具备创新型人才，才能保持竞争优势并确保在竞争中立于不败之地。电力企业作为国民经济的支柱产业，具有知识、科技等密集型的特点，面对知识经济和经济全球化的强烈冲击，要想在新世纪抢占知识经济的制高点，在经济全球化的大潮中击楫中流，赢得电力企业竞争和发展的优势，制胜于未来，关键在于尽快培养造就一大批创新型人才。

一、创新型人才是时代的热切呼唤、科学技术发展的客观要求和电力企业赢得竞争的迫切需要

江泽民同志曾指出："一个没有创新能力的民族，难以屹立于世界先进民族之林。"①一个企业如何迎接知识经济和经济全球化的机遇与挑战，归根到底取决于人才和科技，谁拥有创新型人才，谁就拥有无与伦比的创造力和竞争力。

---

① 《江泽民文选》第1卷，人民出版社2006年版，第432页。

1. 创新型人才是时代发展的热切呼唤。放眼世界，一个以数码、网络技术为先导，以知识创新为动力的经济全球化大潮正以迅雷不及掩耳之势席卷而来，一场社会经济形态更新的无声革命正在世界范围内悄然兴起。面对时代的热切呼唤，世界各国各大企业纷纷做出生死抉择：日本早在十多年前就提出“四合一”的人才计划，要求培养“科技内通、艺术气质、经贸干才、外语本领”的复合型人才，以适应经济全球化带来的人类社会活动全球化的需要。美国企业根据知识经济对技术创新的要求，突出“人才激励管理”，把开发和激活创新人才放到至关重要的位置。世界顶尖企业纷纷建立了企业内部人才激励机制，普遍设立“知识主管”或“智力资本主管”，改进分配和激励制度，广泛搜罗网络科技创新人才。经济全球化时代强烈地呼唤着创新型人才，培养、造就这些人才，是兴国运、壮国威、福万民、泽后代之根本，是企业求生存谋发展的必然选择。

2. 创新型人才是科学技术发展的客观要求。形势已经越来越清楚地表明，不论是一个国家还是一个企业，未来的竞争力主要取决于科技能力及其所拥有的人才。自 20 世纪中期以来，核技术、生物技术、微电子技术和空间技术的飞速发展，把社会带入了一个全新的时代。科技领域日益呈现出三个“加速度”推进的趋势：知识爆炸加速度推进。据粗略统计，20 世纪前 60 年代的科学技术研究成果，比过去两千年的总和还多，当前科技门类已达 2000 多种，科学文献按照指数增长每隔 10～15 年翻一番，科学知识年增长率在 20 世纪 80 年代初就已达 12.5%。知识老化加速度推进。据统计材料反映，在 18 世纪知识陈旧的速度为 80～90 年，到 20 世纪中期，缩短为 15 年，甚至有的学科已缩短为 5～10

年。科学一体化、综合化加速度推进。各种新型科学、边缘科学不断出现，无不综合了传统的各类专业知识；自然科学与社会科学相互交流激荡，相互影响、相互渗透、相互促进，这一系列巨变强烈地冲击着科技和人才理念，强烈地呼唤着创新型人才的出现。“科学技术是第一生产力”，科技领域的这些巨变，决定性地影响着一个国家综合实力的强弱，一个企业竞争能力的大小；科学技术的本质是创新，创新型人才是科技发展的客观要求。

3. 创新型人才是电力企业赢得竞争的迫切需要。从目前国家电力企业的内外形势看，当前我国经济运行增长方式正在发生深刻变化，电力买方市场逐步出现，西部大开发战略和“走出去”的开放战略正在积极实施，国内外同行的竞争越来越激烈；同时电力企业内部自身也存在着设备水平相对落后，人均劳动生产率低下，人员过多，竞争力明显弱小等。电力企业既面临着难得的发展机遇，也面临着严峻的挑战。面对机遇，党中央指出，要充分利用现有发展能力，积极发展水电、坑口大机组火电，压缩小火电，适度发展核电。加强城乡电网建设和改造，推进全国联网。深化电力体制改革，逐步推进厂网分开、竞价上网。重视发展各种新能源。面对挑战，国家电力公司也已明确提出了“两型、两化、国际一流”的战略目标和“四步走”的改革战略部署。但是无数事实已经雄辩地证明，一个企业要实现各项战略目标和发展举措，推进企业的可持续发展，就必须推动科技进步和创新，就必须造就一大批创新型人才。一流的企业需要一流的人才来建设和管理，创新型人才是一种无价的战略资源，是未来经济发展的决定因素。为此，人才，尤其是一流的尖子人才，已经成为国际大公司间争夺的主要对象，这也是我们电力企业能否得以发展的关键。

二、建造创新型人才，着眼点应放在解放思想，破除陈腐观念，树立新型的人才观念上

在知识经济时代，推动企业发展的动力主要依赖于企业所拥有的人才。创新型人才已经成为推动社会发展的第一资源、第一资本和第一力量。要建造一批适合时代要求的创新型人才，首当其冲的是解放思想，破除企业中仍然存在的阻碍人才健康成长的陈腐观念，牢固树立创新型人才优先使用的观念。

1. 要把着眼点放在破除论资排辈的陈腐观念，树立重德才看发展的人才观念上。德才兼备应当始终是我们选择营造创新型人才的重要原则和标准。在坚持这个原则的前提下，营造人才也要适当地看资历，因为资历在一定程度上和范围内反映着人才的水平、能力和经验。但是，在营造创新型人才时，我们决不能错误地把资历同德才标准等同起来，甚至看重于德才标准，或者用资历替代德才标准。如诸多单位在选择任用人才时，在同等的条件下，有的仍然提拔老同志而不提拔年轻人，有的对很有发展潜力但又有争议的年轻人才不加分析、不负责任地将其放在一旁，等等。虽然许多部门和单位都制定了一定的“人才”使用措施或战略，但在具体的实践中，这种不良现象在这些单位和部门仍然屡见不鲜。这种不是用发展的眼光看人才，总是把年轻人才往后排，放放等等的做法，不但和我们的选人用人标准和人才战略或措施相悖，而且对我们的电力事业发展极为不利。如果按照这样的观念营造和培养人才，待到没有争议或资历够格，这时人才十有八九已不再有勇于开拓、大胆创新、建功立业的锐气和劲头。

因而，破除论资排辈，树立重德才看发展的人才观念，已经成为关系我们电力企业发展和进步大局不容置疑和拖延的大事。

2. 要把着眼点放在破除迁就照顾的陈腐观念，树立择优汰劣的人才观念上。电力企业的性质和特点，决定了我们必须营造创新型人才；电力企业面临的新形势新任务，迫切要求我们必须营造创新型人才，唯有大量的创新型人才，我们的改革和发展才能得以大力推进，市场竞争力才能得以大大提高，才能赢得国内国际的大发展大跨越。但目前，我们的一些企业在营造人才上，仍然实行着或者盛行着迁就照顾的落后做法，裙带关系严重，在日常工作中屡屡出现求平衡、顾情面的陈旧意识、观念和做法，往往是选拔任用上来的庸才多于人才；有些企业虽然建立了“优胜劣汰”的选人用人制度和机制，但总是碍于情面，即使当事人政绩平平，无所作为，或者已经明显地阻碍着工作的开展，就算早有了优秀的人选，也拉不下脸面把其铁交椅搬掉，让其走人。如果让这种迁就照顾的陈腐观念继续下去，不尽快破除，不仅无益于该企业，而且压制了优秀人才的脱颖而出。因此，我们必须尽快破除迁就照顾的陈腐观念，树立择优汰劣的人才观念。

3. 要把着眼点放在破除浪费人才无所谓的错误观念，树立人尽其才才尽其用的人才观念上。我们要建造适应时代要求的创新型人才，努力实现人才资源的最佳配置，体现在选人用人上，就是要做到人尽其才、才尽其用，这应是我们营造创新型人才的着眼点和立足点。如果不是把调动、发挥人才的积极性、主动性和创造性，发掘、释放人才的潜力当做营造人才的主旨，就必然会埋没人才，压抑人才才能的发挥，就无法发掘和释放出人才的潜能，也就营造不出创新型的人才。如果我们的人才感到沉闷、压抑，那么创造力就会窒息，不但发挥不出积极的作用，而且会带来不应有的消极影响，电力企业也就开创不出新局面新境界。

4. 要把着眼点放在破除求全责备的错误观念，树立看本质看优点的人才观念上。“人无完人，金无足赤”，完美无缺的人古今中外都没有，而且不会有。只要人才本质好，有创新的能力和潜力，就可以大胆提拔任用，其次要的缺点和毛病，都是可以在使用的过程中通过培养教育和个人的努力得以改进的。可是，我们的一些企业在选人用人上常常是着眼点摆错位，挑剔多于信任，不是看本质和优点，而是求全责备。这样做，看似负责实际上是一种不负责，甚至是一种压抑人才的错误做法。这样做既不利于人才本人，也不利于我们的工作。用这种错误观念看人，很容易把优点长处看成缺点缺陷。长此以往，那么年轻人的“跳槽”是不可避免的，人才队伍就会丧失锐意的创新能力和生动的创新活力，营造创新型的人才就是一句空话。

另外，我们也应牢固树立人才资源为第一资源、以人为本、终身学习等一些符合时代要求的新颖观念，但要从根本上解决问题，首先就必须解放思想，彻底破除这些根深蒂固的陈旧观念和错误思想。只有善于破除陈腐的人才观念，才能树立先进的人才观念。

三、建造创新型人才，着力点应放在建立健全有利于创新型人才脱颖而出的机制、制度和文化上

企业创新型人才的开发是一个系统工程，其中包括人才观念、人才评价、人才选拔、人才培训、人才激励等各个环节。机制和制度带有根本性、权威性和稳定性，只有制度化、规范化和

科学化，才能将这一艰巨任务实实在在落到实处，要大胆改革人才选拔任用和考核中的过时观念，建立健全公开、公平、公正的竞争机制和优胜劣汰的考评激励机制。没有竞争，人才就不会有活力，就会变成地道的休克鱼；创新离不开竞争，只有富于竞争的环境和条件，才能培养和营造出创新型的人才，其根本环节就是要在改革中建立健全有利于人才脱颖而出的竞争机制和管理机制，尤其是要建立健全一套完善的绩效考评机制，这是鉴别庸才和人才，保证创新型人才脱颖而出的一项重要手段和关键环节。每个企业都可以根据自己的实际，制定出科学、合理的工作岗位责任制，对人才定期进行考评。为此必须做到：一是根据不同岗位的不同特点，制定科学的考评体系和考评标准，特别是对专业理论水平、创新能力、创新成果、工作实绩等进行考评，设置科学合理的指标体系；二是不断完善创新业绩考评方法、考评程序，制定科学、客观、公正的创新业绩评价原则和界限；三是正确使用创新业绩考评结果，把考评结果作为人才奖励、升降的依据，用制度固定下来，从而真正建立起奖勤罚懒、优胜劣汰的激励机制，也就是要真正建立起一个实实在在的岗位靠竞争、收入凭贡献，人才能进能出、职位能升能降优胜劣汰的竞争机制和激励机制，努力实现人才的合理流动，着力造就一支敢于打破常规、富有创新意识和创新能力的创新型人才。

为此，要改革在人才教育、培训等方面的落后管理，建立健全一套新型的科学规范的培养锻炼制度、分配激励制度。我们要抓好创新型人才的培养锻炼，要在思想观念、办法措施、规章制度等方面进一步解决问题，使人才的素质跟得上时代和电力企业的发展要求。一是要针对不同类别、层次的人才，制订不同的培训锻炼计划，并形成制度予以执行；二是要不断充实、更新培训内容，引导人才树立起全新的创新观念和意识，掌握科学的思维方法和先进的科学技术知识；三是要拓宽培养锻炼的渠道，对具有发展潜力的优秀年轻人才要做好具体的培训锻炼安排，使其尽快进入角色，发挥作用。我们还必须制定科学合理的分配激励制度。马克思曾经说过：人们奋斗所争取的一切，都和他们的利益有关。在知识经济时代，利益的再分配取决于所拥有的信息、知识的多少和智力、创新能力的强弱，利益价值是人才价值的具体表现之一，因而要在岗位工资、技能工资的基础上，扩大对创新型人才的奖励力度，制定完善的保险、住房等福利政策，逐步解决贡献与收入相脱节的"两张皮"问题，尤其是要尽快把知本要素纳入分配的范畴，让他们的价值得到真正的体现，充分调动他们的积极性、主动性和创造性，全身心地投入生机盎然的电力事业施展才华。

要改变电力企业现有的文化氛围，构建良好的有利于创新型人才脱颖而出的创新文化。一个企业只有具备优秀的文化氛围和管理模式，才能有助于创新型人才制度和机制的建立和健全，为此：一是要不断培育和提炼创新精神和创新价值观。企业精神和价值观是企业文化的核心，要营造创新的企业文化，根本就是要培育和提炼创新精神和价值观，以此来鼓舞人才的斗志，统一人才的思想，凝聚人才的力量，使其以企业利益和发展为己任，勤奋工作，努力创新。二是要不断建设推进创新工作赖以进行的"硬环境"和对创新能够起到无形推动和激发力量的"软环境"。三是创新模范的力量是无穷的，应在企业中大力传扬创新模范。创新模范所表现出的优秀品质本身就是创新文化的最好体现，对创新文化有着积极促进作用，而且更有助于形成一种创新型人才脱颖而出的良好氛围，使更多的人才喷涌而出。

（刊于《甘肃电业》2001年第三期）

对加强企业“一把手”监督管理的辩证认识

加强对企业“一把手”的监督管理，是建设一支高素质企业领导干部队伍的一项重要举措，是企业亟须解决的一个十分迫切而重大的问题。当前，大多数企业的“一把手”是好的，有领导力、战斗力和向心力，但是，也必须清醒地看到，在新的环境和条件下，有些企业的“一把手”政治观念、纪律观念、道德水准等都发生了改变，违法犯罪的事件屡屡发生。造成这种情况的原因是多方面的，其中监督管理难是一个十分重要的原因。

监督管理难表现在多方面，主要有：一是随着企业改革的不断深化，企业自主权的不断扩大，企业“一把手”的权力也随之发生了相应的集中和扩大。而与此同时，对“一把手”进行监督管理的制度，则大大滞后于企业形势发展变化的需要，从而对“一把手”以权谋私等腐败行为很难给予及时有效的制约。二是不少基层干部受浓厚的“官本位”封建遗毒的影响，顾名重利，慑于“一把手”的威力，只是一味地迎合“旨意”，不对其进行监督。三是一些企业上级单位只注重对“一把手”的选拔和任用，而轻视对其日常工作的教育、监督和管理。四是在企业的职工群众中还没有形成强烈的监督意识、监督氛围。五是在改革开放的新形势下，部分企业"一把手"忽视或轻视对主观世界的改造，禁不住社会上形形色色腐朽思想的侵蚀，其思想意识、政治信仰、道德观念等发生蜕变。六是有些企业"一把手"犹如"太上皇"，在班子内部大搞家长制，专横跋扈，欺上瞒下，不愿接受监督。七是极个别的企业"一把手"本身就动机不纯，靠投机得逞，一旦大权在握，就必然会无视党和人民的监督，肆无忌惮地搞个人或小集团谋私等。由此可见，造成监督难的原因既有主观方面的，也有客观方面的；既有历史方面的，也有现实方面的。如何加强对企业"一把手"的监督管理是亟须从深层次上认识和把握的一个重大问题。

一、既需严把入口，又需严把出口

对于一个企业而言，领导班子是该企业的核心，而党政"一把手"则是该领导班子的核心，他们的政治立场和态度、思想观念和意识、道德水平和修养、领导能力和表率等的高低，决定着该企业的强弱或兴衰。"一把手"党性强，觉悟高，清正廉洁，具有开拓创新精神，礼贤下士的良好作风，就一定能带出一个好班子，从而把各项工作搞上去。因此，在选拔和任用企业"一把手"时，一定要按照德才兼备、群众公认原则和"四化"标准，让顾全大局、勤奋工作、令行禁止、廉洁勤政、团结民主、求实肯干、开拓创新、政绩突出者上，对不顾大局、阳奉阴违、弄虚作假、不思进取、因循守旧、破坏团结、碌碌无为者坚决不予提拔重用，且降职使用，严重的还应给予组织处理。要坚决反对和摒弃那种不坚持正确的用人标准，不遵循选拔任用干部的原则程序的"任人唯亲"的不正之风和"暗箱操作"的歪路子，真正从"入口"

处解决好对“一把手”监督难的问题。同时，在“一把手”的出口方面亦应把好这一关，特别是针对“能者留不住，庸者下不去”的情况，一定要采取措施，把那些能够经受住执政、改革开放和发展社会主义市场经济考验的，得到职工群众拥护，扎实肯干、业绩突出的“一把手”坚决给予支持和留用。对那些经受不住执政和社会主义市场经济考验，贪赃枉法、欺压民众、哄骗上级、政绩平庸者，坚决予以调整和处理，放大“出口”，让其走人。如此，才能真正建立起一个外有压力、内有动力和富有活力的企业“一把手”运行机制，从根本上解决监督管理难的问题，

二、既需加强教育，又需强化制度

思想政治建设疲软，主观认识滞后于时代发展是造成对“一把手”监督难的一个十分重要的原因。在实践中我们不难发现，有的干部在任副职时显得比较优秀，但到了“一把手”岗位，就有些不适应或是逐渐显出不适应，甚至走到蜕化变质的地步，究其原因，就是由于缺乏对“一把手”的经常性教育管理之故。因此，要十分注重对企业“一把手”的经常性教育和管理。在目前情况下，要大力加强政治教育，帮其全面、系统、准确地掌握党的基本理论、基本路线和基本政策，树立正确的世界观、人生观和价值观，提高理论水平。提高政策水平和辩证思维能力，用马克思主义的立场、观点和方法来观察问题、分析问题和解决问题，牢固树立全心全意为人民服务的宗旨，正确处理国家、集体和个人三者之间的关系，特别是要帮其树立市场观念、竞争观念、服务观念、效率观念、科技人才观念、廉洁从政观念、科学管理观念

等适应改革和发展的各种观念，增强其承受能力、适应能力、应变能力和自律能力，为廉洁、高效工作提供可靠的思想政治保证。同时，还必须加大制度监督和约束力度。制度滞后和执行乏力也是造成对"一把手"监督难的原因之一，况且思想最终要体现到行动中来，对于不正之风和腐败行为，正如邓小平所说的，还是法制靠得住。因此，必须建立健全监督管理制度。要建立和"一把手"谈话制度，常和其谈话，了解、掌握思想状况和工作情况，若发现问题，及时提醒，做到防患于未然，防范于初始。要建立一种诫勉制度，对有一定问题，又不够受纪律处分的，在进行批评教育的基础上，提出警告，限期改正；对问题比较严重或在规定期限内没有改正错误的，应及时进行调整，特别是要建立健全对"一把手"的考察制度，这是熟悉一把手、了解一把手、监督一把手的一个重要途径。要改变过去那种不换届、不调整就不考察的做法。在考察过程中，始终要突出对政治素质情况的把握；要广泛调动职工的积极参与，采取民主评议、民主测评等方法，广泛听取职工的意见；要注重对信息的反馈，及时提出改进措施和具体办法，充分发挥制度的教育、监督和管理作用。另外，还需建立健全办事公开监督制、信访监督制、上级组织或有关部门监督制等，以进一步规范"一把手"的行为。这是把"两手抓、两手都要硬"方针落到实处，使对"一把手"监督达到有法可依、有章可循、有事可查、有据可考，使对"一把手"监督工作真正走上制度化、科学化和规范化的轨道。

三、既需强硬内部监督，又需强硬外部监督

辩证唯物主义认为，内因是事物起变化的根据，外因是事物

起变化的条件，外因通过内因而起变化。监督不仅是一种外在的行为，更是一种内在的自觉，即使外部监督力量再大，若没有内在的高度自觉，其监督作用亦会大打折扣。因此，必须增强对“一把手”的内部监督约束能力，最重要的是必须遵守民主集中制这一我党根本组织制度和领导制度，若民主集中制破坏了，党内生活就会出现问题，“一把手”个人也就会出问题。有鉴于此，“一把手”就必须时时事事把自己置于集体领导之下，摆正个人与组织、个人与集体、个人与他人的关系，决不把自己凌驾于组织、集体或他人之上；在决定重大问题时，要大力发扬民主，搞集体决定，坚决杜绝“一言堂”或个人拍板；要正确对待自己、同志和组织，对自己一定要有自知之明、准确估计，对同志一定要肝胆相照、坦诚交往，对组织一定要襟怀坦白、实事求是。如此，才能搞好班子团结，才能形成强大的凝聚力、向心力和战斗力，也才能形成对“一把手”的强大约束力。当然，在强硬内部监督的同时，还必须强硬外部监督，一是上级主管部门要真正负起对“一把手”的监督责任；二是组织、纪委等各部门应密切联合，齐抓共管，形成合力，努力提高监督管理的整体效应；三是要充分调动和发挥职工群众的监督作用，形成对“一把手”监督的良好氛围。总之，要坚决按照“党委统一领导，纪委组织协调，部门各司其职，群众参与监督，上下齐抓共管”的机制，把自上而下和自下而上的监督管理有机结合起来，形成回路，依靠各方力量，推动对“一把手”的监督，以便有利于“一把手”的自我约束，严格要求，保持廉洁，勤奋工作。

（刊于2001年《甘肃电力政工》）

市场营销与水电厂

一

市场营销产生于19世纪的西方，第二次世界大战后得到普遍发展。1825年，资本主义世界普遍发生了第一次经济危机，自此以后，每隔十年便爆发一次，在这种形势下，美国一些企业不得不重视产品销售问题。进入20世纪后，特别是1929—1933年的经济危机后，许多企业认识到市场需求的重要性，开始进行市场调研与分析活动。第二次世界大战后，主要资本主义国家在比较和平的国际环境下，依靠先进的科技进步，大力发展生产力，使产品得到极大丰富，使得经济危机更加频繁，整个资本主义市场进入了供大于求的买方市场。西方企业普遍认识到了市场营销的重要性。从此，市场营销活动在西方企业界得到广泛的重视和全面的发展。由此可见，市场营销是与西方经济的发展状况相适应的。

市场营销活动在我国始于1980年代初，进入90年代后，在企业界得到了普遍的重视和应用。之所以如此，关键原因是社会主义市场经济的确立、买方市场的形成和对企业独立经济实体的承认，这同我国的经济发展状况和改革程度也是相吻合的。

一般而言，市场营销是指企业以市场需求为导向，以满足客户需求为中心，有计划地组织其经营活动，并借此实现其目标的过程。它包括产前的市场调研和资源供应，产中的产品开发和质量控制、产品的定价与销售，销后的顾客服务与营销评估等各个环节。

二

市场营销是企业实现自我发展的一个十分重要的环节。目前，企业抓产品质量、减员增效、设备改造等一系列措施，都是为了给营销创造条件，目的是通过营销实现产品价值和企业利润，进而使企业能够立足于市场、竞争于市场和发展于市场，因此，树立以市场需求为导向、以满足客户需求为中心的市场营销新战略，对水电厂同样有着十分重要的意义。

(一)是企业增强市场竞争力、求生存、谋发展的迫切需要

当前，我国电力工业的改革和发展正处于关键时期，水电厂将面临巨大的市场压力。一是电力工业体制改革正逐步深化。从2001年到2010年，国家电力公司将全面开展实施第三步改革战略，届时，在全国范围内将形成统一、开放、竞争、有序的比较完善的发电市场。二是目前电力需求发生了很大的变化，全国性电力买方市场的宏观环境已初步形成。显著特点是：电力销售由供不应求转变为需求不足，供需矛盾相对缓和；发电量、售电量低速增长，购电比重上升；电网峰谷差价大，高峰需求旺盛，负

荷率逐年下降，电网备用容量增大。三是市场竞争日益激烈。外部主要是天然气、液化气、煤气等可替代能源对电力市场的竞争越来越激烈；内部主要是地方电厂和企业自备电厂迅猛增加，供电范围扩大及小火电厂的无序竞争，挤占了大量的市场空间，特别是大火电、核电、风电比例的日益加重，更使水电的市场空间日益缩小。在这种形势下，水电厂仍然沿用计划经济体制下形成的思维方式、工作方法来开展市场竞争、营销工作，已完全不能适应自身及整个电力发展的需要。水电厂的发展必须依靠市场求质量、求效益、求生存、求发展，也即水电厂要转变观念，调整思路，站在市场经济的角度，重新审视和改革经营观念、工作机制等，以增强市场竞争力。

（二）是有利于增强内聚力、提高自身素质和抗风险能力的迫切需要

在市场经济条件下，市场营销是企业经营活动的重要组成部分。市场营销是企业和市场的桥梁，是企业在市场中的一条中枢神经，时刻传输着市场经济的信号，也是企业生产的晴雨表，直接反映着企业经济效益的好坏和竞争力的强弱，更反映着企业内聚力的大小和自身素质的高低。普遍的规律是，要开展市场营销，就要求企业必须先解放思想，转变观念，因为市场营销本身就是一个市场经济的产物，要进行这一活动，就必须先改变计划经济体制下形成的许多不适应这一活动的旧思想旧观念；就要求企业必须学习各种市场经济知识，按价值规律办事；就要求企业必须调整结构、改革体制、加强管理、降低成本、定好产品价格、调整生产战略等，变粗放型经营为集约型经营；就要求企业和职工更加紧密地联系在一体，一荣俱荣、一损俱损，唇齿相

依、祸福与共等，否则，这一活动就难以展开，其结果就是企业自觉淘汰出市场。开展市场营销，不仅仅是企业一个部门的事，而是企业所有部门的事，它强调企业目标、企业效益和企业成员的个人目标、个人利益的一致性，强调企业成员价值观的趋同，强调各成员之间必须团结一致、和谐共进。由此可见，市场营销对企业具有强大的内聚力，能够使成员紧紧地团结在企业的周围，形成一致对外的强大的生存发展力量，并且通过其反映的市场状况，企业可自觉准确地加大改革力度，除旧布新，提高自身素质，以增强抗市场风险的能力。

（三）是有利于提升对外知名度、感召力和拓展生存空间的迫切需要

市场营销一个十分重要的对外功能，就是有利于建立良好的公共关系，树立良好的社会形象，为企业开拓一个较为宽松的生存发展空间。比如，我们水电厂在进行广告、宣传活动时，不仅把自己的电能质量、安全生产、人才力量、技术水平、设备状况的情况向公众介绍清楚，而且能对公众关心的一些电力知识、政策和电网运行情况等予以宣传，并赞助和支持各项公益活动，从而达到培育、创造、开拓市场的目的（虽然我们的市场是电网，但最终的用户是公众）。再比如，从一定程度上而言，市场需求仅仅是顾客的一种短期需要，而公共效益需求是顾客的长期需求。如果某企业以满足自身短期的市场需求而牺牲社会效益，如环境污染、产品劣质等，必将会受到社会谴责，被人们所抛弃。而我们水电厂相对于其他发电厂恰在这方面很有潜力可挖，如果能发挥强大的舆论宣传工具，大做文章，必然会赢得人们的信赖和支持，若此，其市场空间肯定会十分广阔。还有，通过市场营

销，人们会对水电厂进行一定的评价、传播，从而增强电力投资者的安全感和信赖感，进而扩大投资渠道和资金来源，这样对水电厂的进一步发展壮大大有裨益。古人曰："凡事预则立，不预则废"，因此，水电厂一定要早部署、早安排、早出击，深挖内部优势，利用各种营销手段，抢占先机，尽快提高知名度、感召力，拓宽生存发展空间。事实上，这是一个辩证法的问题，企业知名度、生存空间的拓展，有利于市场营销的开展；开展市场营销，有利于提高企业知名度和拓展生存空间。

三

市场营销是一个系统而复杂的工程，水电厂若要真正树立市场营销观念，除了要充分认识市场营销的含义、重要性外，还必须做到以下几点：

(一)认清新形势，树立新理念

长期以来实行的高度集中的计划经济和行政合一的管理模式，使我们习惯于用行政手段来管理电力的生产和销售，因而，在我们的潜意识里形成的观念是：发展靠国家，效益靠政策，管理靠行政，缺乏市场的紧迫感和危机感，从而使我们的销售长期处于一种"休眠"状态。随着国家电力体制的改革、电力供需矛盾的缓和和内外市场竞争的日趋激烈，水电厂若再用计划经济体制下形成的思维方式和工作方法来开展营销工作，显然不能适应形势的发展要求。因此，水电厂必须尽快认清形势、转变观念，跟上时代的要求，最重要的是必须树立市场营销观念，坚决扭转传统的以产定销观念，牢固树立以需定产的营销观念，以指导企业的各项决策活动。同时，还必须树立科技创新观、人才观、法制观、竞争观、效益观、改革观等，促使企业各项活动能跟上市场形势的蓬勃发展，为开展良好的营销活动奠定扎实的基础。

（二）全面普及市场营销理论，积极培养营销人员

虽然市场营销理念从1980年代初就进入了我国，但对于我们电力企业特别是水电厂而言，人们对市场营销理论掌握得还比较肤浅甚至是一无所知，所以很有必要全面介绍市场营销的基本原理、概念、要素、功能、战略、战术、手段及进入营销角色的具体内容、步骤、方法、技巧等。在全面普及市场营销理论的同时，我们要积极采取各种措施，创造各种条件，培养一批具备市场分析能力、预测能力、应变能力、开拓能力、决策能力的高素质营销工作者。水电厂必须尽早建立一支高素质的营销工作者，这既是营销工作现代化的需要，更是企业生存发展的需要。

（三）深化体制改革，强化企业管理

水电厂要按照“产权清晰、权责明确、政企分开、管理科学”的原则，加快企业经济体制改革步伐，建立完善的现代企业制度，使企业真正成为外有压力、内有动力、自主决策、自主经营、自负盈亏的经济实体。新的企业制度的实施不仅是企业名称的改变，更重要的是企业经营机制的根本转变，只有这样，企业各项活动才能真正按照市场规则来运行。这是水电厂目前亟须解决的一个问题。同时还必须建立健全与其相配套的经营者能上能下、人员能进能出、收入能增能减的竞争机制，工效一体、奖罚

分明的激励机制，堵漏补缺、内外双夹的约束监督机制。

强化企业管理，提高科学管理水平也是现代企业制度的内在要求。因而要加快转变计划经济体制下的管理方式，适应市场经济要求，突出市场营销部门在企业中的重要性，把其置于一切部门的核心，其他部门要与其相配合，共同以市场需求为中心开展工作。要加快建立健全各种规章制度，强化基础管理工作，建立严格责任制度，加强考核和监督检查，真正做到各项工作有章可循、有人负责、有人监督、有据可查，努力形成一套适应市场经济运行的组织结构、管理体系和规章制度。要充分运用网络、多媒体等现代科学技术和现代化的管理方法手段，不断提高管理水平，实现企业管理的科学化、法制化、规范化和高效化。

（四）依靠科技进步，提高安全生产水平

安全生产是水电厂改革和发展的重要基础，也是今后市场营销战略得以顺利实施的前提。水电厂真正走向市场后，电厂与电网将通过上网协议、购售电协议等契约，变成一种买卖关系，机组调峰能力和电能质量将直接关系到电厂的竞争力。因此，水电厂必须建立健全安全生产保障体系和设备质量管理体系，特别是在确保安全生产和正常运营的前提下，充分利用国家在税收财政等方面的优惠政策，依靠科技进步，加快企业技术改造，大力提高自动化水平，千方百计提高机组的可靠性和经济性，以增强调频调峰能力，降低消耗指标，从而实现挖潜增效，也即要不断提高安全生产的科技含量和安全生产的水平。

（刊于《水电厂》2001年第3期）

从“三个代表”重要思想的高度出发，积极探寻客观规律，不断加强安全生产

面对目前的严峻形势和艰巨任务，电力企业如何抓好安全生产工作，为自身的生存和发展奠定一个坚实的基础，这既是一个老生常谈的话题，也是一个值得深入研究的重大课题。

一、安全生产事关企业改革与发展和人们的切身利益，各单位各部门必须站在“三个代表”重要思想的高度，充分认识加强安全生产的重要性和紧迫性

安全生产是电力企业的“生命线”，是一个永恒的主题，不论电力企业如何改革和发展，其体制机制、管理模式、劳动人事等如何变化，安全生产始终是一个不能忽视的极其重大的问题。但在电力走向市场、加快改革与发展步伐的过程中，一些单位和部门不能正确处理安全与生产、安全与改革、安全与发展、安全与效益的关系，出现了忽视安全生产的严重倾向，致使各种事故不断，给人们的切身利益带来了严重的损失，在社会上造成了不良的影响。特别是目前，随着我国加入 WTO 和人们生活需求水平的提高，电力企业参与市场竞争、谋求自身发展已成客观必然，

因而尤其需要加强安全生产。如果我们的企业仍然无法安全生产，事故不断，特别是重大事故接连不断，不仅会给企业造成严重的直接的经济损失，而且对当地的经济发展也会带来重大的负面影响；不仅会造成恶劣的社会影响，甚至有可能引发许多复杂的社会问题；不仅会给当地人民群众的生命财产造成损失，而且会严重地损害党和政府的形象。由此可见，安全生产不仅是一个生产的问题，也不仅是一个经济问题，而且直接关系到党的工作全局，是一个重大的社会政治问题。因此，我们迫切需要站在“三个代表”重要思想的高度，深刻认识和加强安全生产。

江泽民同志“三个代表”重要思想为我们深刻认识和加强安全生产指明了方向和提供了新的视角，要求代表中国先进社会生产力的发展要求，就要求我们电力企业必须加快科技进步，加大改革束缚生产力的各种旧观念、旧体制、旧机制等生产关系，给企业快速发展营造一个宽松良好的环境，如果安全生产不断，不仅不能营造企业快速健康发展的良好环境，而且会严重影响和阻碍企业生产力的发展；要求代表中国先进文化的前进方向，就要求我们电力企业必须建设一支高素质的职工队伍，营造一种浓郁的文化氛围，为企业塑造一个良好的社会氛围，不断提高企业的社会信誉度和美誉度，如果一个企业安全事故不断，不仅无法达到上述要求，而且恰恰反映出该企业职工素质的过低及其安全文化的过软；代表中国最广大人民的根本利益，就要求我们电力企业必须一切从人民利益出发，确保人民群众的生命财产安全，使广大人民群众和企业职工有一个安稳的工作、生活环境，如果安全不牢靠，事故迭出，广大群众和职工的生命与财产受到威胁，遭到损失，显然是有违“三个代表”重要思想精神的。因此，站在

“三个代表”重要思想的高度认识和加强安全生产，就需要我们电力企业站在解放和发展企业生产力、建设和营造过硬的企业文化、保障和维护职工及广大群众的切身利益这样一个基点上，不断增强搞好安全生产的紧迫性和自觉性，尤其要牢固树立三种“大安全”意识：一是群众意识，要把安全生产这个“人命关天”的大事时刻放在心头，在安全生产上决不能置若罔闻、麻木不仁；二是文化意识，即安全生产反映着职工的整体素质，体现着企业文化，关系着企业形象，必须着力建设过硬的安全文化；三是大局意识，即企业越是改革，安全生产就越是重要，要正确处理安全生产与各方面的关系，坚决把安全生产摆在首位，在任何情况下都不能动摇。

二、安全生产是一项艰巨而繁重的任务，亟须各方面齐抓共管，但关键在于探索客观规律、转变工作作风、健全保障机制、营造安全文化

1. 要积极探索安全生产的客观规律。任何事物只有掌握其发展变化规律，才能把握它驾驭它，化危险为平安，化不利为有利，化消极为积极，化被动为主动。安全生产亦是如此。常言道：“隐患险于明火，防范胜于救灾，责任重于泰山。”此论断从历史的辩证的发展的角度充分揭示了安全生产的客观规律，为我们加强安全生产确保企业稳定具有极其重要的指导意义和实践意义。无数安全生产实践证明，任何一次安全事故，都是由于这样那样的潜在隐患没有得到及时的发现和处理，没有得到积极的防范或是防范措施不力而造成的。由于隐患具有很大的隐蔽性、扩散性和危害性，因此，它比明火更危险，亟须超前防范，及时消

除，防患于未然。为此，一是要加强思想政治工作，抓好职工培训，在广大职工群众中广泛开展安全教育，牢固树立“安全第一、预防为主”的思想，增强遵章守纪的自觉性和应变能力，不断提高职工的劳动技能和综合素养，从思想意识和技能上消除人为的隐患的因素。二是要加大安全投入力度，大胆采用一切先进的材料、设备、技术、方法和手段，不断改进生产设备质量，提高设备安全水平，从客体上消除隐患的存在。三是要健全各种规章制度，按照规章制度，对安全生产的所有岗位、人员、设备和每一个生产环节进行全方位、全过程、全天候的检查，这样不仅可及时发现和消除隐患，做到有章可循、违章必罚，使安全生产处于可控、在控、受控、能控的状态，而且通过该途径可揭露安全生产中存在的矛盾和问题，增强各部门各成员安全生产的压力和动力，不断提高安全管理的水平。四是要抓好各级责任制的落实，特别是要落实好一把手的责任。一把手要真正做到思想到位、工作到位、责任到位，要把主要精力放在安全生产上，要学会“弹钢琴”，学会抓重点，把安全生产这个人命关天的大事抓住抓紧抓好。要始终坚持“谁主管、谁负责，谁检查、谁负责，谁布置、谁负责，谁验收、谁负责”的方针，把安全责任落实到生产工作过程的每一个岗位和每一个环节，把安全工作一抓到底，把安全隐患消除到底，不留死角和空白，从而形成人人讲安全抓安全的良好局面。五是要加大研究力度。及时认真地从已经发生和正在处理的事件中总结经验，吸取教训，理出规律，按照规律要求，不断增强安全防范能力、事故处理能力，从而不断提高安全管理水平，使安全管理走上一条科学化的可控能控的轨道。

2. 要努力转变工作作风。当前，我们的一些企业和单位之所以事故不断，而且同类事件重复发生，究其原因，就是由于该企业或单位安全管理松懈，尤其是领导干部工作作风不实所致。我们的一些企业和单位或多或少地存在着高高在上、不深入基层，走马观花、浅尝辄止，自以为是、不听忠言的官僚主义；空喊口号，虚造声势，摆假样子，弄花架子，欺上瞒下，不求实事的形式主义；大事化小，小事化了，不问原因，不究责任，一味包庇的好人主义等不良风气和现象，严重地影响着安全生产的稳定，是安全生产的大敌，我们应本着对企业、职工、人民群众高度负责的态度，坚决加以克服和解决这些不良作风。为此，一要不断提高企业各级领导干部的思想政治素质，尤其要按照“三个代表”重要思想的要求，努力增强和牢固树立“四种意识”，即要努力增强说实话、办实事、做实功、求实效的务实意识；要大力增强居安思危、稳中思险、稳中识患、如临深渊、如履薄冰的忧患意识；要坚决克服贪图享乐、忙于应酬、患得患失的思想，牢固树立艰苦奋斗、尽心尽力、尽职尽责的奉献意识；要牢固树立对党、对企业、对职工群众高度负责，努力做到守土有责，确保一方平安的责任意识。一个领导干部思想政治素质的高低决定着工作作风的过硬与否，因而要切实转变工作作风，就必须加强领导干部的思想政治素质。二要积极倡导和培育求真务实的工作作风，努力做到“严、细、实、快”。“严”，就是要求从严要求、从严管理、从严检查、从严惩处，遇到安全矛盾和问题，敢抓敢管，决不姑息迁就；“细”，就是要对安全生产情况做到周密部署，任务具体，工作细致，心中有数，而不是大而化之，粗枝大叶；“实”，就是要求工作扎实，措施得力，作风实在，坚决杜绝漂浮虚假，不求实效；“快”，就是发生安全问题后，迅速、及时、妥善地解决问题，使损失和危害减少到最低限度，坚决杜绝麻木不仁、置若罔闻现象，从而切实转变工作作风尤其是各级领导干部的工作作风，力求扑下身子，深入基层，深入群众，扎扎实实抓好安全生产。

3. 要扎实建立健全安全保障机制和制度。健全、规范、切实有效的机制和制度是安全生产得以稳定的根本保证，有利于安全生产走上一条制度化、规范化的轨道。一要建立健全经常性的安全教育机制。安全教育不是一朝一夕的事情，不可能一蹴而就，更不可能一劳永逸。因此要建立一种有效的教育机制，始终把安全教育放到重要位置，坚持不懈地抓。要对照安全工作中存在的问题，借鉴兄弟单位的先进经验，充分利用安全网会、安全例会、安全周会和《安全简报》等形式，及时有效地传达情况、分析原因、寻找对策、布置工作等，使安全教育渗透到安全管理的全过程，让“安全第一、预防为主”的方针贯穿于每一次任务和每一道工序中去，变“要我安全”为“我要安全”，使之成为每个员工的自觉行动。二要建立健全一套严格的检查、考核、激励和约束制度。从目前一些单位事故不断来看，其中一个很重要的原因，就是无章可循，有章不循，对事故处理失之过软，对责任人处理失之过轻。要加强安全生产工作，就必须建立健全一套有据可查、有章可循、有规可依的，使其与员工的奖惩和提拔使用有机结合的检查、考核、激励和约束的规章制度，尤其是要建立健全各级安全责任制，制定各级领导到位标准，并按规定严格执行，认真落实到位。所有工作都要做到有安排、有计划，有安全措施，有检查要求，做到事事有人管、件件有落实。保证安全生产指挥系统、控制系统随时畅通，领导干部不缺位、不空岗，安全工作始终处于可控、受控状态。要依照规定，对重大事故在查清原因的基础上，严肃追究有关责任人的责任，该怎么处理就怎么处理，决不搞变通和姑息迁就；对一般事故，也要按照“三不放过”原则，做出严肃妥当的处理和解决；对在基层、施工现场发现违章现象、安全隐患却视而不见、充耳不闻的干部，要坚决追究其责任。三要形成党政工团齐抓共管的机制，特别是要形成企业与家庭、企业与社区联手抓好安全生产的机制。安全生产，人人有责，要求领导班子成员、广大干部、职工群众及其家属分清责任、范围，团结一致，密切配合，尽己所能，齐心协力抓好安全。

4. 要大力营造良好的安全文化。安全文化是安全工作的活力、动力和灵魂。安全文化有利于熏陶职工的安全情愫，强化职工的安全意识，使职工在潜移默化中接受教育，深化认识安全生产的重要性、必要性，增强自觉的安全行为，主动为企业的安全生产出谋划策、贡智献力。电力企业的安全生产，不仅关系到企业的经济效益，更关系到千家万户的照明，关系到社会的稳定，不仅是个经济问题，也是个政治问题。我们必须站在讲政治的高度来看待安全生产，把安全生产作为企业始终不变的中心工作来抓好抓实。由此可见，电力企业的性质、历史使命决定了电力企业必须以“安全生产”作为自己的核心价值观。同时要借助精神文明建设，加强思想政治工作和企业文化建设，积极开展“安全在我身边”“党员责任区无隐患”“千次操作无差错”“万里行车无事故”等各种形式的安全教育活动，努力营造安全文化得以感染、传播的浓厚氛围，牢固树立安全第一的理念，最终形成一种全体职工心往一处想、劲往一处使、着力保安全的文化合力。

（刊于《中国电力政工》2002 年第 6 期）

从可操作性的实践的角度浅谈如何建设独具特色的企业文化

企业文化是企业在长期的经营管理实践中逐步形成的，并为经营管理者所倡导和全体员工所认同和恪守的共同价值观念和行为方式，是一种新型的现代管理理论。随着知识经济的兴起和全球经济一体化的加快，经济与文化的融合已经成为世界性的潮流，企业文化作为一种新型的管理理论、管理思想与管理方法，越来越受到中外企业界的广泛重视，不断为企业的管理和经营注入了新的生机和活力。尤其是随着电力体制改革向纵深发展，电力企业将成为适应社会主义市场经济的独立法人实体和竞争主体，在未来激烈的市场竞争中，员工的整体素质、良好的企业形象和深厚的文化底蕴，将成为决定企业前途和命运的一个重要因素。

一、建设企业文化，必须坚持可行的指导原则

企业文化建设是一项复杂而艰巨的任务，必须以企业文化理论为依据，以提高企业的抗风险能力、市场运营能力和综合实力

为目标，以改进和加强企业管理为核心，积极汲取和借鉴国内外企业文化建设的优秀成果，与时俱进，开拓创新，逐步建成独具特色的企业文化，为此，必须坚持以下几种原则。

1. 坚持内强素质与外塑形象相结合的原则。内强素质和外塑形象是一个辩证的关系，两者相互影响，相互渗透，相互促进。只有过硬的素质才能树立崭新的形象，只有良好的形象才能展示过硬的素质。

2. 坚持文化营造与经营管理相结合的原则。企业文化是一种新的管理理念，它是为提高企业管理水平，实现企业的战略目标，促进企业持续、稳步、健康发展服务的，企业文化建设只有紧密结合企业经营管理，才能产生强大的生命力。

3. 坚持时代特色与独特个性相结合的原则。企业要想在激烈的市场竞争中站稳脚跟，获得生存与发展的空间，就必须建设具有时代特色的企业文化。同时，企业文化还要突出自身的特点和个性。企业文化越富有个性，就越有感召力和生命力。

4. 坚持弘扬传统与借鉴创新相结合的原则。企业文化建设必须继承中华民族的优秀文化和企业的优良传统，只有在此基础上不断创新，汲取中外企业先进的文化营养，才能使企业文化不断充实、升华。

5. 坚持重点突破与循序渐进相结合的原则。企业文化建设是一项艰巨而复杂的系统工程，也是一个逐步形成、积累和发展的过程，只有从长计议、统筹兼顾、突出重点、分步实施、不断完善，才能有所建树。

6. 坚持领导倡导与群众参与相结合的原则。从某种意义上说，企业文化是一种经营管理者文化，企业领导班子就是企业文化建设的组织者、倡导者。但企业文化的另一个重要方面是强调群众性，职工群众是企业文化建设的最基础、最根本的力量，需要他们的广泛参与和生动实践。

二、建设企业文化，必须设计好三大系统和建设好四大项目

企业文化内涵丰富、外延博大，需要精心的策划和设计，需要有计划有步骤地建设，尤其是要设计好理念识别系统(MI)、行为识别系统(BI)和视觉识别系统(VI)，将铸魂、立道、塑形、固本这四大项目建设好，只有这样，才能抓住企业文化建设的重点和本质；只有这样，才能建设好企业文化。企业文化说到底不仅仅是一种崭新的管理思想和管理理论，也是一种更加系统的实践性活动。

设计、构筑企业理念识别系统(MI)。企业理念识别系统作为形象识别系统(CIS)的一个重要组成部分，是建立在企业文化基础上的独具个性的企业价值体系，是进行企业形象定位的关键，同时也是导入CIS最难的一环。要通过企业实态调查(重估旧的企业理念)，构筑具有企业独特个性的理念系统。要凝练出具有较强时代感和个性特征的CI宣言、企业价值观、企业宗旨、企业精神、企业目标、企业道德、管理理念、经营哲学、企业作风、人才观念、市场观念、竞争观念、创新观念、战略定位等一系列企业理念。

设计、培育企业行为识别系统(BI)。行为识别系统通常称为“企业行为规范”。要在企业理念的指导下，在逐步深化改革和建立现代企业制度的过程中，建立和完善体现企业先进理念的企业

管理制度，建立和完善职工当家做主的民主管理制度，建立和完善有利于有序有效工作的企业内部员工行为规范，建立和完善体现员工精神风貌的企业外部行为规范，建立和完善体现企业价值的典型人物和英雄模范以及典雅优美的风俗礼仪和庄严气魄的典礼仪式。

设计、塑造企业视觉识别系统(VI)。在企业经营理念和战略目标确定的基础上，根据经营管理活动的要求，设计出视觉识别系统，以刻画企业个性，突出企业精神，塑造企业形象。由于它采用直观设计上的差别符号将企业的经营理念和战略目标表示出来，因此也是企业文化建设中最容易导入的一个突破口。要通过各种途径和办法，积极对其基础系统，如企业主导色，企业中英文标准字，生产区、生活区、办公室标识；应用系统，如证章类、办公用品类、文件类、账票类、交通工具类、宣传展示类、招牌标识类、包装用品类、制服服装类、公共关系类等进行统一设计和建设。

四大项目是：

铸魂。企业价值观和企业精神是企业文化的灵魂，是形成全体员工凝聚力、战斗力的精神动力，它从意识形态方面深层次地影响企业的发展。培育企业精神，要尊重历史，前瞻未来，在继承优良传统的基础上加以创新提炼；既要反映现代企业制度和社会主义市场经济的本质要求，又要体现企业文化独特的精神内涵。

立道。企业文化的生命力在于提升经营管理之道。要借助文化和精神的力量，把经营管理的指导思想、原则和长期积累的经验凝结升华成独具特色的经营哲学、目标、宗旨和发展战略。要积极培育崭新的管理理念、经营理念、质量理念、用人理念、市场理念、发展理念、生存理念、创新理念、技改理念、服务理念等，使之形成完整的经营管理理念体系。

塑形。企业形象是企业经营之道和企业精神的外在表现。形象力可以转化为企业的竞争力和经济力，是一种能给企业带来收益的无形资产。在激烈的市场竞争而前，企业形象已成为企业最高层次的信誉象征。要通过优质的周到的人性化服务，良好的职工队伍风貌，团结和谐的内外部人际关系，文明优美的生活工作环境，丰富多彩的物质文化生活，以及企业在社会公德和公益事业方面的突出贡献等多方面的工作，不断提升企业的知名度、信誉度和美誉度，在社会公众中树立良好的“品牌”形象。

固本。企业文化建设的实质是坚持“以人为本”，企业发展，关键在人，关键在人的素质。要固企业之本，就要全面提高员工队伍的素质，优化管理素质，增强科技素质。要从管理的最基本环节和单个细节抓起，建立科学、先进的职工认同的“纪律蓝本”，即职业道德规范和岗位行为规范。要积极创新健全科学合理的竞争机制、激励机制和考核机制，全力实施全员素质提高工程，努力创建学习型企业。要不断培育和造就以满足生产经营需要为导向的“实用型”人才，以适应企业可持续发展为目标的“科技型”人才，以优化人才资源配置为重点的“复合型”人才。

三、建设企业文化，必须要有切实可行的实施方法与行之有效的建设途径

企业文化建设是一项系统而复杂的伟大工程，需要各方面的精心策划、密切配合、合力建设，尤其是需要切实可行的实施方

法和行之有效的建设途径。

1. 加强领导，建立组织。企业党政一把手都是企业文化建设的主要责任人，共同负责企业文化建设的倡导、规划、设计和组织实施工作。党政工团各部门各单位要按照本企业规划的要求，始终遵循以人为本的原则，按照管人、管物、管事一体化的思路，各有侧重，分工负责，互相配合，形成齐抓共管企业文化建设的工作格局。应成立以一把手为组长的企业文化领导小组，下设企业文化建设办事机构和专业工作组，明确职责，划分任务，认真负责地开展工作。

2. 加强宣传，培训骨干。要大力普及企业文化基本知识，宣传企业文化建设的理论、经验与发展动态，做到全面、系统、浅显、连续，提供理论保障；要举办企业文化讲座和培训班，培育企业文化建设骨干和中坚力量，提高组织保障；要着力建立企业文化建设的运作机制和有关制度，提供制度保障；要开展企业文化建设的内部调研，清理文化历史和现状，了解职工对企业文化建设的认识、建议和认同感，奠定思想基础；要充分利用厂报、广播、电视、网络、黑板报等媒体和举办培训班等形式广泛进行宣传和培训，营造良好的舆论氛围。

3. 建立机制，规范程序。要建立企业文化建设的决策、调控、考评等运作机制，制定并完善企业文化建设的规范、制度等，做到工作有章可循，使企业文化建设始终沿着制度化、规范化的轨道顺利前进；按照 PDCA 循环工作法形成有计划、有部署、有检查、有考评、有总结、有奖惩的工作程序，做到工作规范化、经常化；要建立企业文化建设资金保障制度，使企业文化建设有正常的合理的开支渠道，重点要落实企业文化建设的启动资金和有关设施、场所建设的大头资金；要将企业文化建设与创一流企业、创文明单位等活动结合起来，作到互为表里、相互补充、互相融合，同步安排、同步落实、同步检查考核。

4. 注重实践，由浅入深。首先，应选择好企业文化建设的突破口，最好是以视觉识别系统为第一突破口，建设外显文化(如环境文化)和文化网构架，这样可以起到以形传神的积极作用。人们也可以通过焕然一新的形象，激发建设的创造性与主动性。其次，应着手建设行为和制度文化，重点应完善企业各类技术标准、管理标准和工作标准，强化规章制度管理，建立起科学有效的管理制度和机制。企业文化本质就是为提高企业的管理水平，而制度管理则是企业管理的重要组成部分，而且通过制度文化建设可将建设成果固化。最后，应大力建设理念文化，主要是积极培育企业价值观，整合提炼企业精神，重点建设富有企业特色的价值观和管理理念，并且随着企业改革和发展，注意培育典型，总结经验，使之不断深化和延伸，在发展中不断巩固提高。为此，还需要进一步做到：

一是将企业文化建设纳入到企业整体发展战略规划之中。要把企业文化建设作为一项战略任务，纳入到企业整体发展战略中。要结合经济体制改革和企业发展的实际情况，不断调整企业文化建设规划，实行规划计划的动态管理。

二是将企业文化渗入企业经营管理之中。在企业经营管理活动中，要渗透企业文化意识，揉进企业文化管理理念和工作方法，突出企业文化的人文管理效应，树立理解人、关心人、尊重人的人性化管理思想，建立健康和谐、团结向上的人际关系。

三是建立科学的人才培养、评价、激励和监督体系。健全对干部量化考核标准，加强对员工动态管理机制建设，真正做到能者上、平者让、庸者下，实现岗位靠竞争，收入凭贡献，促使各类优秀人才脱颖而出。要不断完善职工代表大会制度，积极推行厂务公开，开展好民主评议干部工作。

四是重视企业活动礼仪的策划和员工行为的养成。礼仪活动是传播企业价值观、塑造企业形象、推进企业文化建设的最直接的表现形式。要在企业开展高雅的礼仪教育，在条件成熟的情况下，编辑印制反映企业文化建设成果的《企业文化手册》《员工行为规范》等，规定员工在会议、社交、接待、谈判、庆典、交流等活动中的礼仪行为，明确语言、着装、举止等方面的要求。要把体现先进理念的行为规范落实到经营活动全过程，落实到员工的一举一动上，各级领导要率先垂范，养成良好的工作和生活作风。

五是要积极开展群众性精神文明建设活动。要积极推动群众性精神文明建设活动，努力开展好文明集体、文明班组、文明窗口、文明职工、文明家庭等活动，不断丰富职工的文化生活，陶冶情操。为企业文化建设搭建良好的载体，营造浓厚的氛围，提高员工企业文化品位。

六是要培养塑造企业英雄人物。要经常挖掘、总结和表彰真正为干部职工公认和推崇的先进典型和英雄人物，大力宣传，达到激励员工的目的。

（刊于《中国电力政工》2002 年第 11 期）

创建学习型企业是知识经济发展的必然

——浅谈创建学习型企业

随着经济全球化、科技信息化和我国加入WTO，企业在国内外市场中的竞争越来越激烈。但对于知识经济时代的市场竞争，并非仅仅是人才的竞争，而是像彼得·圣吉在《第五项修炼》中写到的“惟一持久的竞争优势，是具备比你的对手学习得更快的能力”，也即这种企业的竞争和市场的竞争实质上是人的学习力的竞争和组织的学习力的竞争。只有不断增强员工的学习力和企业的学习力，才能形成人才脱颖而出的管理机制，创造开发人才、培育人才的良好环境，才能应对知识经济和信息化的挑战，提高企业的抗风险能力、市场竞争力、创新能力和综合实力，才能经受住历史的严峻考验，最大限度地避免现代企业周期性兴衰的现象，赢得企业的可持续发展。

学习型组织理论作为当今最前沿的宏观管理理论之一，已经被我国诸多部门和企业所接受并为之积极实践。21世纪是知识经济的时代，企业要在国内外激烈的市场竞争中始终保持可持续发展的强劲势头，就必须从传统的等级权力控制型企业转变为学习型企业，这是一个历史的必然。

一、创建学习型企业是适应社会发展趋势，应对知识经济时代和信息化革命的严峻挑战，提高抗风险能力和市场竞争力的迫切需要

当今世界，社会信息化蓬勃发展、经济全球化快速推进，以知识创新、信息技术为代表的经济形态正以一种前所未有的速度和力量广泛而深刻地改变着整个社会生活，也决定着一个企业的前途和命运。树立终身学习理念，构筑终身教育体系，提升团队精神，不断增强企业的抗风险能力和市场竞争力，创建学习型组织无疑成为一个企业抓住历史机遇、迎接市场挑战、保持强劲发展和立于不败之地的迫切需要。

二、创建学习型企业是适应经济发展形势，应对瞬息万变的市场环境，提高创新能力和综合实力的迫切需要

当前，国内外各企业之间的竞争日趋激烈，尤其是突出表现在企业的综合实力和创新能力上。但不论何种竞争，归根到底是人才的竞争、知识创新的竞争，也是学习力的竞争。任何一个企业要在竞争中保持强劲的实力，争得优先发言权，抢占市场“制高点”，实现可持续发展，突破“死亡周期律”，就必须顺应形势发展要求，努力建设学习型企业，通过多种途径和形式，促进全员学习，提高人力资源的开发与管理能力，培养出高素质的人才，提高知识创新能力，增强企业的综合实力。

三、创建学习型企业是适应科学技术发展要求，改善员工心智模式，提高企业整体素质，为企业改革与发展提供源源不竭原动力和生命力的迫切需要

随着科学技术的迅猛发展，决定企业生存与发展的关键因素，不仅在于员工的多寡、企业规模的大小，而在于员工素质的高低、企业文化创新力的大小和企业学习力的强弱。在当前一些国有企业，许多员工包括部分管理人员仍旧存在较为严重的小富即安、小富即满的思维习惯，对在企业改革过程中触及的切身利益问题，往往不是基于如何提高自身素质和竞争力来看待，而是着眼于眼前利益。创建学习型企业有利于员工增强系统思考意识，不断超越自我，不断改善心智模式，积极转变观念，增强学习能力、学习毅力和创新力，在工作中体现出生命的意义，最大限度地实现自身价值和远大抱负，若此，他们势必会自觉主动地参与企业的各项改革与发展活动，从而为企业的改革与发展提供鲜活的原动力和旺盛的生命力。

四、改善心智模式，树立全新理念，这是创建学习型企业的前提条件

学习型组织是一种崭新的管理思想、管理理论和管理方式。它所倡导的学习并非我们通常意义上的学习，而是通过不断的学习，汲取更多更先进的知识，并通过系统的思考和敏锐的观察，找出组织与环境之间的问题及解决的方法与途径，也即一种能够在工作中在解决问题中体现生命意义的学习力和创新力。因此，创建学习型企业首先必须改善心智模式，树立全新的创新理念，

不断提高创新意识。正如彼得·圣吉在《变革之舞》书中指出的："任何持续不断地进行深刻变革的过程都要求我们在思维方式上必须进行根本的变革。我们需要认识到成长过程的性质以及怎样激发它们。我们还需要认识到阻止进步的力量和挑战，以便制定切实可行的战略，应付这些挑战。"为此，一是要确立"学习、学习，再学习""终身学习""全员学习""全过程学习""团体学习"的先进理念，使学习成为整个企业的基本生存状态和行为标准，成为企业进步的主要动力和员工生活的第一需要。二是要通过深入持久的教育，不断促进管理者和员工思想观念的根本转变，要通过大力的培育牢固地树立与环境相融合的市场意识、创新意识、忧患意识、竞争意识等，尤其是要不断提高企业拓展生存空间的战略扩张意识，不断超越自我的可持续发展意识和创造企业价值的优势意识，这既是创建学习型企业的一个目的，也是创建学习型企业的思想基础。三是企业的各级管理者尤其是高级管理者要对学习型组织的概念、内涵、真谛及其重要意义有一个十分明确和清晰的认识，通过各种学习和深度交谈活动，使广大员工真实掌握学习型组织的特点；要努力弄准现行企业的特点与市场情况，准确定位本企业，并将学习型组织与之有机结合。只有这样，才能为创建学习型企业提供一个清晰明朗的蓝图，奠定一个牢固的思想理念基石。

五、发挥"一把手"表率作用，积极创建学习型"领导群"，这是创建学习型企业的关键环节

创建学习型企业是一种管理理论和管理理念，作为企业"一把手"的管理者在创建学习型企业中担当着关键的角色。如果没

有超前思维、眼光远大、统揽全局的"一把手"管理者的高度重视、大力支持和表率作用，仅仅靠个别部门或部分人的推动，其结果是不言而喻的。但是诸多实践证明，仅此也是不够的。在创建学习型企业中，特别需要积极创建一个由许多理念崭新、执著改革、能力强健、信誉过硬、影响力极强的员工有机组成的"领导群"，由其来引领这项影响深远的运动，才能够取得卓越的成效。彼得·圣吉在《变革之舞》中非常明确地指出："变革也分为不同的类型，有一些——比如重组或创建一个新的企业——就只有通过最高管理层才能实现。这种上层推动的变革对我们大多数人都不陌生，但它们不能减弱恐惧和不信任，也不能激发出想象力和创造力，也无法在组织内提高思维的质量。"他指出："任何一个组织都有许多领导，因为在等级制度的各个层面都有许多人，他们在激发和持续保持创造性张力方面都担当着极为重要的角色。因此，我们应该把重心放在领导群体方面，而不是英雄型的领导人。"因此，一是要积极创建一个由企业最高层领导、基层领导和内部关系网络领导三级组成的各级之间相互动的系统的学习型"领导群"，让其来倡导、组织、实践、引领这项意义深远的变革活动。二是要求企业管理者在创建学习型企业中必须率先垂范，带头学习，不断提高自身综合素质和驾驭全局、协调各方、解决矛盾的能力，以适应形势的需要；要始终把学习当做一种修养、境界、责任和使命，以实际行动带动全体员工的学习，形成持久学习的风气、创新的风气和实践的风气；要求各级管理者要当好设计师、教练员和仆人。三是对于国有企业的各级领导者，在创建这一组织的过程中，应不断努力学习，勤于思考，勇于实践，不断提高党性修炼、理论修炼、道德修炼和业务修炼；要在不断改善心智模式，开展系统思考，追求自我超越，加强团队学习等方面发挥先锋模范作用，不断提高创新能力。四是充分发挥内部关系网络领导新思想和新实践的“播种人”的积极作用，为创建学习型企业提供更广泛更深刻的动力。

六、深化企业管理改革，建立良好运作机制，这是创建学习型企业的重要保证

创建学习型企业是一种管理理念，是企业为适应知识经济时代和竞争需要而进行的管理创新，是一场企业形态和性质的重大变革。要把企业形态从一个靠传统的“制度+控制”的等级权力控制型旧模式转变为新型的“学习+激励”的学习型模式，是一个艰巨而复杂的过程，也是一个企业在蜕变中再生的过程，因此，创建活动必须注重创建过程，注重深化改革。首先是必须通过企业改革，改变旧有的管理模式、分配机制、用人机制、激励机制等。作为一家国有企业，如果不改革现有的管理模式，那么就不可能创建真正的学习型企业；如果建设了，也是极不符合精简、扁平化、有弹性、自主管理的学习型组织管理模式要求的。其次要使组织及其员工保持端正的学习动机、强劲的学习毅力和旺盛的学习能力，不断超越自我，突破生命极限，及时克服前进和发展道路上的各种风险、困难和障碍，始终保持蓬勃的生机和活力。必须建设相应的科学的运作机制，先进健全的机制既是学习型企业的内在要求，也是创建学习型企业的有力支撑，更是一个企业管理成熟的标志。一是要及时建立创建学习型企业的工作机制。要积极制定创建规划和具体实施方案；要定期研究、部署、督促、检查学习型企业的建设工作。二是要建立一个多级管理、

多方合作的灵活有效的教育机制。要建立健全管理者管理理论学习制度、专业技术人员业务学习制度、岗位起点知识学习制度等，积极营造使人才脱颖而出的有利氛围。要严格执行制度，并同奖惩、升降挂钩。三是要建立崭新的激励机制。良好的激励机制能够最大限度地激发个体和组织的潜能，形成推动企业发展的强大动力。主要是应形成科学合理的分配机制、充满活力的竞争机制、导向明确的典型示范机制。四是要建立一个传播畅通的闭环信息反馈机制。有敏锐的洞察力，将危机和发展中的障碍消灭在萌芽状态，使创建保持恒久的活力。创建学习型企业，这些机制既是必要的，也是相辅相成的。

七、建设企业文化，营造浓郁氛围，这是创建学习型企业的坚固基石

企业文化是企业在长期的经营管理实践中逐步形成的，并为经营管理者所倡导和全体员工所认同和恪守的共同价值观念和行为方式，是一种新型的现代管理理论。随着知识经济的兴起和全球经济一体化的加快，经济与文化的融合已经成为世界性的潮流，企业文化作为一种新型的管理理论、管理思想与管理方法，其建设极有利于提高员工的素质，规范员工的行为，激励员工的精神，增强组织的凝聚力，可不断为企业的管理和经营注入新鲜的生机和活力。创建学习型企业作为一种新兴的管理理念，其与企业文化有着诸多相同之处，譬如创建学习型企业时通过改善员工的心智模式，使员工形成系统、动态的思想方法和思维模式，与企业文化建设中提高员工素质、树立崭新理念相一致；创建学习型企业中构筑个体和组织利益一致的共同愿景，运用适当的激

励模式，达到学习工作化、工作学习化的境界，与企业文化建设中的企业目标和企业价值观相一致；创建学习型企业中为员工个人价值的实现和企业的发展创造条件，实现个体与组织的共同超越，与企业文化建设中提倡的员工与企业目标一致、和谐发展等相一致。由此可见，无论从共同的价值观、共同的行为准则，还是从企业理念和企业精神等方面，我们都不难看出，不但在创建学习型企业的过程中有企业文化建设的轨迹，而且创建学习型企业也是建设企业文化的一项极其重要的内容，是企业文化在一个阶段的深入和发展。因此，在创建学习型企业的过程中，很有必要建设独具特色的过硬的企业文化，从而不仅为创建学习型企业营造浓厚的创建氛围，而且为创建学习型企业奠定丰厚的文化底蕴。

创建学习型企业是一个系统的长期的管理行为，而不是简单的模仿，决不能追求形式上的创建，必须把创建活动同加强企业管理紧密结合起来，真正改善管理模式，提高企业的管理效率。创建学习型企业不是简单的工作方法更新，而是要结合企业自身的实际和特点，有针对性地创建。创建学习型企业不是一蹴而就的，要不断创建，持续创新，反复提高，在艰难的修炼中循序渐进，才能取得实效。

（刊于《时代学刊》2002 年 11 月 15 日，发表时有删节）

大力构筑企业人才竞争力

伴随知识经济时代的到来，在激烈的企业竞争中，人才尤其是核心人才作为一种强有力的核心竞争力，越来越成为企业竞争的核心内容。尤其是21世纪作为一个高素质、高智力人才角逐的时代，对企业的决策者来说，得人才者得市场。正如世界著名的管理咨询公司——麦肯锡公司所预言的：世界将陷入一场“人才争夺战”，也如该公司高级主管埃德·迈克尔斯所说的：“在知识经济环境里，最起作用的是人才，得人才者得天下。”目前，面对全球性的人才短缺危机，各国政府以空前的危机感掀起了一场“人才争夺战”。同时，随着我国加入WTO，这种人才争夺战在我们的企业中也变得日趋激烈，人才竞争力在企业的竞争中越来越凸显出核心地位与决定作用。为此，我国企业在改革发展的过程中，不能不把人力资源的开发与管理作为关键。充分认识新形势下企业人力资源开发与管理所面临的严峻挑战，并采取有效措施，大力构筑企业人才竞争力已刻不容缓。

一、大力构筑企业人才竞争力，首先应牢固树立符合时代要求的崭新人才观念

没有崭新观念的引导，就不会有崭新的行动和实践。一要牢固树立“人才是第一资源”的崭新观念。要把人才作为发展生产力的第一要素而予以高度重视，牢固树立“人才是活资源”和“人才是第一资源”的观念。企业生产与经营的每一环节都以“人”为中心，要努力做到感情留人、待遇留人、事业留人，努力做到人尽其才、才尽其用，努力做到培育、选拔、使用、考核、升迁等“一条龙”动态管理，始终使企业的生产力配置处于最佳状态。二要牢固树立“人才是第一竞争力”的观念。进入知识经济时代，高新技术产业迅速增长，技术密集型、智力密集型的产业比重显著上升，人才的数量和质量已成为经济增长和社会发展的关键因素，人才资源已经是生产要素中最活跃、最重要的因素。谁拥有了高层次人才，特别是核心人才，谁就拥有了持久的发展动力，拥有了第一竞争力，才能战无不胜，攻无不克。三要牢固树立“人才国际化”的观念。由于经济全球化的发展，人才流动出现了“你中有我、我中有你”的竞争格局。因此，我们要有面向全球、海纳百川的开放胸怀，制定相应对策，开发利用好国际国内两个人才市场和资源，培养使用人才必须与国际惯例接轨，使人才不仅在一个小的区间范围内有作为，也能在国际上有作为；不仅要懂得自己培养人才，而且要懂得利用国际人才流动站，挖掘国际高层次人才，做到“洋为中用”。

二、大力构筑企业人才竞争力，应积极加强人才的持续开发

一个企业的学习创新和开发的能力远远比它的设备生产和投资总额等要素重要得多，而这些往往依赖于企业人才的智慧和员工素质。因此，企业的员工培训和人才开发越来越受到现代企业管理者的高度重视。也可以说，今天的企业如不高度重视人才开发和管理，企业在激烈的市场竞争中不可避免地会落伍和淘汰。为此：一是要大力依靠企业自身力量，积极进行人才开发。对于企业需要的人才特别是核心人才，最佳方法是企业进行自我开发和培养。为此需要积极改革人事制度，按照精干、高效原则设置各类岗位和人员职数。各级人员应公开竞聘、择优聘用、定期考核，形成内部人才能进能出的机制。建立并完善与绩效挂钩的分配机制，工资收入与企业效益和人才实际贡献挂钩，搞活企业内部分配。调整员工收入分配结构，体现能者多劳、多劳多得的原则，形成收入能增能减的机制。二是要积极依靠社会力量，积极进行人才开发。对于一个企业而言，依靠企业自身力量开发人才，力量、思维、视野、方法等毕竟有限，运用社会力量，可以通过社会招聘进行广泛的筛选，企业不需要承担其开发费用，比较快捷简便，对于一些特殊的人才也比较容易获得。但是，以上两种情况各有其优缺点，企业应根据需要和条件灵活采用，一方面既要重视内部开发，改善人才结构，培养一批对企业忠心、事业心强又有能力的人才；另一方面又要积极招聘社会上的人才，为企业注入新鲜血液，迅速提高人才素质。

三、大力构筑企业人才竞争力，应及时加强人才的科学管理

由于人力资源的特殊性，人才管理的重点在于创造人才发展的优良环境，不仅使人才的素质、能力得以提高，更要有利于其才能的发挥和潜能的挖掘。作为市场条件下的企业，加强科学的人才资源管理，是确保人力资源得以充分发挥的关键所在。要建立健全良好的人事管理制度，最大限度地使其公开化、程序化、科学化，为人才创造较多的实现价值、个人发展和公平竞争的机会，积极创造人才合理流动和晋升加薪的机会，用光明的前景和优厚待遇激发其工作的积极性、主动性和创造性。要形成动态的人才战略管理新机制，使人才战略始终服从于企业战略。随着企业的发展和进步，企业自身所需的人才类型、结构、专业、素质等均会有所变化，而且战略也会处于不断的调整过程之中，企业应善于掌握变化的脉搏，实现人才科学管理的变革，这样的人才管理才具有针对性、实效性。

总之，随着经济全球化和企业的国际化，人才的竞争必将愈演愈烈，为确保企业的健康持续快速发展，应对国际企业间的激烈竞争，企业必须大力实施人才战略，开发人力资源，发挥人才效益，大力构筑企业人才竞争力，为企业发展提供人才保证和智力支持，从而使企业在激烈的市场竞争中赢得先机、占得市场、求得生存、谋得发展。

（刊于《甘肃工人报》2003 年 8 月 20 日第三版）

努力建设一个强有力的企业领导班子

建设强有力的企业领导班子，这既是邓小平经济建设思想的重要组成部分，也是目前国有企业改革攻坚所必须解决的主要任务之一。学习邓小平关于建设企业领导班子的重要论述，对于我们顺利完成这项任务，帮助国有企业走出困境具有重要的指导意义。

一、加强班子建设增强战斗力

邓小平认为，企业领导班子问题，是关系到党的路线方针政策在企业能不能顺利贯彻执行的大问题。如果这个问题没有解决好，不要说领导职工群众前进，摆脱企业困难，就是第一步都走不出去。他指出："指挥部不强，作战就没有力量",① 深刻指出了建设企业领导班子的重要性和必要性。

二、建立良好的领导机制

一个企业实行什么样的领导机制及其健全与否，决定着该企

① 《邓小平文选》第2卷，人民出版社1994年版，第9页。

业能否建设一个强有力的领导班子。邓小平高瞻远瞩地指出，企业要党政分开，建立强有力的生产指挥系统，如此，既有利于工厂管理的现代化，也有利于厂里党的工作的开展。

党委要摆脱日常事务，集中力量做好思想政治工作和组织监督工作，大力加强自身建设；行政负责人要不断努力学习各种管理和技术，认真搞好服务工作，由于他们中大多数人是党员，因此，除接受上级行政部门行政领导外，还要接受上级党组织的政治领导和同级党组织的监督；工会要积极发挥作用，企业的重大问题要经职工代表大会或职工大会讨论，企业的领导干部要在大会上听取职工意见并接受职工的批评和监督。只有有了好的领导机制，再配以相应的制度和措施，才有可能建成强有力的领导班子。

三、选拔优秀人才充实领导班子

什么样的领导班子才算是一个合格而强有力的领导班子呢？进班子的人应具备什么条件？

1. “敢”字当头，勇于探索，勇于创新。邓小平认为，一个部门，企业的领导班子不能怕这怕那。反对不正之风，没有敢字当头的领导班子就无法成事；建立必要的规章，落实政策，没有这样的领导班子也不成。

2. 思想解放，观念更新，实事求是。邓小平一贯认为，我们的各级领导要不断地解放思想，转变观念，实事求是，及时研究新情况和解决新问题，否则我们就不可能顺利前进。他告诫道：一定要把思想扭转到用经济方法管理经济，一定要按经济规律办事，如果“自己不懂就要向懂行的人学习，向外国的先进管理方法学习”，① 不能瞎指挥，不能弄虚作假，空喊口号。针对企业党的政治工作，他明确指出，一定要换脑筋，以经济指标来衡量，即主要看这个经济部门是否实行了先进的管理方法、技术革新如何、劳动生产率提高了多少、利润增长了多少等。否则，“离开这个主要的内容，政治就变成空头政治，就离开了党和人民的最大利益”。② 可见，一个企业领导班子能否达到思想解放、观念更新、实事求是，也是对党和人民负责与否的具体表现。

3. 制度严格，权责清楚，赏罚分明。邓小平认为，在一个部门、企业，必须扭转名曰集体负责，实际上无人负责的情况，真正发挥责任制的积极作用。他认为，任何一项任务，都要实行定任务、定人员、定数量、定质量、定时间等制度；必须要责任到人，权力到人；必须要严格考核，赏罚分明。

4. 尊重知识，尊重人才，破格选人。邓小平不仅指出：“在工厂，总要选业务能力和管理水平比较高的人当厂长，不管他年龄大小，辈数高低，不能讲这个”，③ 而且还指出，企业领导班子一定要大胆“破格”选拔各种管理人才，不仅是国内的人，还有在国外的人，都可以用。当然，这是有条件的，即“起码是爱国的，事业心强的，有能力的”，④ 一定要形成一种“尊重知识，尊重人才”的良好风气。

5. 道德高尚，心系群众，作风正派。邓小平不仅把企业领导

① 《邓小平文选》第2卷，人民出版社1994年版，第150页。
② 《邓小平文选》第2卷，人民出版社1994年版，第150页。
③ 《邓小平文选》第2卷，人民出版社1994年版，第224页。
④ 《邓小平文选》第2卷，人民出版社1994年版，第157页。

班子的作风问题提到了党建的政治高度，而且还提到了社会的政治高度。他指出，领导班子的作风问题，不仅是一个党风问题，而且是一个社会问题。因此，他强调："我们必须恢复和发扬党的艰苦朴素、密切联系群众的优良传统。"①他认为，这是反对腐败、克服困难、解决问题、胜利前进的一大法宝。

6. 信念坚定，工作认真，坚持改革。邓小平认为，在企事业等单位进行这场体制革命(精简机构)，必定会涉及很多人，工作量很大，工作起来一定很困难，一定要仔细，但"因为没有别的选择，这件事不能犹豫，不能妥协，也不能半途而废"，② 因此，他强调指出，对待这件事，"第一条决心要大，第二条才是工作要细"。③

（刊于《甘肃工人报》1999 年）

---

① 《邓小平文选》第 2 卷，人民出版社 1994 年版，第 217 页。
② 《邓小平文选》第 2 卷，人民出版社 1994 年版，第 398 页。
③ 《邓小平文选》第 2 卷，人民出版社 1994 年版，第 397~398 页。

必须紧紧依靠职工群众

职工群众是企业的主人，是企业改革和发展的主力军及智慧和力量的源泉。在推进国有企业改革和发展的进程中，必须毫不动摇地坚持全心全意依靠工人阶级的方针，把实现和维护职工群众的利益作为各项工作的根本出发点和归宿。大量实践已经和正在证明：紧紧依靠职工群众，充分调动其积极性、主动性和创造性，充分发挥其智慧和力量，企业就会蒸蒸日上，保持旺盛的发展势头和强劲的市场竞争力。

自中华人民共和国成立特别是党的十一届三中全会以来，随着国企改革的不断深入和推进，国企职工群众在经济、政治和文化等方面的权益保障逐渐得到巩固和加强，而且不断法律化、制度化和规范化。但同时也应当看到，在国企改革和发展的过程中，也有一些企业的少数领导干部由于放松了世界观的改造，淡化了马克思主义的群众观，背离了人生观、价值观的正确轨道，使得脱离职工群众、脱离工作实际甚至侵害职工群众的不良现象和风气不断出现和滋长。虽则是少数，但却在广大职工群众中造成了严重影响，同时损害了党在职工群众心目中的形象和威信。因此，在企业党员领导干部中不断进行马克思主义唯物史观和历史观的教育，帮助他们从思想认识上、观点立场上、态度作风上牢固树立马克思主义的群众观，是保证党伟大任务取得胜利的首要问题，是摆在我们面前的一个重大课题。江泽民同志曾指出："工人阶级是我们国家的领导阶级，是先进生产力和生产关系的代表，是建设和改革以及维护社会稳定的最基本的力量。我们党所领导的改革开放和经济建设必须全心全意依靠工人阶级，在任何时候任何情况下都不能动摇。在深化国有企业改革、建立现代企业制度的过程中，也必须坚持这一点。"①这是一个政治原则问题，企业中每个党员干部都必须立场坚定、态度明确、旗帜鲜明，自觉地在实践中坚持马克思主义群众观，走好群众路线。

一、树立"三观"，纯洁党性

紧紧依靠职工群众，是共产党人党性的基本内容和要求，也是其世界观、人生观、价值观的具体体现。世界观是一个人对世界的根本的看法和认识。树立了正确的世界观，就会自觉地运用马克思主义的群众观去观察问题、分析问题、解决问题，自觉地同各种违背职工意愿的不良风气和行为作斗争。人生观是一个人对生存的目的、意义的看法，是生存的根本方向。树立了为人民服务的人生观，就会自觉地把党和职工群众的利益放在第一位，全心全意地维护好，并始终把为职工群众谋福利当做根本的追求。价值观是一个人判断是非、好坏、美丑、善恶的标准。树立了正确的价值观，就能在工作生活中不假公济私，不损公肥私，

① 《江泽民文选》第1卷，人民出版社2006年版，第451页。

不贪公为私；做到不仁之事不做，不义之财不取，不正之风不沾；做到想群众之所想，急群众之所急，办群众之所需。树立正确的“三观”(世界观、人生观、价值观)，最重要的是深入学习马列主义、毛泽东思想，用以武装头脑，搞好工作。要切切实实联系自己的思想和工作实际，解决“人生为什么，入党为什么，掌权为什么”这一系列问题，纯洁党性，增强党性。

二、反对“三主义”，优良作风

企业领导干部能不能紧紧依靠职工群众，从一定范围内、程度上而言就是一个工作方式方法和态度的问题、作风问题。官僚主义，不接近群众，不深入实际，不了解情况，高高在上，听不得不同意见，讲起话来全是“空话、套话、老话、废话”，装腔作势，自欺欺人，严重脱离职工群众。形式主义，没有把为职工服务与机关服务统一起来，做起事来要面子，摆花架子，总是迎合上级的心意，吹喇叭，抬轿子，正经正道的事干得少，华而不实、脱离群众的事却干得不少。享乐主义，忘记了艰苦奋斗，忘记了党的宗旨，有钱就干，有利就图，大吃大喝，挥霍浪费，视民脂民膏如流水。因此，要真正相信群众，依靠群众，搞好工作，各个领导干部就必须自觉地、旗帜鲜明地同官僚主义、形式主义、享乐主义相决裂，坚决反对之。同时，企业还需建立健全领导干部作风考核评价、监督责任、能上能下等制度，对那些确认为思想、作风差，群众反映强烈的干部，要依制度该调的要调，该降的要降，该处理的绝不姑息迁就，从而使紧紧依靠职工群众确确实实有制可依、有章可循。

三、严肃“四自”，加强修养

企业领导干部能否紧紧依靠职工群众，与自身的修养密切相关。现在有许多企业领导干部不学习、不看报、不注意修养，政治观念、组织观念、群众观念都很淡薄，业务素质不高，职业道德很差，工作能力很低，极不适应也无益于蓬勃发展的改革大业，因此，企业领导干部必须抓紧抓好解决自身素质修养这一问题。加强自身修养，最根本的是领导干部要认认真真坚持“自重、自省、自警、自励”的要求。“自重”，要尊重自己的人格，珍惜自己的名节，注意自己的言行，特别是要正确认识和对待手中的权力，权力是党和人民给的，要用权为民谋利、办实事，而不是以权谋私、捞实惠，也即要正视权力。“自省”，要在想问题、办事情、作对策时经常以“人民满意不满意”“人民高兴不高兴”“人民答应不答应”“人民赞成不赞成”为标准和“镜子”反省和检查自己，纠正自己的错误和过失。“自警”，要经常警示、告诫、约束自己，保持清醒的头脑，始终以党纪国法为准绳办事情，以为职工服务为荣，以损害职工利益为耻。“自励”，要经常鼓励和鞭策自己，以先进模范、优秀人物为榜样，生活上不攀比，待遇上不求高，工作上求精，作风上求硬，砥砺意志，积极进取，为民办实事、办好事。

四、做好“四保证”，依靠职工

究竟能不能紧紧依靠职工群众，关键还在于对中央关于政治上保证、制度上落实、素质上提高、权益上维护的指示精神落实得怎样。实践证明，一个企业或单位，如果这四点落实得好，那么就会紧紧依靠职工群众；如果这四点做得不好，那么依靠职工群众就不会是扎实的，而是松松垮垮、若即若离的。因此，紧紧依靠职工群众，就要在政治上保证职工群众的领导地位，相信群众，依靠群众，充分调动职工的积极性、主动性和创造性；就要加强民主管理，在制度上保证职工参与企业的经营管理和各项任务；就要加强职工队伍建设，提高职工素质；就要依法保障职工的合法权益，不断改善生产(工作)环境和条件，关心职工的生活和福利。为此，工作中必须做到“两到”，即心到和行到。“心到”，要求时刻把职工的各项权益、冷暖疾苦放在心上，处处事事为职工着想，努力为职工谋利、造福；“行到”，要求率先垂范，以身作则，时时处处多讲奉献，维护职工权益，不与职工争名争利，特别是在住房、福利等方面，切实做到“先职工之忧而忧，后职工之乐而乐”。

紧紧依靠职工群众，是由党的性质和工人阶级的历史地位和作用决定的，是我们所进行的国企改革和发展的艰巨任务所需要的，企业党员干部特别是领导干部一定要想办法、出路子、矢志不渝地做到做好这一点。

亟须建设优秀的企业文化骨干队伍

21 世纪将是一个文化与文化、文化与经济、文化与政治等激烈冲击的世纪，企业能否培育自己的文化并发挥其作用，将决定其在 21 世纪的生存能力、创新能力、竞争能力和发展能力，因而许多业内人士一致认为，企业文化将成为未来企业的第一竞争力。自从党的十四大倡导加强企业文化建设以来，我国企业文化建设方兴未艾，企业文化作为一种崭新的管理理念、管理方法，已被大多数企业重视并研究，也在许多国有企业积极实践。但是，总体而言，我国企业文化建设仍然不尽如人意，究其原因，缺乏先进而专业的企业文化骨干队伍的引领不能不说是关键因素之一，由此可见，建设一支优秀的企业文化骨干队伍意义十分重大。

一、建设优秀的企业文化骨干队伍是全面实现小康社会奋斗目标的迫切需要

党的报告指出：我们要在本世纪头二十年，集中力量，全面建设惠及十几亿人口的更高水平的小康社会，使经济更加发展、民主更加健全、科教更加进步、文化更加繁荣、社会更加和谐、

人民生活更加殷实。要实现这一伟大宏图，就需要全社会各方面的力量。企业尤其是国有企业作为国民经济的中坚力量和支柱，责无旁贷地要肩负起这一伟大使命，亟须建设一支优秀的企业文化骨干队伍，通过其大力运用企业文化这一崭新的管理理论和管理理念，积极转变经营机制和管理体制，不断提高综合实力和创新能力，创造更加辉煌骄人的业绩，为全面建设小康社会奠定雄厚的物质基石。况且，我们所积极建设的小康社会，不仅是经济更加发达的社会，也是文化更加繁荣的社会，是一个全面进步的社会。企业文化作为一种社会亚文化，它建设得好坏，不仅直接影响着企业经济活动中的公民道德水平和素质，同时也极大地影响着社会主义思想道德建设和社会主义文化的繁荣。因而，建设能够积极引领、促进先进企业文化的优秀骨干队伍，显得尤为迫切。

二、建设优秀的企业文化骨干队伍是实践“三个代表”重要思想的根本要求

“三个代表”重要思想不仅是我们党必须长期坚持的指导思想和行动指南，也是指导我们国有企业实现健康发展和长足进步的强大理论武器。建设优秀的企业文化骨干队伍既是建设一个强劲发展的企业的现实需要，也是实践“三个代表”重要思想的内在要求和具体体现。首先，企业是先进生产力发展的前沿战线和集中体现，而工人阶级则是这一先进社会生产力的具体代表者和积极促进者，是这一生产力中最为活跃和积极的因素，充分调动他们的积极性、主动性和创造性，始终是我们党代表先进生产力的发展要求在企业必须履行的第一要务和具体体现。企业文化骨干队

伍作为工人阶级的一部分，不仅可发挥工人阶级应有的责任和作用，而且将肩负起用“三个代表”重要思想激发整个队伍的积极性、主动性和创造性的历史使命。其次，企业文化是社会主义先进文化在企业发展的本质要求和时代特征，是社会主义先进文化的有力载体。企业文化必须符合社会主义先进文化的前进方向，必须体现社会主义文化的价值取向和精神境界，必须遵循民族的、科学的、大众的文化原则，在继承、扬弃中发展，形成有中国特色的企业文化形态。因此，就很有必要建设一支优秀的企业文化骨干队伍，作为先进文化在企业忠实的传播者、倡导者和实践者，不仅有力地促进企业文化大发展，而且为社会主义先进文化提供新鲜、生动和丰富的营养。最后，建设一支优秀的企业文化骨干队伍，将会通过他们的聪明才智不断创造昂扬向上的文化产品，厚实企业的文化底蕴，这样，不仅可丰富企业员工的文化生活，满足企业员工的文化需要，而且可激发企业员工创造出高附加值的优质产品，为广大消费者提供美好的物质产品和优秀的文化产品。

三、建设优秀的企业文化骨干队伍是积极开展“文化创新”的客观需要

党的报告指出：实践基础上的理论创新是社会发展和变革的先导。通过理论创新推动制度创新、科技创新、文化创新以及其他各方面的创新，不断在实践中探索前进，永不自满，永不懈怠，这是我们要长期坚持的治党治国之道。文化创新，是我们党立足于改革开放和现代化建设实践、着眼于世界科学文化发展前沿、不断增强有中国特色社会主义文化的吸引力和感召力而提出

的一个崭新的观点，具有极其重要的实践意义和深远的历史意义。文化创新是全社会的任务和责任，企业作为社会物质财富和精神财富的主要生产者，必将承担起这一艰巨的任务。文化创新具体到企业就是要以先进文化引领企业文化建设，形成有中国特色、中国气派、中国风格的企业文化模式，使企业文化在中国获得新的生存形态和精神境界。可以说从改革开放尤其是 20 世纪 80 年代中期以来，企业文化伴随着我国工业化、现代化的发展进程，凭借企业两个文明建设和企业思想政治工作这一得天独厚的优势，初步形成了一种别具一格的文化形态，从而使企业文化的影响力、辐射力、整合力大大增加，有力地促进了企业发展。那么，在以信息化和知识化为特征的 21 世纪，我们的企业要承担起文化创新的重任，形成有中国特色、中国气派、中国风格的企业文化模式，就必须建设一支优秀的企业文化骨干队伍，深深扎根于生动丰富的企业文化实践土壤中，积极汲取中华民族文化与社会主义文化的丰厚润泽，大胆借鉴和广泛运用国外先进企业所创造的优秀文化成果，批判继承、创造优化、综合创新、超越发展，才能使企业文化在中国获得新的生存形态和精神境界。

四、建设优秀的企业文化骨干队伍是着力提升企业综合素质和核心竞争力的现实需要

当今社会，经济全球化快速推进、科学技术突飞猛进和知识经济日新月异，以知识创新、信息技术为代表的经济形态正以一种前所未有的速度和力量广泛而深刻地改变着整个社会生活，也决定着一个企业的前途和命运。任何一个企业要想在竞争中保持强劲优势，争得优先发言权，抢占市场“制高点”，实现可持续发

展，就必须顺应形势发展要求。建设企业文化，应通过多种途径和形式，提高人力资源的开发与管理水平，爱护人才，培养人才，充分调动人才的积极性，着力提高员工的整体素质和知识创新能力，增强企业的综合实力和核心竞争力。但是，由于各种因素的影响，目前许多企业对企业文化认识不深实践肤浅，亟须建设一支优秀的企业文化骨干队伍予以积极的倡导、引领和示范；企业文化作为一种先进的管理思想和管理方法，作为一种科学，也亟须进行深入的探讨和研究。因此，建设一支优秀的专业的企业文化骨干队伍，已成为满足新时期企业发展的迫切需要。正如中国企业文化促进会会长张光照所说的："优秀企业文化的功能体现在许多方面，简而述之就是，优秀的企业文化有利于提高企业产品的文化含量和技术含量，满足消费者的需求；有利于企业利用国内国际两种资源和开拓国内国际两种市场；有利于提高企业的综合竞争力。高水准的企业文化离不开高素质的企业文化与企业管理人才。"

老企业如何打造高品质企业文化

企业文化作为一种崭新的管理理论、管理思想和管理方法，越来越受到中国企业界的广泛关注和重视。人们逐渐意识到企业文化是企业寻找生存与发展的动力和源泉。许多先进企业的经验表明，企业文化建设是市场经济和企业自身发展的坚定基石，是企业增强市场竞争力的有力保障。加强企业文化建设有助于提高企业家和企业管理人员的经营管理水平，充分发挥文化力在解放生产力中的作用，增强企业的凝聚力，增强产品的竞争力，增强制度的规范力，增强科技的创新力，从而促进企业生产力的有力发展。因此，一大批优秀的中国企业已经把企业文化作为打造企业竞争力和建立现代企业制度的重要组成部分，作为现代企业生存与发展的基础工程来抓，也取得了很好的成效。那么，为我国经济和社会发展做出突出贡献的老企业，面对改革发展的严峻形势和艰巨任务，如何用先进的企业文化武装自己、提高自己、壮大自己、做强自己，实则大有文章可做。

老企业要打造高品质企业文化，首先在企业文化建设中必须突破和解决这样三个突出的文化障碍问题。一是观念障碍。首先是领导的观念问题，即认识不到位、责任不到位、措施不到位、投入不到位。企业文化变革是一场管理文化的质变，它将引发一场全面、深刻的组织变革，因而将是一场长期艰巨的变革。如果作为企业文化建设关键的倡导者、组织者和实践者——领导班子在这一点上缺乏共同的认识，就会造成责任的松懈、措施的乏力、投入不足。长此以往，势必出现"英年夭折"的可悲局面。其次是员工的观念问题，即缺乏变革求新、大胆进取的思想观念。由于国有企业特别是老企业的员工普遍缺少创新冒险精神，尤其是现有企业文化是由企业员工特别是老员工付出巨大的努力和劳动而形成的，这其中凝聚着他们的大量心血，强烈的求稳心态和怀旧心理使他们很难承受大的变动，对变革的前景存在疑虑，害怕变革带来的不确定性，这种保守的观念使得他们很容易对变革产生消极观望心态甚至不自觉地予以抵制。二是行为障碍。在企业文化变革的过程中，很多人虽然在思想上接受了新的企业文化理念，也愿意去改变旧的观念、文化，但在行为塑造上却很困难，往往会出现言行不一的现象，这是因为长期形成的行为习惯、思维模式很难一下子改变，尤其是领导者本身的这种行为习惯对变革的影响更具有破坏力，比如，领导者主张民主管理，加强员工参与意识，可实际作决策时，经常"一言堂"，不容许发表不同意见，或是表面上发表了，实质上却"偷梁换柱"，违背民意。这将严重损害员工对领导团队的信任度，让员工感觉到被欺骗，认为变革是在走过场、走形式，他们或者放弃变革的努力"当一天和尚撞一天钟"，或者带着情绪暗中抵制，严重影响文化变革的效果。这是企业文化建设中比较大的障碍，需要组织给予强大的变革动力并长期坚持才能克服。三是制度障碍。企业文化变革涉及企业的方方面面，随着企业文化变革的深入，必将引发老企业全面的组织变革，如经营模式的改变、组织结构的调整、岗位竞聘制的推出、薪酬体系的改革等，这些都会打破原有的利益分配格局，影响到既得利益者的安全，给企业的职工带来不安全感。他们担心现有的地位、收入和福利等方面会受到损失，尤其是那些在位者更容易产生恐慌和抗拒心理。因此，制度文化的变革可能会造成诸多的对抗者，将会给文化建设带来莫大的阻力。文化变革的本质就是破旧立新，它在否定旧的价值观、淘汰落后行为规范、打破原有的管理体制的同时，必然要使一部分人的既得利益受损，但只要我们的文化变革是顺应社会历史的发展趋势，符合企业的长远利益和全体员工的根本利益，就要坚定不移地推行开去。企业文化建设不是一朝一夕能够完成的，要使企业员工真正认同企业文化，在思想、行动上与新文化保持一致，需要较长的过程。在这一过程中，要未雨绸缪，以积极稳妥的方法来处理出现的各种问题和排除各种文化阻力，采用多种形式来灌输文化新理念，不断推动企业文化建设的顺利开展。

老企业要打造高品质企业文化就必须要有过硬的措施和方法，任何企业文化的导入，都是一次组织变革的过程，都要遵循组织发展的客观规律。一个组织在引入新的文化后，将否定或部分否定原有的已为组织成员所熟悉的文化，冲击人们的心理定势，影响部分成员的既得利益，这必然会打破原有的组织平衡，引起组织系统内部的振荡。在组织出现振荡后，需要通过树立新的制度，建立新的规则，营造新的氛围来引导组织的振荡向着有利于组织的方向发展。在经过一定时间的调整后，振荡的幅度和频率将逐渐减小，组织系统在新的结构下趋于平稳，一个全新的企业文化就慢慢形成了。组织要采取一定的方法，将新形成的文化进行相对固化，使之与组织的结构与机能融合为一体，成为今后主导企业发展的灵魂。

一是要深入开展企业文化诊断，准确把握企业文化脉搏。要对企业进行深入的调查研究，积极通过访谈、座谈、问卷调查和典型案例解剖等方法，了解员工对企业文化建设的认识、建议和认同感，明白员工对组织目标、经营理念的认同度如何；分析员工的需求层次和需求结构，明确组织的信任程度和团队合作等企业文化的现状、困难；要通过调研分析出本企业建设什么样的企业文化——本企业企业文化建设的方向等，通过一系列措施，把企业目前现实存在的文化一一搞清，准确把握企业文化的脉搏，最终形成企业文化现状调研报告。

二是要切实进行企业文化设计，科学规范企业文化内容。企业文化设计要根据企业的发展战略，兼顾企业历史传统和现实文化，设计出目标文化，比如包括理念识别系统、行为识别系统和视觉识别系统等相对完整的企业文化体系。其中理念识别系统包括企业价值观、企业哲学、企业宗旨、企业精神、企业目标、企业道德、管理理念、经营理念、企业作风、人才观、市场观、竞争观和发展观等一系列的企业理念。行为识别系统包括领导干部行为规范、员工行为规范、干部职工职业道德标准和企业风俗等行为层要求。视觉识别系统包括企业名称设计、企业标志设计、企业标准字设计、企业标准色设计、企业自然环境设计、厂房(车间、办公楼)的装修和布置等。比如我们刘家峡水电厂，专门聘请了清华大学著名教授张德对此进行科学的设计和策划。只有对企业的传统文化进行科学的梳理，对其他企业的优秀企业文化进行合理吸收，然后对所要建设的企业文化进行全面设计，才能使企业文化走上特色化规范化制度化高品质化的轨道，因而可以说，科学的设计是企业文化建设最为基础的环节。

三是要着实建立企业文化变革领导体制，着力确保企业文化设计的顺利实施，这是企业文化建设能否成功的关键。领导在企业文化建设中起着主导性的作用，企业中关键人物尤其是企业的高层领导有无变革的决心和毅力，是否主动地发起或积极地支持变革，对于变革的成败具有至关重要的作用，因此领导的重视程度和参与程度在一开始就决定了企业文化项目的成败。推行企业文化建设，很有必要建立一个强有力的、高效的领导集体，从组织上保证企业文化的实施。

四是要加强建立企业文化传播网络，大力营造企业文化变革浓郁氛围。在实施企业文化时，要做好宣传鼓动工作，取得沟通理解，不仅在企业内部是这样，对外也要做好这方面的工作，以创造一种利于企业文化建设的舆论环境。要建立企业文化传播网络，通过这个渠道把企业价值观、愿景、精神、道德等精神层面要素传达给企业的全体员工，并辐射到企业范围之外。从完整的涵义上讲，企业文化网络建设既包括正式传播网络的建立和维护，又涉及对非正式网络的调控和引导。尤其在导入阶段，要充分利用企业文化传播网络，大张旗鼓地宣传新文化，对内形成良好的学习氛围和变革态势，对外发出企业进行新文化建设的信号，真正做到家喻户晓、深入人心。

五是要积极开展全员企业文化培训，牢固树立崭新的文化理念。企业文化的落实需要员工的认可和配合，但员工受思维惯性、传统情结以及既得利益的影响，不会主动去接纳新的文化。因此在导入阶段，需要对全体员工进行系统培训和宣讲，让员工能够真正接纳新文化、理解新文化，牢固树立崭新的文化理念，直到发自内心地认同和拥护新文化。企业新文化是一套完整的体系，需要深入、系统地学习才能真正掌握。对员工进行系统培训，是灌输企业文化的主要方法，培训应编制培训手册，包括企业文化主要理念内容(企业愿景、企业价值观、企业哲学、企业宗旨等)、员工行为规范、企业风俗等；培训宜采取多种方式，比如教师授课、员工自学、小组讨论以及到优秀企业参观访问等，使大家心领神会，内化为个人的思想，外显为具体的行为。

六是要形成科学合理的企业文化制度体系，确保企业文化变革及其成果得到巩固。形成科学合理的企业文化制度体系，是企业文化建设得以落实的根本保证。企业文化的主要作用是凝聚人心，统一思想，从而增强企业竞争力。企业文化建设单有领导的重视和支持是不够的，要得到全体员工的拥护和积极参与，就必须在新文化的建设过程中，从广大员工的切身利益出发，进行制度层的更新，用强有力的制度作为保证，员工才能自觉地去接纳新的文化；要让他们通过制度变革，感觉到新的企业文化所倡导的是真正来自他们内心的需求和愿望，才不会有被动灌输的压迫感。只有这样，才能真正达到企业文化汇聚人心、增强企业凝聚力的目的。与此同时，要通过企业文化的制度化建设，使所取得的成果得以巩固，使之融入到企业的生命之中，形成新的文化沉淀。同时还可以避免企业文化建设出现“一阵风”“虎头蛇尾”的现象，避免前功尽弃。

七是要善于总结企业文化建设经验与不足，不断整合优化形成文化新格局。企业文化建设是一个动态的过程，需要不断调整和完善，这也是企业文化建设的基本原则之一。通过对前期企业文化建设的反思和探讨，可以发现企业文化建设的经验与不足，更好地纠正工作。要形成定期总结企业文化建设的制度，并展开公开讨论，集思广益，让全体员工都参与企业文化建设，为企业文化建设出谋划策。通过一些有力的措施，加大对企业文化的整合优化力度，使企业文化建设常抓常新，不断形成崭新的格局。

（刊于人民网“强国论坛”精华区，2003 年 7 月 16 日）

凝练企业灵魂　张扬企业个性

——"企业文化建设"考察启示

中国优秀的企业文化，是有中国特色社会主义文化的一个重要组成部分，是现代企业的灵魂。抓好企业文化建设，是发展社会主义市场经济的客观要求，是建设有中国特色的社会主义文化的重要措施，更是促进企业发展与进步的重要动力。近年来，企业文化建设作为现代企业管理理论和管理方法，越来越被中国的各大企业接受和认同，尤其是在知识经济汹涌澎湃的今天，企业能否创造出信誉、知名度、名牌等无形资产，将决定企业的前途与命运。笔者曾对山东海尔集团、山东黄台电厂、江苏谏壁电厂、广州抽水蓄能电厂及云南鲁布革电厂等国内外和电力行业系统中企业文化建设较著名的企业进行了考察，通过举行座谈会、个别交流等形式和方法，对其企业文化建设的思路、做法、经验等作了粗浅的了解和认识。

一、启示之一，从某种意义上而言，企业文化是企业家文化，需要企业家积极倡导和培育

文化就是明天的经济，要进一步推动企业的发展，要真正成

为一流的企业，就必须借助文化的力量。目前，文化给企业带来的有形的和无形的、经济的和社会的双重效益已被所调查企业所认同和证实。他们认为，企业文化不仅仅是一种管理方法，而且是一种象征企业灵魂的价值导向。他们认为，从一定意义上说，以企业精神为核心的企业文化，是企业家的人格化；卓越的企业文化是卓越企业家的人格化。海尔大学教授王维宝在阐释海尔文化时指出，企业文化说到一定的时候就是企业家文化，海尔文化就是张瑞敏一手组织、倡导、培育的文化，比如“敬业报国，追求卓越”的海尔精神，“迅速反应，马上行动”的海尔作风，“只有淡季的思想，没有淡季的市场”的市场观，“用户永远是对的”服务观，“日事日毕、日清日高”的 OEC 管理法等，都是由张瑞敏提出并大力推行的。他认为，海尔文化是一种思维问题，是老总思维的问题。不仅如此，黄台电厂、谏壁电厂等企业也有着同样的认知，比如谏壁电厂“永无止境的追求”的企业精神，就是该厂厂长提出并被全厂上下确认倡行的。鲁布革电厂则直接认为，“企业文化是老板文化”。虽然各家表述不尽相同，但其共同的本质之处均在于：从某个角度或某种意义上而言，企业文化就是企业家文化。之所以如此，其根本原因在于：优秀的企业文化不是自发产生的，而是企业家在长期实践活动中积极倡导产生的。卓越的企业家在企业中既是卓越的管理者，又是员工的思想领袖，他们以自己的新思想、新观念、新思维、新价值取向来倡导和培植卓越的企业文化。这种企业文化既有时代特色，又有本企业积极向上的优良传统，可以说是先进的、科学的、有生命力的。

二、启示之二，企业文化既是一种新型的管理思想和管理模式，更是加强企业管理的一个崭新的切入点，需要准确定位、全新认识和紧抓不放

企业文化是存在于企业的一种文化现象，是社会整体文化在企业内的延伸，是20世纪80年代产生的新型的企业管理思想和管理理论，是当今世界企业管理的新形式，它已成为国内外企业界广泛重视并已应用于实践的先进的管理方式。它的内涵十分丰富，主要包括管理战略、企业价值观、企业理念、企业精神、企业道德规范、企业制度、文化环境、企业形象等。海尔大学教授王维宝说，20世纪80年代中期，张瑞敏看到企业人心涣散，管理松懈，不无感慨地认为，要搞好企业，就必须要有一种精神，统一意志。为此，张瑞敏抓的第一件事就是管理制度。海尔文化分为价值观精神文化、制度行为文化和物质文化三个层次，尤其是海尔理念包含生存理念、用人理念、质量理念、品牌理念、营销理念、竞争理念、市场理念、售后服务理念、资本运营理念、技术改造理念、技术创新理念和职能工作服务理念等14个理念。从上述不难看出，海尔文化实质上是一种管理文化，在此文化的凝聚、激励与运作下，海尔集团创新出了“以市场链为纽带的业务流程再造”和“OEC管理模式”，管理实践受到国际管理界的高度关注。比如海尔已有四个管理创新的案例进入哈佛大学和日本神户大学的案例库，成为全球商学院的通用教材。在电力行业中，企业文化建设先进的黄台电厂认为，企业文化与以往的企业管理方式相比，它的显著特征是，从“以物为本”转变到“以人为本”上来，确立“企业管理就是对人的管理”的理念。公司认为，

企业文化建设成功与否的标准只有一个：是否与企业管理浑然一体，提高了企业整体管理水平，形成了某种特色的管理文化，并把其当做一个基本建设方针，在其指导下，形成了全国著名的“三维一体”文化模式，该厂也被列为全国企业文化建设示范基地。谏壁电厂认为，企业兴旺在于经济管理，而经济管理在于文化，企业文化是继人、财、物、信息之后的第五种资源，成为现代企业经济管理行为规范、视觉形象的又一种管理模式，它以人才管理为主体，以企业精神为核心，以群体行为为基础，涵盖物质文化、制度文化和精神文化三个层次，并且该厂将这一主导思想和深刻认识写入了《建设企业文化，实施 CIS 工程的思考与运作》的经验材料，在全国进行交流。广州抽水蓄能电厂在交谈中认为，企业文化应是提高企业管理层次的一种方法，其目的就是提高企业的凝聚力，最大限度地增强职工的主动性和创造性，把企业管理好，最终提高企业效益和职工的生活水平。由此看来，只有准确定位企业文化，把其始终当做加强企业管理的一种新思想和新模式的新切入点，企业文化才能被抓好，才能发挥其“文化力”的强有力的推动作用，促进企业的大发展。

三、启示之三，企业文化是一种极具个性的亚文化，只有积极张扬个性，才能打响特色品牌

企业文化是社会文化体系中的一个有机的重要组成部分，是民族文化和现代意识在企业内部的综合反映和表现，是民族文化和现代意识影响下形成的具有企业特点的企业精神、价值观、道德观念等的综合的组织文化，是被广大员工认同的一种极具个性的亚文化。从海尔文化和黄电文化的主要内容和突出特点就可以

清楚地看到这点。海尔文化是一种价值观，它的核心是创新。它是海尔在多年的发展历程中产生和逐渐形成特色的文化体系。海尔文化以观念创新为先导，以战略创新为保障，以市场创新为目标。员工的普遍认同、主动参与是海尔文化的最大特色。海尔理念包括“永远战战兢兢、永远如履薄冰”的生存理念，“人人是人才、赛马不相马”的用人理念，“高标准、精细化、零缺陷”的质量理念，“国内之内无名牌”的品牌理念，“先卖信誉、后卖产品”的营销理念，“打价值战不打价格战”的市场竞争理念，“只要保持高于竞争对手的水平，就能掌握市场主动权”的竞争理念，“用户永远是对的”售后服务理念，“先难后易”的出口理念，“东方亮了再亮西方”的资产运营理念，“先有市场、再建工厂”的技术改造理念，“市场的难题就是我们创新的课题”的技术创新理念，“您的满意就是我们的工作标准”的职能工作服务理念。紧盯市场创荣誉、绝不对市场说“不”、抱怨就是投诉是海尔对市场的三条原则。“不在于企业拥有多少资源，而在于利用了多少资源”的资源创新观念。“真诚到永远”的形象用语。“思方行圆”的海尔旗形象识别标志和全员 SBU 的理念。海尔的管理发展经历了名牌战略、多元化战略和国际化战略三个阶段，斜坡球体论是海尔的管理理念，OEC 管理法是海尔的管理模式，主要目的是实现“日事日毕，日清日高；人人都管事，事事有人管”。“市场不变的法则是永远在变”是海尔管理的核心。海尔文化是一种地道的开放文化、市场文化、创新文化，是一种地道的管理文化。海尔也因此而走向世界。黄电文化是一种“三维一体”的和谐文化，即厂区文化、社区文化和家庭文化相互影响、相互支持的和谐共生文化。其企业精神是“追求卓越、服务真诚”。宗旨是“以人为本、安全第一、效益至上”。管理理念是“今天比昨天做得好，明天比今天做得更好”。其核心价值观为“拼搏、奉献、一流”。发展观为“只有不愿创新的思维，没有不能创新的事业”。经营观为“先人一步、高人一筹”。人才观为“德表其品、才适其位、酬显其绩”。服务观为“超越顾客期望”。环境观为“绿色文明、和蔼自然”。“能打硬仗、能打胜仗”是其积极倡导的优良作风。“三维一体，一体两翼”是黄电文化模式定位。黄电文化体系的内容主要包括以管理为核心的厂区文化、以和谐为核心的社区文化、以美学为核心的家庭文化。在这三者之间，公司以厂区文化为主体，积极带动社区文化、家庭文化的全面推进与发展。三者相互作用、协调共建，最终使三者形成合力，在企业的改革与发展中发挥整体的文化效益。其厂区文化以改变管理方式、提升管理素质为核心，社区文化以形成黄电文化风格和传统文化形态为核心，家庭文化以提高人力资源品质和内涵为核心。黄台电厂“三维一体”的文化体系存在的理论依据是在体系把握上抓主要矛盾——企业共同价值观，在规律掌握中提出自然内核——经济与文化的融合，在方式选择上寻找切入点——制度文化。黄台电厂厂区文化建设始终以主攻制度文化、规范形象文化、推进精神文化为建设思路，努力把黄电文化建设成一个一体化、制度化的文化。社区文化建设的目标是社区关系和谐、社区环境和谐、社区活动和谐。家庭文化建设的目标是道德行为美、生活方式美、学习创新美。黄电文化是一种半开半闭式文化，带有浓厚的计划性，但不乏强烈的市场意识，黄台电厂也因此而享誉行业内外。从海尔文化和黄电文化的主要内容和特点可以看出：不论哪一个企业，只有富有个性的文化，才能展示自我成功的形象，打响自己的特色名牌。

四、启示之四，企业文化要不断与时俱进，开拓创新，只有如此才能显示其独特魅力

江泽民同志说："创新是一个民族进步的灵魂，是一个国家兴旺发达的不竭动力。"①企业文化的本质就是创新。企业文化作为一种新型的管理思想和管理模式，就应不断地创新，只有这样，才能不断地发展，显示其"柔"的魅力。这也是海尔、黄台、谏壁企业文化建设的成功经验之一。海尔文化是一种价值观，这个价值观的核心就是创新，它是在海尔多年发展历程中产生并逐渐形成特色的文化体系。海尔文化以观念创新为先导，以战略创新为保障，以市场创新为目标，伴随着海尔从无到有、从小到大、从大到强、从中国走向世界。由于时时以创新为理念和核心，海尔文化也形成了以 14 大海尔理念、3 条市场原则、7 大创新观念等组成的文化体系。江苏谏壁电厂的企业文化也是经过不断的创新，逐渐发展升华起来的。1980 年代初，该厂企业文化也只有企业精神，而且该"企业精神也不妥当"，到 80 年代末，该厂意识到企业精神已不太适合形势发展变化的要求，不再能够起到激励员工、振奋精神、凝聚人心的作用。于是，该厂在建厂 40 周年的时候，经过多方努力，结合电力走向市场的形势创新性地提出了"永无止境的追求"企业精神。同时，该厂针对当时比较零散的企业文化，进行了大范围的整合。截至目前，该厂企业文化已形成了成型化、系统化的一套建设体系。正如该厂的一位员工

① 《江泽民文选》第 2 卷，人民出版社 2006 年版，第 132 页。

所说的，“企业文化和其他事物一样，也需要整合，不断地创新，才能向前发展，不断提升”。黄台电厂企业文化始于1980年代末，兴起于90年代末。起初也是零打碎敲，2000年才开始进行体系化建设，把企业文化真正纳入企业管理。

五、启示之五，企业文化是一项系统工程，需要精心策划长期建设，方可取得显著成效

企业文化和其他工程一样是一项复杂而系统的工程，需要各方面的共同努力，经过科学的论证、认真的调研、精心的策划等一系列工作环节，长期不懈的艰辛劳作，才能够获得成功。海尔、黄台和谏壁等企业文化建设的途径和办法虽各不相同，但也是异曲同工，成绩显著。其大概可归纳为：一是要成立或组织强有力的企业文化建设小组或组织管理机构。企业党政领导要负一把手责任，共同负责企业文化建设的规划、设计和实施。比如，海尔设有专门的“海尔集团企业文化中心”，实施企业文化的导入与建设；黄台电厂成立了“企业文化工作部”，加强对企业文化建设的组织协调；谏壁电厂成立了“企业文化建设领导小组”，专门负责企业文化建设的实施与操作。二是要加深企业文化建设调研，搞好企业文化建设评估，全面总结和梳理本单位企业文化，对其优点和先进的部分要进行保存，重新定位，大力宣传；对其缺点和落后的部分，应坚决予以抛弃。三是要加强宣传，积极开展企业培训。这是鉴于企业文化作为一种新型的管理科学，还不能为企业员工所充分认识和完全接受。通过培训一方面传播先进的管理思想和普及企业文化知识，另一方面可从中挖掘企业文化建设的带头人和骨干力量。四是要仔细、认真、科学地做好企业

文化建设规划，尤其是要做好企业文化建设的实施方案，要求该实施方案更具体、更细化。五是要专门聘请有关设计公司和专家，对企业文化进行专门的设计和策划，以使企业文化直接导入。六是要全面发动，积极开展实施。主要是把握好层次、抓住重点、结合实际，有计划有步骤一步一个脚印地展开，不断深化和延伸，不断在发展中巩固。七是要加大企业文化建设投入力度。

同时，在加强企业文化建设的过程中还要处理好几种关系：一要处理好继承与创新的关系。对本企业的文化进行积极的扬弃，该保留的就保留，该抛弃就抛弃；同时，要进行大胆的创新，发现新的文化亮点。二要处理好重点突破和全面推进的关系。企业文化建设是一个系统工程，既要注重全面推进，更要注重重点突破，不能眉毛胡子一把抓。三要处理好领导倡导与群众参与的关系。企业文化从一定意义上而言，虽是企业家文化，但企业文化更强调整体效应，只有广大职工的积极参与，才能做到这一点。四要处理好汲取先进与张扬个性的关系。企业文化是一种开放的文化，不是一个封闭的“怪圈”，既要吸收和借鉴其他企业的优秀文化，也需要张扬自我个性的文化特点。五要处理好近期目标与长期建设的关系。企业文化建设是一个渐进过程，需要不间断地予以深化，才能取得成效。

挂网发电企业需强化决胜能力

随着电力体制改革的深层推进，一场前所未有的困难与挑战势必会毫不容情地降临各个发电企业，一场风刀霜剑的市场考验将毋庸置疑地扑面而来。各个发电企业尤其是已经进入发电公司的发电企业必然会及早抢抓机遇，开辟市场，寻求发展。然而对于仍然保留于电网的改革“宠儿”——挂网发电企业，怎么办？笔者认为挂网发电企业亦当高瞻远瞩，及早抓住目前难得的战略机遇期进行超前筹谋，增强企业的市场竞争力、抗风险能力和综合能力，积蓄力量，谋划好未来“生存空间”，这业已成为摆在这些企业面前一个不容置疑且毫不轻松的课题。

一、挂网发电企业强化决胜能力是势所必然

根据国家电网公司组建方案，国家电网公司拥有暂保留和待转让的发电企业 38 家，其中暂保留的发电企业 28 家。一些业内人士认为，一些容量大、债务少、效益好的发电企业暂时保留于网上，作为电网的骨干调频调峰电厂，一方面有利于电网的安全稳定，另一方面避免市场竞争的“正面交锋”，可以保持这些发电

企业的力量，稳定职工的利益，因此，从目前来看可以说挂网的发电企业是一个“香饽饽”，其职工、企业等的收益由于占据天时地利，前景比较看好。但是，从长远来看，保留于电网上的这些发电企业并非“永挂”，因为“暂保留”并非等于“永远保留”。客观地来分析，其有利的一面为：一是如上所述，发电企业可避免过早进入激烈的竞争市场，进行“正面交锋”，从一定程度而言可以保持这些发电企业的力量，稳定职工的利益，做到“避其锋芒”；二是这些发电企业可以抓住难得的稳定机遇期，通过积极转变经营机制、加强企业管理、促进科技进步、培养创新人才、塑造良好形象等措施，不断增强竞争实力和综合实力，为真正步入市场、参与竞争奠定扎实的基础；三是这些发电企业可以牢牢把握住改革发展的战略机遇期，有更加充足的时间来搜集当前和国际电力发展变化信息，充分分析国内国际电力发展竞争态势，制定更加良好的竞争方案，做出如何发展、发展什么、从何突破等更加科学、稳妥、合理、有利的战略抉择。其不利的一面为：一是挂网发电企业越迟进入竞争市场，那么其发展的空间从一定的时间段来看势必越小。二是随着电力改革的不断深入和电力市场发展的日趋完善，早日进入电力市场的发电企业必然由于经过多年的摸爬滚打，早已变得更加强劲和成熟，比如对于市场游戏规则的掌握和运用更加娴熟，有着更高的驾驭市场的能力和水平，而对于挂网发电企业来说，由于没有经过前期风浪的考验和锻炼，将肯定在市场竞争、规避风险等方面逊色于其他发电企业，如果再加上多年的“养尊处优”，必然导致市场竞争能力的“萎缩”。三是由于要确保电网的稳定和其发电企业的地位，这些发电企业很难得到“真枪实弹”的锤炼，再加上多年疲于奔命的

“消耗”而得不到及时的“营养补充”，其结果必然是“外强中干”。四是随着挂网发电企业区域电力建设的迅猛发展，一些挂网发电企业日渐失去固有的“优势”，比如随着三峡电站的崛起，湖南、湖北、河南、四川等诸多省区挂网发电企业将会失去原有的地位和“优势”，这是历史的必然；同时随着电力改革的逐渐深化，电力市场的逐渐完善，全国联网的早日实现，国家电网将完全可以遵循和运用市场价值规律来驾驭各个发电企业，届时挂网发电企业另一“优越性”亦将失去，至此挂网发电企业必将面临“退役”电网，“服役”市场竞争的局面，兼及电力形势的变化，其抉择将必然进退两难。五是由于“暂保留”的不确定性将使挂网发电企业很难敲定比较科学合理的在挂网期强劲自身的长远规划和打算，而且由于其直接的“婆婆”到底是谁，将从真正意义上决定其发展前途和命运。从现实情况来看，如果挂网发电企业由所属地区的网省公司来代管，那么其发展的环境、体制和政策及举措必然受到很大的限制和影响。六是由于多年受“背靠大树好乘凉”“依靠主业求发展”和“旱涝保收”等思想观念和体制环境的影响，发展脆弱、社会包袱沉重等深层次问题的日益凸显已经成为而且在较长时期内必将成为挂网发电企业的棘手问题，内部改革形势比较严峻。由此可见，挂网与非挂网发电企业从长远来看孰优孰劣，尚无定论。挂网发电企业必须超前谋划发展出路，及早筹谋“生存空间”，而且要根据形势的发展和变化随时进行战略调整和充实，以万变应万变，努力做到“未雨绸缪”“运筹帷幄，决胜千里”，这是企业自身生存发展的需要和电力企业改革发展的必然趋势，不是个人的意志所能够左右的。

二、挂网发电企业要以强劲的战略管理促进决胜能力的提高

决胜千里是一项战略性任务，因而也就必须加强战略管理。从目前的情况来看，由于电力体制改革的进程所限，大多数挂网发电企业的直接“婆婆”没有明确，因此其在做好日常工作确保安全生产的同时，仍然处于等待观望的状态，况且由于电力行业的特殊性，电力体制改革的自上而下性决定了其必须高度与上层保持一致，同步进行。因此，对于挂网发电企业而言，不论是“花落谁家”的动态时期，还是“名花有主”的常态时期，都应正确认识形势，积极夯实发展的基础，加强战略管理，努力加强自我发展和生存的能力，尤其是决胜千里的能力。根据目前情况来看，最紧迫也最重要的任务是：

1. 要着力加强企业发展战略管理。随着电力体制的改革和发展，当今的电力企业已经进入战略竞争的时代，企业之间的竞争更多地表现在战略思维、战略方式和战略定位的竞争上。世界著名的管理大师彼得·德鲁克曾指出：“没有战略的企业就像流浪汉一样无家可归。”著名的战略专家迈克尔·波特则认为，战略对企业的发展具有持久的意义。根据统计，世界上1000家破产倒闭的大企业中，有850家是由于企业家决策失误造成的。因此，西方发达国家的企业家花在战略思考、战略研究上的时间占到全部工作时间的60%，而我国企业经营管理者特别是电力企业的经营管理者对企业的战略管理研究和思考则比较少，许多企业都是走一步算一步，没有发展战略，或是在制定发展战略时不能根据市场形势的发展变化进行及时的修改和调整，适时实施战略转

移，这也许是造就不了知名企业的一个重要原因。因此，我们的挂网发电企业应该根据形势，吸取经验，及时了解经济全球化和当代电力科技发展的趋势，切实把握国家宏观经济政策、本行业改革发展情况、本企业的核心业务和生产能力，及国内外经济大势和电力市场变化的趋势，全面了解、分析自身和竞争对手的相对优势和劣势，科学合理制定中期或者长期的发展战略，及时对企业发展战略进行全过程动态管理和控制，确保发展战略的指导性、时效性和针对性。

2. 要着力加强企业文化战略管理。企业文化是企业在长期的经营管理实践中逐步形成的，并为经营管理者所倡导和全体员工所认同和恪守的共同价值观念和行为方式，是一种新型的现代管理理论。随着知识经济的兴起和全球经济一体化的加快，经济与文化的融合已经成为世界性的潮流，企业文化创建作为一种新型的管理理论、管理思想与管理方法，越来越受到中外企业界的广泛重视，不断为企业的管理和经营注入新的生机和活力。哈佛商学院教授约翰·科特指出，企业文化对企业的长期经营业绩有着重要作用，并且能够成为企业兴衰的关键因素。IBM 咨询公司对世界 500 强企业的调查表明，这些企业出类拔萃的关键是具有优秀的企业文化。挂网发电企业要想保持长期的发展，进入激烈的竞争市场，成为经久不衰的著名企业，就必须要有先进的理念和文化作为支撑。但是，目前对于我们的挂网发电企业而言，正处于改革攻坚时期，面临来自各方面的挑战和压力。为了将改革推向深入和取得成功，挂网发电企业一方面要根据国家电力体制改革的要求和步骤对企业体制进行稳妥改革，完成历史使命；另一方面要加强企业文化建设，只有结合自身实际，积极汲取中国传统文化和西方科学管理的精华，着力于企业经济体制改革中的企业文化建设，形成适合形势发展要求的企业文化，才能使企业获得新的形象、机会，形成新的经营管理模式，夯实管理基础；才能改善企业的经营管理环境，牢固树立崭新的经营理念、管理理念、发展理念、人才理念等文化理念，开阔改革和发展思维与眼界；才能使企业借助价值准则、道德情操、敬业精神等意识来规范员工行为、激励员工斗志和凝结员工力量，同心同德、团结一致、艰苦奋斗，增强企业的内聚力、创造力和竞争力，做到“内强素质，外塑形象”。

3. 要着力加强企业人才战略管理。知识经济时代的先兆趋势业已显示，一个企业的学习、创新和开发的能力远远比它的设备生产和投资总额等要素重要得多。这些依赖企业员工的智慧和诚意所建立和发展起来的技术创意、经营理念和人际协作等正在成为企业生命活力的源泉。因此，加强人才战略管理越来越受到现代企业管理者的高度重视。可以说，在经济全球化的今天，企业如不重视人力资源战略管理，企业的落伍和淘汰将不可避免。挂网发电企业一定要按照市场经济的要求，做好人才战略规划，组建一支适应企业发展的高素质人才队伍。尤其是要根据企业生产经营的需要，引进和借鉴国外先进的人才管理方法，建立科学的量化的指标考核体系，形成人才能进能出、能上能下的动态管理机制、激励机制和约束机制，从而为企业的健康发展奠定良好的人才基础，提供源源不竭的动力。

4. 要着力加强企业科技进步战略管理。当今企业间的竞争，归根结底是科技进步和人才的竞争，因此，如何缩小挂网发电企业与其他发电企业之间的差距，实现企业经济增长方式上的转变，不断提高企业的核心竞争力，是挂网发电企业今后必须解决的一个问题。为此，挂网发电企业必须树立强烈的科技进步意识，坚持以市场为导向，从企业实际出发，紧紧围绕资源优化配置、节能降耗、提高效率，研究制定科技进步的方向、目标和规划，逐渐形成适合市场经济规律和电力生产规律的科技进步体系，不断提高自我科技创新能力及科技成果的获利能力。要按照先进性和适用性的原则，大量引进和应用国内外的新知识、新技术、新工艺、新设备、新产品，采用先进的管理方式和生产方式，加大对企业的技术改造力度，不断提高企业的科技含量和自动化水平，深挖内部潜力，努力走出一条依靠科技进步武装企业的内涵式与外延式相结合的发展路子。通过企业的科技进步，不断提高企业的可持续发展能力和核心竞争能力。

5. 要着力加强企业品牌战略管理。品牌对于企业扩张和竞争的巨大作用早已为成功企业所证实。品牌是企业形象的集中体现，是企业价值的整体体现和优势的极大集成。研究表明，国际大公司的最为突出的特点是锻造强势品牌，它们把品牌不仅看成是企业追求的价值目标，而且是企业生存的有力保障，为此，会不惜一切代价锻造和维护企业的品牌。目前，强势品牌日益成为企业必须占领的新的竞争战略制高点。因此，伴随着电力体制改革，各个挂网发电企业亟须加强品牌意识，制定可行的品牌战略，创造独具特色的品牌，依靠品牌抢占未来的竞争制高点，开辟更加广阔的生存空间。其实，对于我们的诸多挂网发电企业而言，打造独具特色的品牌有着得天独厚的优势，比如甘肃刘家峡水电厂，其作为我国乃至当时亚洲第一座百万千瓦级以上的大型水电站，是我国自行勘测、自行设计、自行施工、自行安装的艰苦奋斗的产物，电站除发电外，还有防洪、防凌、灌溉、养殖、航运等多种功能和综合效益。建厂以来，相继荣获“全国五一劳动奖章”、原能源部“思想政治工作优秀企业”、原电力部“双达标”单位、原国家电力公司“双文明单位”、甘肃省“文明单位”等光荣称号。发电 30 多年来，一直受到党和国家领导人周恩来、邓小平、李富春、李鹏、朱镕基、胡耀邦、李瑞环、温家宝的悉心关怀和高度重视。其不仅是一座治理黄河的物质丰碑，也是一座展示中华儿女战天斗地精神壮举的文化丰碑，“刘家峡水电厂”几个大字已驰名中外，是不可多得的“品牌”坯子，在新形势下应该进行大力的挖掘、提升和塑造，以此为“品牌”，开展多元化发展，壮大品牌群。

应在打造“三能力”上下功夫

企业文化是企业在长期的经营管理实践中逐步形成的，并为经营管理者所倡导和全体员工所认同和恪守的共同价值观念和行为方式。随着知识经济的兴起和全球经济一体化的加快，经济与文化的融合已经成为世界性的潮流，企业文化创建作为一种新型的管理理论、管理思想与管理方法，越来越受到中外企业界的广泛重视，不断为企业的管理和经营注入新的生机和活力。尤其是随着经济体制改革向纵深发展，企业将逐步成为适应社会主义市场经济的独立法人实体和竞争主体，在未来激烈的市场竞争中，员工的整体素质、良好的企业形象和深厚的文化底蕴，将逐渐成为决定企业前途和命运的一个决定性因素。如何建设企业文化，笔者认为应该着重在增强企业的创新能力、竞争能力、抗风险能力等方面下功夫。

一是大大增强核心竞争能力和创新能力。加强企业文化建设是应对经济体制改革，提高创新能力和核心竞争力的迫切需要。当前，经济体制改革正在积极稳步推进中，市场内外各企业之间的竞争日趋激烈，突出表现在企业的核心竞争力和创新能力上。任何一个企业要想在竞争中保持强劲的实力，争得优先发言权，抢占市场“制高点”，实现可持续发展，就必须顺应形势发展要求，努力建设企业文化，通过多种途径和形式，提高人力资源的开发与管理水平，爱护人才，培养人才，充分调动人的积极性，以提升知识创新能力，增强企业的核心竞争力。

二是大大增强抗风险能力和市场开拓能力。当今社会，经济全球化快速推进、科学技术突飞猛进和知识经济日新月异，以知识创新、信息技术为代表的经济形态正以一种前所未有的速度和力量广泛而深刻地改变着整个社会生活，也决定着一个企业的前途和命运。我们只有树立崭新的文化理念，构筑终身学习体系，不断提升团队精神，大力增强企业的抗风险能力和市场开拓能力，才能抓住历史机遇，应对知识经济时代和信息化革命的严峻挑战，保持强劲发展势头，在竞争中立于不败之地。

三是大大增强综合经营能力和可持续发展能力。企业文化创建作为一种崭新的管理思想和管理方式，从一定意义而言，就是一种以人为中心，以文化引导为手段，以经营管理活动为载体，充分调动员工的积极性和创造性，增强企业的凝聚力、创造力和扩张力，提高经营效益和可持续发展能力的一种管理思想和文化现象。我们各个企业开展企业文化建设，一刻也离不开科技进步和经营管理活动，否则就不可能建立起真正的企业文化；同样开展科技进步和经营管理活动，也一刻离不开企业文化建设，否则就不可能有出色的经营效益和业绩，二者相互影响、相互渗透、相互促进，须臾不可分离。

（刊于人民网“强国论坛”精华区，2003 年 7 月 12 日）

抓关键带一般，有力促进国企走出困境

国有企业是我国国民经济的支柱，它的改革与发展与否将关系着整个国家经济的强大与否，为此党的十六大报告深刻指出：要深化国有企业改革，进一步探索公有制特别是国有制的多种有效实现形式，大力推进企业的体制、技术和管理创新。按照现代企业制度的要求，国有大中型企业继续实行规范的公司制改革，完善法人治理结构。推进垄断行业改革，积极引入竞争机制。通过市场和政策引导，发展具有国际竞争力的大公司大企业集团。深化集体企业改革，继续支持和帮助多种形式的集体经济的发展。报告为国有企业的改革发展指明了前进的方向。

虽然国有企业经过多年的改革取得了一定的成效，但仍然存在许多的不足：一是国有企业组织结构虽然发生了积极的变化，但目前仍不合理，企业大而全、小而全，没有形成专业化生产、社会化协作体系和规模经济，缺乏强劲的市场竞争能力，尤其是创新能力和抗风险能力。二是管理体制上政企不分，由于种种原因，政企不分还是普遍现象。一方面，逐步完善的市场经济体制需要建立具有自主权的现代企业制度；另一方面，在政企不分的情况下，企业仍然难以享受独立的生产权和经营权；再者，虽然国有资产监督管理委员会已经成立，但国有企业所有者依然缺位，国有企业成了要钱时“婆婆”多，而实际管理中成了“没妈的孩子”。三是法人治理结构依然虚构，成为“聋子的耳朵”。譬如国企领导的任免权在上级部门，而上级机关的考察和监管又常常不到位；股东大会名为公司最高权力机构，但公司法对其权力缺乏保障机制；监事会有其名而无其实，公司法缺乏对监事任职资格、履行条件和如何监事的规定。四是竞争机制尚不健全，市场秩序较为混乱，企业内部规章制度不完善。市场缺乏公平合理的竞争机制，企业追求利润的行为被寻租活动所代替，许多国企规章制度不完善，管理漏洞随处可见，管理水平相当落后。五是技术改造力度加大，但科技进步能力依然滞后。虽然有些国有企业进行了先进设备、技术、工艺、材料等的引进和运用，但由于自我消化吸收能力特差，依赖性较强，因此先进技术工艺的运用处理也十分有限。六是缺乏科学合理的选任人才的机制和良好制度。由于过分强调厂长经理在国企中独当一面的作用，一些厂长和经理搞“一言堂”和“家长作风”，置法律法规于不顾，我行我素。国有企业大量人才由于没有良好的选拔任用机制，体现自身价值的机会相当少，造成了大量人才的流失，国有企业成为外资和私营企业的“人才库”。七是企业文化严重缺位，党的建设名为加强实为弱化。由于社会环境和企业改革等情况的影响，国有企业行政职能强化，党建职能弱化已经成为公开的秘密。企业文化亦被当做树立形象、宣扬政绩的载体，而不是当做加强企业管理的理念和手段。八是社会包袱沉重，单位富余人员较多，但由于社会保障体系等措施的欠缺和不完善，下岗分流和再就业成为一个“沉甸甸”的话题，等等。由于这些深层次问题的大量存在，严重阻碍了国有企业的发展，国有企业改革发展仍然处于“小步走”或是“原地踏步”的初级阶段。

为此，我们就必须进行大胆探索，采取有力措施，努力走出一条比较科学简捷的改革发展之路。从当前国有企业改革发展的实际情况来看，应该按照抓住关键和带动一般的策略，促进国企改制的强势推进。

一是区别不同情况，继续对国有企业实施战略性改组。总体原则应该是：具有相当实力的积极支持，具有一定潜力的不断扶持，没有发展潜力也没发展前景更不适应社会发展需要的坚决淘汰。具体方法上，对于极少数必须由国家垄断经营的企业，在努力适应市场经济要求的同时，国家给予必要支持，使其更好地发挥应有的功能；竞争性领域中具有一定实力的企业，要吸引多方投资加快发展；对产品有市场但负担过重、经营困难的企业，通过兼并、联合等形式进行资产重组和结构调整，盘活存量资产；产品没有市场、长期亏损、扭亏无望和资源枯竭的企业，以及浪费资源、技术落后、质量低劣、污染严重的企业要大胆予以破产关闭。要坚持“抓大放小”方针，着力培育实力雄厚、竞争力强的大型企业和企业集团，有的可以成为跨地区、跨行业、跨所有制和跨国经营的大企业集团。要发挥这些企业在资本营运、技术创新、市场开拓等方面的优势，使之成为国民经济的支柱和参与国际竞争的主要力量。对于发展企业集团，要严格遵循客观经济规律，以企业为主体，以资本为纽带，通过市场来形成，不能靠行政手段勉强撮合，不能盲目求大求全。尤其是要在突出主业，增强竞争能力、创新能力和抗风险能力上狠下功夫。当然在国有企业战略性改组过程中，既要充分发挥市场机制作用，也要综合运用经济、法律和必要的行政手段，特别是在涉及产权变动的企业并购中要规范资产评估，防止国有资产流失。

二是积极开展企业文化建设，大力加强和改善企业管理。强化企业管理，提高科学管理水平，是建立现代企业制度的内在要求，也是国有企业扭亏增盈、提高竞争能力的重要途径。必须高度重视和切实加强企业管理工作，要积极开展企业文化建设，引进先进的管理理念、经营思路和管理风格，努力创建学习型企业，从严管理企业，实现管理创新，尽快改变当前相当一部分企业决策随意、制度不严、纪律松弛、管理水平低下的状况。要强化基础工作，彻底改变无章可循、有章不循、违章不究的现象；建立各级、各个环节的责任制度，加强考核和督促检查，确保各项工作有人负责；完善劳动合同制，推行职工全员竞争上岗，严格劳动纪律，严明奖惩，充分发挥职工的积极性和创造性；增强法制意识，依法经营管理，重点搞好成本管理、资金管理、质量管理，健全和完善转型期的各项规章制度，并确保彻底贯彻执行。尤其是企业要适应市场，制定和实施明确的发展战略、技术创新战略和市场营销战略，并根据市场变化适时调整。要广泛采用现代管理技术、方法和手段，加强现代信息技术的运用，建立灵敏、准确的信息系统，借鉴国外企业现代管理方法，不断推动管理的科学化、现代化、信息化和高效化，努力使国有企业管理走上一条规范管理的先进路子。

三是大胆引进先进技术、工艺和设备，不断加快国有企业技术进步步伐。要积极以市场为导向，引用先进技术改造传统产业，围绕增加品种、改进质量、提高效益和扩大出口，加强现有企业的技术改造，处理好提高质量和增加产量、发展技术密集型产业和劳动密集型产业、自主创新和引进技术、经济发展和环境保护的关系，更要注意引进技术与实际需要的关系。在加大技术改造力度的同时，企业务必要加强技术开发力量和加大资金投入，积极研究开发有自主知识产权的主导产品，增加技术储备。要出台吸引人才和调动科技人员积极性的激励机制，保护知识产权，搞好技术人才培训，提高技术人才的创新开发能力。现在诸多引进先进设备的企业存在一个先进技术与人才不适的矛盾，因此有必要推进产学研结合，鼓励科研机构和大专院校的科研力量进入企业和企业集团，强化应用技术的开发和推广，促进科技成果向现实生产力的转化。依靠科技进步，挖掘内部潜力，激发内在活力，这是不断提高企业竞争能力最为根本的途径。

四是以企业家精神建设为重点，着力建设高素质的经营管理者队伍，尤其是富有中国特色的企业家。现在我们国有企业的高层领导班子管理素养不高，国有企业要适应建立现代企业制度的要求，在激烈的市场竞争中求生存发展，就必须建设一支思想政治素质好，认真执行党和国家的方针政策与法律法规，具有强烈的事业心和责任感；经营管理能力强，熟悉本行业务，系统掌握现代管理知识，具有金融、科技和法律等方面基本知识，善于根据市场变化做出科学决策；遵纪守法，廉洁自律，求真务实，联系群众等高素质的经营管理者队伍，培育一批大胆求实、善于创新、敢于冒险、不怕艰难、责任心和使命感强烈的具有高度企业家精神的优秀企业家。为此要深化国有企业人事制度改革，要按照企业的特点建立对经营管理者培养、选拔、管理、考核、监督的办法，并逐步实现制度化、规范化；积极探索适应现代企业制度要求的选人用人新机制，把组织考核推荐和引入市场机制、公开向社会招聘结合起来，把党管干部原则和董事会依法选择经营管理者以及经营管理者依法行使用人权结合起来；进一步完善对国有企业领导人员管理的具体办法，避免一个班子多头管理；加快培育企业经营管理者人才市场，建立企业经营管理人才库，按照公开、平等、竞争、择优原则，优化人才资源配置；努力创造条件，营造经营管理者和企业家队伍健康成长的社会环境，尤其要建立和健全国有企业经营管理者的激励和约束机制，实行经营管理者收入与企业的经营业绩挂钩；建立企业经营业绩考核制度和决策失误追究制度，实行企业领导人员任期经济责任审计，凡是由于违法违规等人为因素给企业造成重大损失的，要依法追究其责任，并不得继续担任或易地担任领导职务。这样，既符合经济规律和人才使用规律，也将赢得民心。

五是按照安置型和效益型相结合的原则，努力做好减员增效和再就业工作。下岗分流、减员增效和再就业是国有企业改革的重要内容。总体思路是把减员与增效有机结合起来，达到降低企业成本、提高效率和效益的目的。鼓励有条件的国有企业实行主辅分离、转岗分流，创办独立核算、自负盈亏的经济实体，安置企业富余人员，减轻社会就业压力。要规范职工下岗程序，认真办好企业再就业服务中心，切实做好下岗职工基本生活保障工作，维护社会稳定。大力做好再就业工作，采取有效的政策措施，广开就业门路增加就业岗位。积极发展第三产业，吸纳更多的下岗职工。引导职工转变择业观念，下大力气搞好下岗职工培训，提高他们的再就业能力。但是在具体操作上，应该按照国有企业现有的实际情况，把安置型和效益型结合起来开展工作，即通过竞争等手段，让有能力的职工继续留在岗位上施展才华，并适当提高其待遇；让知识落后、技术能力较差者从原来的岗位上下来且不要迅速推向社会；按照一定的标准发放生活保障费用，在企业里一边培训提高水平一边干临时工作，这样既可以减轻社会压力，也可以激活企业活力，更为重要的一点是防止操作不当造成人才流失。与此同时，社会也要进一步完善促进下岗职工再就业的优惠政策和社会保障体系，鼓励下岗职工到非公有制经济单位就业、自己组织起来就业或从事个体经营，使需要再就业的下岗职工尽快走上新的岗位。对自谋职业的，要在工商登记、场地安排、税费减免、资金信贷等方面，给予更多的扶持。要积极发展和规范劳动力市场，形成市场导向的就业机制。

与此同时，我们必须加强国有企业党的建设、思想政治工作和精神文明建设，改善国有企业资产负债结构，创造良好的改革发展外部环境等。总之，要积极通过抓关键和带动一般的策略，有力推动国有企业的稳步改革与健康发展。

（刊于人民网“强国论坛”精华区，2003 年 8 月 15 日）

对甘肃电力科技园的几点想法

一

随着科学技术的突飞猛进，知识经济的初见端倪，经济发展的全球化，一个企业面临的生存和发展的环境越来越险恶，竞争越来越激烈，要想占有市场，并永远立于不败之地，就必须依靠科技进步和创新。甘肃电力科技园正是适应时势的需要而产生的，为甘肃电力的可持续发展和跨越式发展，创造了一个崭新的经济增长点。

1. 甘肃电力科技园的产生，是适应当代科学技术迅猛发展要求的必然产物。当今时代，以信息技术为主要标志的科技进步突飞猛进，高科技成果向现实生产力的转化速度日益加快，知识经济初见端倪，经济发展全球化，人们正经历一场前所未有的科学技术革命。科学技术已经成为推动现代生产力迅猛发展的最活跃的因素，成为企业发展的主要动力和产业升级及结构调整的不竭源泉。一个企业要跻身于国内外先进企业之林，在激烈的市场竞争中立于不败之地，首要的是在科学技术发展中拥有优势，不断地把现代科技转化为现实的生产力。我们必须站在时代的高度，充分认识科技进步与创新对电力工业发展的重要性和迫切性。我国已经初步建立了社会主义市场经济体制，企业面临国内外市场的激烈竞争，成为市场竞争的主体。不断加快甘肃电力科技园建设，努力实现甘肃电力工业的快速、健康、协调发展，既是时代对甘肃电力工业发展的客观要求，也是甘肃电力企业适应市场，在国内外市场的竞争中提高竞争力、发展力和创新力的必然选择。

2. 甘肃电力科技园的产生，是适应西部大开发战略抓住历史机遇的客观要求。西部大开发战略给甘肃电力的发展带来了重大历史机遇，构成科技产业发展的强大市场依托。西电东送西部大通道建设工程首批落点在甘肃省，这是当前我国最高电压等级的第一条线路及相关变电设备；西气东输主干线穿越甘肃，甘肃电力及省内化工业将是主要用户；南水北调的西部通道将跨越甘肃南部；开工建设的青藏铁路，兰州又是内地通往西藏的铁路必经之地和重要铁路交通枢纽，欧亚大陆桥西部铁路干线电气化改造，提速复线建设工程穿越甘肃，配套输变电工程浩大。由此可见，涉及甘肃省及兰州市的“四大工程”(西气东输、西电东送、南水北调、青藏铁路)为甘肃电力大发展提供了巨大的商机，将不同程度地推进甘肃电力的大发展，使甘肃电力科技园的发展有了强大的市场需求。

3. 甘肃电力科技园的产生，是实现甘肃电力多元化经营和跨越式发展的重要决策。“十五”甘肃电力大发展已成定局。预计“十五”电源建设开工投资约为200亿元，电网建设投资近80亿元，尤其是甘肃电力将以每年6%～7%的上涨幅度发展。甘肃省电力公司将遵循“发展是主题，发展是硬道理”的战略思想，为实现甘肃电力多元化经营跨越式发展，将尽快完成产业结构调整，走“科技兴电”“发展高科技实现产业化”之路。组建甘肃电力科技园是实现这一目标的重大决策。甘肃电力科技园将发挥甘肃电力产业综合优势，实施“引进来”“走出去”的战略，强强联合，优势互补，外引内联，实现“双赢”目标，使甘肃电力步入一个崭新的发展阶段。正如甘肃省电力公司总经理刘肇绍所说的，甘肃电力科技园是一个专业性科技园，目的是重组优化甘肃电力科技资源，以“电力”为核心，发展高科技，实现新产品、新工艺、新材料、新技术的产业化和实用化，增强甘肃电力的科技实力和综合实力；将通过多元化的公司制运作，充分发挥科技园的政策、资金、技术、人才等优势要素，把科技成果突出体现在电力电子自动化、数字化、节能、环保、电网技术等方面的研发和应用上，同时也为甘肃电力多种产业的结构调整开辟新的途径，创造新的经济增长点。

二

一个事物得以产生和发展，不仅取决于外因，更重要的是取决于内因，即事物自身的内涵和特质。甘肃电力科技园的产生和发展，不仅拥有良好的外部环境和气候，而且自身具有潜在的资质和广阔的发展前景。

1. 甘肃电力科技园具有深厚的发展潜力和广阔的发展前景。甘肃电力科技园是一个投资主体多元化并具有投融资功能的由控股型核心企业、参股型紧密层企业和松散联合型企业以及共同研发型项目群体组成的集产学研相结合、科技贸于一体的集团化高科技产业实体，项目开发方向十分明确，产业领域较为广阔，涉及信息技术与软件、电力电子自动化、洁净燃烧技术、高效节能设备和环保技术、光机电一体化以及工业过程控制技术及关键组件、现代生物技术、精细化工等，包括多个具有超前性的重大项目，并将随着科技的发展和时代的进步，不断调整科研项目内容和产业结构，为企业及技术专家提供更好的具有发展潜力的项目及产业领域。

2. 甘肃电力科技园位于具有强劲的综合科技实力的兰州市，科技文化氛围十分浓厚。兰州市有以中国科学院兰州分院为主体的各类科研和开发机构650家，科研人员10万余人，人才密集度名列中国大中城市第4位，综合科技实力在中国60多个城市中名列第9位；有国家劳动人事部批准设立的中国高级工程人才交流市场；有一大批在国内乃至国际上具有一流水平的科研机构，现有中国著名的综合性重点大学兰州大学、国内较有名气的西北师范大学等高等院校14所，教育事业基础雄厚；有集科工贸于一体，具有产、学、研功能的“兰州高新技术产业开发区”“兰州经济技术开发区”以及“兰州西固星火技术密集区”等高新技术产业基地，其中兰州高新技术产业开发区是被国务院批准的全国首批27家国家级高新技术产业开发区之一。基于以上优势，甘肃电力科技园具有强大的发展潜力。

3. 甘肃电力科技园的投资环境十分优良。甘肃电力科技园将正确贯彻执行国家的有关政策规定，采取各种办法，通过各种渠道，为入驻科技园企业提供十分优惠的政策。比如属于职务发明的高新技术成果作价入股项目，从项目实施起，成果完成人可享有不高于50%的该成果股权收益；成果转让时，成果完成人可享有不低于20%的转让收益。再比如市外投资者在园区内投资新办生产性内联项目，减半征收基础设施配套费；对产品出口、高新技术成果转让的内联项目，免征城市基础设施配套费，尤其是外商投资项目负责人取得的股息、利息、红利收入，可免征个人所得税；在辖区内注册的外商投资企业，按24%征收企业所得税；对被确认为高新技术企业的按15%征收企业所得税等。

4. 甘肃电力科技园以具有雄厚实力的甘肃电力为依托，具有其他在兰单位所不具备的优势和孵化功能。甘肃省电力公司现拥有167亿资产，年销售额达57亿元，具有较强的投资能力。有一支万余名在生产建设技术攻关实践中造就的科技人员队伍，其中博士、硕士研究生近200人，有多名“国家有突出贡献的中青年专家”“享受政府津贴技术专家”“西北电力系统首席技术专家和技术专家”。甘肃电力近十几年与美国、德国、法国、加拿大、俄罗斯等国以及国内的有关企业、科研单位、高校通过科技项目合作、联合培养研究生、联合进行工业性试验、在发达地区建立特色专业研发中心等方式，在一些“高、精、尖”专业上已初步形成了骨干研发网络。甘肃电力科技园是有识之士梦寐以求的理想地方，是大展宏图、实现人生价值的“七色创业板”。

三

实践充分证明，任何事物的发展，只有求同才能存异，只有求异才能创新，只有求新才能发展，只有发展才能立于不败之地。甘肃电力科技园的每一步发展和每一个进步，均取决于各专业领域持续的研发能力，真正实现应用一批、储备一批、研发一批的良性循环，走出了一条独特的发展之路。

其一，要始终按照“三个代表”重要思想的要求和甘肃省电力公司党组“实现科技创新、推进成果转化、发展高科技产业”的工作思路，牢牢把握“科学技术是第一生产力”科学论断的深刻内涵，立足于甘肃电力实际，着眼于国内外市场，以超前的思维和前瞻的眼光，积极制定科技研发战略，努力走出一条具有光明前景的内涵式与外延式有机结合的发展道路。

其二，要尽快确定几个已经具备商业化发展前景的高科技项目组建成控股型核心成员企业，选好项目，培育品牌，提供市场机会，大力发展，为科技园整体上市积极创造条件。要及早选择一批短期(1~2 年)内还不具备商业化前景，但成熟后具有广阔市场前景的高科技项目组建成参股型紧密层企业，重点扶持，积极培育，优先提供工业性试验场地，加速产业化开发。

其三，要超前吸引一批技术原理独创、原始创新程度高、预期应用前景好的高科技项目组成共同研发型项目群体，适度进行风险投资，加速技术成熟度，使其通过后续的产业化或成果转让，最大限度地提升和实现技术创新的价值。积极联合一批管理先进，制造技术精良，且能为科技园入驻企业和项目提供相关支持的单位形成松散联合型企业，优势互补，共同发展。

其四，要充分利用甘肃电力现有的资金密集、技术密集和市场密集的优势，积极引导系统内外的市场需求，最大限度地为入驻科技园的企业和项目提供研发的物力、财力保证，协调、创造商机。要大力捕捉市场信息，适时引进孵化一大批适销对路、科技含量高的产品，以信誉和质量占领省内省外甚至国际市场，以品牌和效益开拓市场，不断提升产品的市场竞争力。

其五，要立足创新，发挥有效的市场机制。以开阔的思维，创新的精神，在用人机制、约束机制、激励机制、分配机制等方面大胆突破，把科技园打造成为一个国内一流的科技园区，一个甘肃电力的“硅谷”，成为甘肃电力走向市场的一个响亮品牌，成功带动一些新兴产业实现大发展，为甘肃电力发展创出新途径，积累新经验，成为推动甘肃电力长足进步的一流园区。

（此文为本人在甘肃省电力公司总经理部借用期间所作）

值得警惕的“文化缺位”现象

——国企改革的一个严重缺憾

国有企业是我国国民经济的支柱，发展社会主义社会生产力，实现国家的工业化和现代化，始终要依靠和发挥国有企业的重要作用。在经济全球化和科技进步不断加快的形势下，国有企业面临着日趋激烈的市场竞争。发展是硬道理，必须敏锐地把握国内外经济发展趋势，切实转变经济增长方式，拓展发展空间，尽快形成国有企业的新优势。

国有企业改革是一场广泛而深刻的变革。当前，国有企业的体制转换和结构调整进入攻坚阶段，一些深层次矛盾和问题集中暴露出来。由于受传统体制的长期影响、历史形成的诸多问题、多年以来的重复建设以及市场环境的急剧变化影响，相当一部分国有企业还不能适应市场经济要求，经营机制不活，技术创新能力不强，债务和社会负担沉重，富余人员过多，生产经营艰难，经济效益下降，一些职工生活困难，必须采取切实有效的措施解决这些问题。这不仅关系国有企业改革的成败，也关系整个经济体制改革的成败。虽然经过多年的改革，国有企业取得了一些成绩，但是仍然存在诸多不足，比如没有充分认识到国有企业的特点，企业所有者与管理者错位；现代企业制度尚不完备，“产权清晰、权责明确、政企分开、管理科学”还有待进一步落实，现代企业制度在一些企业尚未真正建立，一些企业经管范围失控；选人、用人机制落后，仍然沿用的是伯乐相马的机制，难以造就优秀的人才：激励机制不到位，不利于调动企业员工的积极性、主动性和创造性，难以产生世界一流的企业家；约束监督机制不力，没有建立起一套有效的约束和监督机制，没有从机制上有效防止国企领导者以权谋私行为等。

为此，中央领导及相关部门在借鉴多年国有企业改革经验的基础上，对国有企业改革提出了一些新的思路和举措，主要观点是：深化国有企业改革，抓紧组建省市国资监管机构，按照建立现代企业制度的方向，积极推进国有大中型企业公司制改革，大力推行股份制，完善公司法人治理结构。进一步深化企业劳动、人事和分配制度改革，加快企业经营机制转换。保持政策的连续性和稳定性，切实做好急需退出市场的困难企业的关闭破产工作。通过各方努力，进一步减轻企业社会包袱和历史负担。加强和改善企业管理，加快企业技术进步，努力振兴老工业基地。培育和发展大公司大企业集团，开放搞活国有中小企业等，这无疑为我们深化国有企业改革提供了宝贵的思路。

但是，不论从国有企业已有的改革举措和经验成就，还是从现有的实际情况来看，我国国有企业改革仅仅注重于企业产权、经营机制、管理体制、技术进步等“硬件”建设，而基本上忽视了精神文明和党的建设特别是企业文化等“软件”建设，这值得我们警惕。追究国有企业倒闭破产和难以为继的根源，其中极其重要的原因就是我们的国有企业缺乏适应时代发展变化的灵活机制和崭新的文化理念，拥有的是僵化呆板的管理思想，优秀崭新的文化管理理念严重缺位。如果把市场作为战场，那么国有企业无疑是一支军队，企业在复杂多变和激烈的市场竞争中想有所作为，就必须拥有强有力的正确的战略思想，否则，将注定惨遭失败。企业文化作为企业在长期的经营管理实践中逐步形成的并为经营管理者所倡导和全体员工所认同和恪守的共同价值观念和行为方式，是企业的灵魂和战略思想，是企业兴衰成败的决定因素。随着知识经济的兴起和全球经济一体化的加快，经济与文化的融合已经成为世界性的潮流，企业文化作为一种新型的管理理论、管理思想与管理方法，越来越受到中外企业界的广泛重视，不断为企业的管理和经营注入了新的生机和活力。随着国有企业改革向纵深推进，在未来激烈的市场竞争中，员工的整体素质、良好的企业形象和深厚的文化底蕴，将逐渐成为决定企业前途和命运的一个关键因素。为此作为决定国家经济命脉的国有企业，要始终保持健康、持续和快速的发展，就必须注重企业文化，用崭新的文化理念为指导，建立适合实际情况和灵活机动的管理体制和机制，不断提高国有企业的自立自强能力、创新能力和抵抗风险的能力。海尔集团能够用崭新的文化理念激活“休克鱼”，相信其他国有企业也一定能够做到。因此，我们在加强国有企业改革发展的过程中，务必注重更为先进的文化理念，否则，即使有再先进的机制和体制，有再优秀的人才，有再先进的技术，但由于没有先进的理念作为指导，国有企业终究仍然会步入落后甚至死途。

（刊于人民网首页，2003年8月12日）

抓好干部队伍建设是企业发展的关键

企业领导干部素质的高低，关系企业的兴衰成败。面对全球金融危机的肆虐冲击，电力企业要推动企业持续稳健发展，就要充分挖掘企业的第一资源，坚持以人为本，采取切实可行的措施，把企业干部队伍锻造成能够经风浪、掌大舵，引领企业稳健发展的卓越团队。

一、提高四种素养

1. 不断提高思想素养。结合现代企业所面临的复杂形势和艰巨任务，企业领导干部应自觉改造主观世界，提高精神境界，把全部心血倾注到企业，为企业的命运及前途负责；使仁德与求利、礼让与竞争、大方与俭朴成为考验和衡量领导干部的道德标尺；积极建设以人为本、忠诚企业、奉献社会的企业文化，大力弘扬努力超越、追求卓越的企业精神，自觉形成推进企业发展的精神动力。

2. 不断提高知识素养。领导干部需要带头学习，结合自身的知识结构和工作实际，制订学习计划，养成学习习惯。针对工作中存在的问题，深入思考分析，加强调查研究，向实践学习，向职工群众学习，力求成为所在领域的行家里手。不仅要全面、系统地掌握和运用科学发展的理论知识，培养开阔而前瞻的思维方式，而且要学习科技、法律、管理、政策、文化等方面的知识，积极储备处理复杂矛盾和问题的能量，努力形成“T型”知识结构，做到学以立德、学以增智、学以致用、学用相长。

3. 不断提高能力素养。培养战略思维能力。要善于把握事物的内在联系，用前瞻性眼光看待事物的发展方向和趋势；善于打破原有思维定势，与时俱进地推进工作的开展；善于协调各方面关系，整合各方面力量的系统思维、动态思维、创新思维，提高预测控制能力。提高科学决策能力。领导干部要有宽广胸怀，广纳群言，充分发挥集体智慧和力量；贯彻依法治企方略，深入基层，掌握情况，为正确决策提供科学依据，善于把决策过程纳入法制化轨道；面对复杂的局面，善于透过表象看本质，从纷繁的头绪中抓住主要矛盾和矛盾的主要方面，保证工作任务的顺利完成。提高运用政策能力。各级领导干部要弄清制定政策的依据，从思想基础和客观实际两个方面理解制定政策的目的、适用范围，联系企业实际，创造性地执行政策，充分发挥政策效益。

4. 不断提高心理素养。领导干部心理健康是正确履行职责，取得工作成效的内在品质要求。当前，企业的领导干部需要培养一种强烈的市场竞争意识，在掌握、筛选、分析信息的前提下，有积极思考和冷静判断的良好心理状态、坚韧不拔的意志和毅力，形成良好的行为方式和个性倾向，注重非权力因素在领导行为中的作用。

二、健全四种机制

现代人事管理的价值理念、结构体系、适用对象、方式方法都与传统的管理模式发生了根本变化。企业干部人事在管理理念、管理方法、管理机制上都需改革创新，才能锻造出一支卓越的干部队伍。

1. 建立健全选拔任用机制。是否科学公正地选人用人，直接关系干部队伍的风气，关系事业的兴衰成败。用科学的制度、民主的方法、严密的程序、严格的纪律选人，才能选准人，用好人。

注重干部任用导向。选拔干部的标准是德才兼备，就是要忠诚企业、能干事业。忠诚企业就是具有良好的思想素质，有强烈的事业心和责任感，忠诚于公司发展，自觉维护公司利益，一心扑在工作上，勇挑重担，甘于奉献。能干事业就是具有完成任务的专业知识和业务本领，讲究策略和方法，有业绩，有作为。

注重干部工作实绩。干部的实绩是干部德才素质的集中表现和综合反映，是使用干部的基本依据。既要看当前的工作成绩，又要看在基础性、长效性工作中的成果；既要看工作成绩的大小，又要看取得这些成绩的工作环境和条件；既要看日常工作的成效，又要看在重要时期、重要工作、重大事件中的决策能力和工作成效；既要看安全生产、经营管理的成效，又要看精神文明的成果。这样才能全面、准确地识别和评价干部，公正、公道地对待干部，不让那些勤勤恳恳、踏实工作、不事张扬的人吃亏，也不让那些投机取巧、哗众取宠、惯于做表面文章的人捞到好处。

注重干部合理流动。既要保持干部队伍的相对稳定，也要适度进行合理流动，加大干部交流力度，逐步形成上下、纵横、内外相结合的立体交流态势，以利于领导班子保持活力和领导干部健康成长。同时注意把干部交流同公开选拔、竞争上岗、试用期等制度紧密结合，配套实施，使其相互促进，协调发展，强化干部交流的综合效应。以培养复合型干部为目标，有意识、有计划地安排年轻干部进行轮岗锻炼，经过不同性质、特点的角色转换，增强适应能力，激活创新思维，丰富阅历，增长才干；以优秀领导干部交流为重点，力求交流一人激活一片，形成积极向上的干部交流导向；加强重点、热点部门的干部交流，为干部放手工作创造有利条件。

2. 建立健全教育培养机制。干部能否健康成长，提高自身素质是基础，离不开各种教育培训。

健全教育培养体系。应加强对干部管理培训工作的宏观指导，制定培训规划，抓好组织落实。在充分利用传统培训渠道的同时，依托知名高等院校建立干部队伍培训基地。依据市场竞争和未来发展要求，编制本企业的干部培养计划，从提升竞争力的战略高度重视干部队伍的培养工作，舍得投入，舍得派骨干人员参加进修学习。积极探索建立干部教育培训工作需求调研和质量评估制度，把管理创新、工作业绩作为考核学习能力的重要标准，建立培训、考核、使用、奖惩一体化的工作机制，营造学习的压力和动力。

优化教育培养内容。按照社会经济发展和产业结构调整升级的整体要求，以培养领导干部的前瞻意识、战略思维、创新能力和执行能力为重点，与时俱进，调整优化内容，强化市场经济理论学习，强化现代科技知识和先进管理理论学习，强化现代企业商业理论、人力资本和市场营销等工商管理知识学习，强化法规政策学习。

改进教育培养方式。按照干部成长规律，有计划地组织干部到先进企业或知名企业挂职锻炼，使之感受先进经营管理理念和经营管理方式，丰富实践经验；组织干部到先进发达地区观摩和学习，更新观念，拓宽视野。经常举办相关的知识讲座，帮助干部特别是基层干部提高驾驭市场经济的本领，提高政策水平，增强法制观念。大力推行网络远程教育和典型案例教育，提高培训教育的灵活性、针对性和有效性。强化实践锻炼，引导干部立足实际，创造性地开展工作，在丰富生动的实践活动中，提高素质，锤炼品质，增强本领。

建立健全监督激励机制。以建立健全议事、决策的规则和程序为重点，督促各级领导班子坚持民主集中制，抓好对领导干部行使权力的监督，切实做到权力运行到哪里，监督就延伸到哪里。突出抓好对领导班子主要负责人的监督，干部管理部门要加强与纪检监察和信访部门的联系、沟通和协作，定期对领导干部队伍思想作风状况进行了解和分析，提出解决问题的意见和措施。强化对人、财、物等重要部门和重要岗位的监督，将组织监督和民主监督相结合，构成一个全方位、多角度的监督管理网络，从源头上防治腐败。

3. 建立健全考核考评机制。对干部严格考核，就是要建立和完善实事求是，公平、公正、公开的干部考核机制和评价体系。考核干部要本着对组织负责、对事业负责和对群众负责的主旨，避免“一俊遮百丑、一人包众绩、一绩管终身”的问题，真正体现劳有所得、功有所奖、劣有所罚。

建立健全奖励惩处机制。加大绩效考核力度，完善工作考核评价体系和奖惩机制，对干事创业、实绩突出的干部，实行评先树优、提拔重用、物质奖励“三个优先”。保护创新者，鞭策落后者，追究诬陷者，营造风正气顺心齐的良好氛围。惩治腐败者，着力培育廉洁文化，积极营造“干净干事”的氛围。

4. 建立健全管理常态机制。从建立完善企业干部人事管理科学机制入手，按照“坚持有效的、完善不足的、补充急需的”原则，进一步建立健全适合企业实际和特点的领导干部管理制度体系，与已有的规章制度一起构成较为完备的干部管理制度体系，为企业从根本上加强领导班子和领导干部队伍建设提供制度保证。尤其要切实把各项要求体现到实际工作中去，真正做到坚持原则不动摇，执行政策不走样，履行程序不变通，提高干部管理工作水平，逐步形成靠制度管人、按制度办事的良好氛围。及时、果断调整不胜任现职的干部，坚决免去不称职的干部，真正形成干部能上能下的管理机制。

（刊于《中国电业》2009 年）

以厂务公开为抓手推动企业凝心聚力

——兼议电力企业厂务公开存在的不足与对策

实行厂务公开是全心全意依靠职工办企业的基本形式，是落实党中央加强国有企业党建工作，坚持党对国有企业领导的重要内容，是加强企业民主管理和民主监督的有效途径。近年来中华全国总工会制定下发了《2019—2023年全国企业民主管理工作五年规划》《2019—2023年职工代表培训规划》等文件，为企业探索新时期如何维护职工切身权益，调动其积极性、主动性、创造性，有力地促进自身稳健发展与和谐进步提供了一条十分重要的举措。不折不扣地落实文件精神，企业才能真正凝群心聚众力，改革发展才具有坚实的群众基础及动力源泉。

一、企业厂务公开中存在的不足

虽然各企业特别是电力企业厂务公开已经推行了一段时间，也取得了很大的成绩，但是仍然存在一些问题和不足，离广大职工群众的愿望要求还有不小的差距。

一是认识模糊，尤其是领导(管理)人员的认识模糊，这种状况既不适应厂务公开的形势需要，也不适应企业和谐发展的需要。目前，整个电力企业对厂务公开的认识还不是很深刻，尤其是一些领导(管理者)的认识很不到位，仅仅停留在口号上、文件上、大会上，实际工作中以商业秘密、工作秘密为由头，处处设置卡口，“要让职工理解，却不让职工知情”，“说起来重要，干起来次要，忙起来不要”，“日常有口号，检查有材料，交流有经验”，“上面热热闹闹，下面冷冷清清”，形式主义严重。厂务公开能不能切实落地，深入下去，拓展开来，关键在于企业领导(管理者)，如果连领导(管理者)都认识不到厂务公开的重要性、必要性，得不到领导(管理者)的积极响应、大力倡导和有力支持，那么厂务公开就只能是空中楼阁、海市蜃楼。因此有必要打通企业领导(管理者)厂务公开的“思想筋脉”，不断增强其厂务公开的主动性和自觉性，只有解决了“关键少数”的思想问题，厂务公开才能得到切实落地。

二是流于形式，摆花架子、做表面文章的多，实实在在落地生根、讲求实效的少，与职工群众的意愿和要求相差较远。实行厂务公开，归根到底是为了更好地推动关系企业职工群众切身利益，关系企业党风廉政建设，关系企业经营管理与改革、发展和稳定等问题的有效解决。厂务公开要想取得实实在在的效果，前提是要让职工知情。但现在在一些单位和部门，仅仅公开一些表面性的浅层次的东西，公开一些不关职工痛痒的事情，职工真正想了解想知道的东西却不公开，如果遇到职工过问(比如劳动合同、奖金分配、工资条等)，也是遮遮掩掩，马马虎虎，想尽一切办法搪塞之；一些推进改革、加强管理的措施，道不清、讲不明，即便职工有意见也是充耳不闻、置之不理，你说你的，我弄我的等，总之是厂务公开深入性少、连续性差、持久性弱。

三是缺乏监督，尤其是监察机制不健全，厂务公开的一些权限得不到彻底有效的落地。厂务公开的实质是加强职工群众的民主监督，但实际上职工群众难以落实民主监督。目前，在一些企业都成立了厂务公开领导小组和监督机构，以保证该项工作切实落实，但在实际操作中，该监督机构并没有发挥应有的作用，如同“聋子的耳朵——摆设”，起不到“为民做主”的作用，因而很有必要强化对此项工作的监督。

二、加强企业厂务公开的积极对策

要切实解决厂务公开中存在的问题和不足，就必须积极完善细化措施，强化企业民主意识，拓宽民主渠道，健全监督机制，做到真实可靠。

一是企业党委需端正认识明确职责。要深刻认识到厂务公开是贯彻执行习近平新时代中国特色社会主义思想的具体体现，是贯彻全心全意依靠工人阶级办好企业的重要举措，是在新形势下拓宽企业民主管理工作的新形式，是国有企业加强党的领导的重要保证，面对这种新定位新论断，企业党委要高度重视厂务公开制度的健全和推行，切实把厂务公开列入重要议事日程，企业各职能部门要充分认识到自己是厂务公开的责任主体，纪检监察部门主动履行厂务公开监督职责，工会根据厂党委和上级部门要求认真做好厂务公开日常管理工作。

二是企业要健全规章制度狠抓执行。厂务公开、民主管理是一项复杂的系统工程，必须建立一套科学严谨的组织制度来予以保证。其一是建立党委统一领导、党委书记负总责、党政工一把手一起抓的领导机制。成立党委书记为主任，经理、工会主席为副主任，其余领导和有关部门负责人为成员的厂务公开领导机构，负责对厂务公开的组织领导和工作推动。其二是建立由纪委、工会、审计、监察和部分职工代表参加的厂务公开监督小组，形成有效的监督制度。其三是制定厂务公开实施细则，明确公开的内容，确立公开的形式，以及厂务公开的监督、检查与考核，规范企业厂务公开行为。其四是工会根据企业班组、民主管理方面存在的薄弱环节，制定《企业“厂务公开”主要内容与公开形式》等具体办法和规定，夯实基层二级、三级民主管理。如此才能保证厂务公开工作的真正落地。

三是企业须突出公开重点、焦点和热点问题。其一要规范公开的内容和形式。在推行厂务公开制度过程中，要根据企业实际制定厂务公开的主要内容与公开形式，主要内容包括关系企业生产、经营、管理和改革发展方面的重大问题和执行情况；涉及职工切身利益事项和职工群众关注的焦点问题；企业内部党风政风建设和领导(管理者)廉洁自律的有关问题；部室、班组公开的主要内容等，涵盖企业生产、经营、改革重大举措，职工生活、领导干部廉政以及群众最为关注的热点问题。在工作实践中，按照“公开—决策—执行—再公开”的良性循环系统，通过不断总结、不断提高，在企业形成一个使企业决策更加民主化、科学化的良好环境。其二要突出公开的重点、焦点、热点问题。强化职工群众民主参与、决策和民主监督的意识，不断增强企业发展和职工队伍的凝聚力、向心力。首先是重大决策的公开，保证决策的民主化、科学化，特别是对深化企业改革方案、发展规划，实施的干部能上能下、职工能进能出、薪酬能增能减，职工劳动合同内容设定、职工薪酬分配等这些发展重点、改革方案和政策办法的出台，应广泛听取职工意见，以职工满意不满意、同意不同意为标准，凡是职工不满意不同意的坚决不出台。其次是容易发生贪腐问题的应公开，如大宗物资采购、设备处理、基建项目承包、干部考核、民主评议、离任审计等，应定期向职代会、联席会报告或采用其他方式公开，接受群众监督。最后是关系职工群众切身利益的问题的公开，增加透明度，切实保障职工合法权益。企业效益、集体合同、下岗分流、生活福利、养老保险等问题是职工关注的热点焦点问题，不仅涉及职工的切身利益和队伍稳定，而且该问题带有很强的政策性，如果处理不好就会挫伤职工的积极性主动性。因此要采取不同方式予以公开，动员职工主动参与决策和监督，维护职工切身利益。

随着厂务公开的深入开展，涉及公开的内容也在不断增加，为此企业有必要不断研究和探索厂务公开新的民主实现形式，大力推动民主管理工作的不断深化，在加强党的领导方面发挥积极作用，促进企业稳健和谐发展。

（刊于《发展》2021 年第 1 期）

企业思想政治工作与精神文明建设

如何做好运行员工的思想政治工作

运行是一个电厂的心脏部位，运行员工的素质、思想、观念和精神状态等对搞好生产、提高经济效益和社会效益起着举足轻重的作用。尤其是在全国电力部门实行减人增效、下岗分流的形势下，如何做好运行员工的思想政治工作，稳定一线职工，促进改革显得更加重要。笔者根据多年运行工作的实践经验认为：

第一，思想政治工作者特别是各级领导干部要在运行员工心中塑造好自己的形象。要情操高尚，廉洁奉公，处事公道，胸怀坦荡，甘于吃苦，乐于奉献，视野开阔，知识全面，技术娴熟，业务精通。说实话，讲实效，鼓实劲，力戒假、大、空。时刻注意说话办事的原则、分寸和影响，要言行一致，言必行，行必果。要求别人思想进步自己先要思想进步，要求别人做到的自己先做到，要求别人不为的自己先莫为。能坚决抵制和打击不良风气，支持正义和公道，扶正压邪，决不当和事老，更不同流合污。严于律己，特别是对自己的亲属和下属违法违纪之举，决不能充耳不闻，熟视无睹，甚至包庇纵容，如此，才能使人口服心服，起到“不令而行”的积极效果。这不但是做好运行员工的思想政治工作，也是做好其他职工思想政治工作必备的素质和前提。

第二，要一把钥匙开一把锁，坚决杜绝“一刀切”。运行员工情况比较复杂，就年龄来说有老中青之分；就性别来说，有男女之别；以文化层次而言，有大中专生及技校生；以岗位而言，有班值长、主值、值班员、副值班员及见习副值班员，也有党团员及一般群众等，由于运行员工来自四面八方，文化背景、性格特点等均有所不同，因而其行为也不尽相同。做好他们的思想政治工作，也就不能模式化，要针对不同人的不同情况，分别采取不同的方法。

第三，要做到寓理于情，以情感人，以理化人。由于运行员工从事的工作繁重，任务艰巨，责任重大，不论哪个厂子或单位，都对其在晋升、奖金、福利等待遇上特别关照，一律倾斜，也由于他们所从事工作的性质，决定了他们经常生活于“两点一线”“黑白不分”“高度紧张”的状态中，加上其他种种因素影响，难免会出现这样那样的问题，产生思想波动，情绪不稳，甚至抱怨仇视。对此，思想政治工作者特别是领导干部，绝不能以“平时对你不满”而拉长脸，板起面孔，出言不逊，动辄伤人，而应从其个性出发，了解处境，掌握情况，体察思想动向，洞察内心世界，以诚恳热情友好的态度给以尊重、理解，使其感到思想政治工作者特别是领导干部通人心、近人情，从而达到心灵相通、思想共鸣之效。

第四，善于尊重人、理解人、关心人。尊重人，不但要尊重运行员工的人格、尊严，尊重其劳动及应得的经济利益，更重要的是不可忽视其参与企事业管理的民主政治权利。不要认为对运行员工只要搞好生产、高薪优待可矣，而民主政治权利则可有可无，长此以往，势必会挫伤他们的积极性，伤害他们的自尊心，以致对民主政治权利冷漠，给思想政治工作带来困难。

“理解是沟通的桥梁”，只有加强对运行员工的理解，沟通情感，才能团结他们，鼓舞他们，激励他们，帮助他们，使他们产生自信力、奋发力、向上力，自觉增强凝聚力、向心力，任劳任怨，尽心尽责搞好生产。

在关心人上，运行员工的物质生活和精神生活一定要关心，但是更要关心他们的全面进步、长足发展。由于时代进步，科技发展，新产品、新工艺逐渐被广泛应用于运行领域，以及“机电合一”的必然要求，使得运行员工不但要向深度发展，还要向广度发展，掌握全面的运行知识、技术，提高业务水平。因此，厂领导应关心其业务能力的提高、文化知识的更新、思想道德的成熟、良好品行作风的养成，该传经的传经，该培养的培养，该表扬的表扬，该批评的批评，将关心工作真正落到实处。

尊重是理解的先导和前提，关心是理解的升华和体现，三者之间是辩证的统一。

第五，积极开展各种活动，寓教于乐。运行员工特别是已婚员工，由于工作和家庭之间的矛盾关系，很少有时间、精力和机会参加各种各样的活动，生活比较单调。思想政治工作者和企业领导干部一定要注意这一问题，积极动员组织运行员工和家属，大力开展演讲、卡拉 OK、钓鱼、球类、棋艺及安全知识、文化知识等趣味性浓、知识性强的竞赛活动，在欢畅愉快、和睦融洽的气氛中，既丰富运行员工的生活，密切思想政治工作者特别是领导者与运行员工的联系，加深感情流通，又增长知识，开阔视野；既增强集体观念、协作意识、竞争意识、安全意识等，又调动工作的积极性、主动性，从而真正达到寓教于乐的目的。

第六，坚持不懈，抓好经常性教育。根据心理学家艾宾浩斯的遗忘曲线理论，人们记忆的东西是随时间的前进而逐级递减的，且这种遗忘的进程是先快后慢。因此，对运行员工要做坚持不懈、经常性的思想政治工作。特别是在实行“大休班”后，一些人员要离开本岗位一段时间，待再次回到自己的岗位时，其思想意识、观念都大大小小有些变化，对工作、现场、环境均多多少少产生这样那样的心绪不稳，出现思想波动，此时，尤其要发挥思想政治工作的优势，帮助其调整情绪，稳定思想，强化工作观念，填充“遗忘区”，使其尽快走上正常轨道。

第七，注重典型质量，发挥党员模范作用。先进典型犹如一面旗帜，具有很大的说服力，很强的感召力。但对运行员工进行典型教育，一定要注重典型的质量，即所树立、宣传、标榜的典型，是运行员工可信赖的而不是领导干部所认可的，是同行同业亲眼所见、亲身所感，有可比性、可学性，是实实在在在工作岗位上做出突出贡献的人物，而不是神灵，如此，所树典型才真正能弘扬正气，压制邪气，激励他们，鼓舞他们，促进他们，在整个运行员工中形成立足本职、忠于职守的良好氛围。

同时，也要大力发挥党员的模范作用，坚持开展“党员责任区”“党员身边无事故”“千次操作无差错”和带头严格执行“两票三制”等各种安全操作规程，杜绝“三违”活动，使运行员工真正看到在新时代强音的召唤下，“党员就像个党员的样”，积极带动和影响其他人员，当好生产工作的排头兵。

第八，严格各项制度管理，切实保障思想政治工作的开展。各项规章制度既是思想政治工作的内容，也是思想政治工作有力的保障。在一定意义上，运行工作可谓一种制度工作，一定要严格各项规章制度，执行得力，一项是一项，一次是一次，互不扯皮，赏罚分明；绝不以领导干部的主观“旨意”代替规章制度，该怎么处理就怎么处理；劳动所得，该拉开的拉开；选贤任能，专业技术强，业务水平高，有敬业精神的就得上；工作态度不端正，业务不精，专业不强的就得调整。如此，才能在运行员工心目中树立起“干好干坏就是不一样”的观点，牢固树立“安全第一，制度是保障”的思想，增强责任感、紧迫感，使运行员工深刻认识到思想政治工作不是吹牛皮、放空炮的工作，而是“有血有肉”的工作。真正用制度激发运行员工搞好生产工作，形成良好的工作氛围。

另外，还应尽量为运行员工解决子女入学、婴儿入托、家属看病等实际困难，解除后顾之忧；定期进行健康检查，安排有突出贡献者能外出参观、疗养等，这对做好运行员工思想政治工作是十分必要的。

（刊于《甘肃电力政工》1998 年第 2 期）

如何做好检修员工的思想政治工作

笔者通过与检修员工的接触、了解和总结，认为做好检修员工的思想政治工作要注意以下五点。

一、适时

适时也即辩证唯物主义所认为的时间度，通俗所说的机会，军事上所讲究的战机，改革中所要求的机遇。做任何工作都要讲求适时，做思想政治工作也是如此，特别是做目前形势下检修员工的思想政治工作更要如此。如若做得过早，超前，极易分散其注意力，涣散其进取精神，影响其积极性，也就极不利于安全生产和各项工作；如若做得过迟，过于滞后，其对事物的思想认识、观念形态等基本形成定势，很难一时扭转，也会对工作和改革造成很大的难度和阻力，不利于改革的稳定。本来电厂转换机制、加快改革、减员增效等的新形势，就使得检修员工对这些密切关系自身利益得失的事件极为关注，心绪不宁，或惊恐不安，又加上“减员增效先要从检修员工开刀”等不良传闻的影响，更加快了思想波动的频率，既影响检修员工安心工作，搞好生产，又影响改革和发展的顺利进行。因此，电厂的管理者和政工人员，就要及时深入一线，捕捉信息，了解情况，把握其思想脉搏，掌握有利时机，针对一些不良风气和思想倾向，通过各种形式，采取各种办法，开展有理、有据、有节的思想政治工作，帮助检修员工澄清认识上的模糊，减小思想上的震荡，转变观念上的误区，平定心绪，增强信心。同时，在开展日常的思想政治工作时要把握好“十个时机”：①评比奖励，工作变动；②生产中发生质量或安全事故；③生产任务发生变化；④探亲回厂或家属来厂看望；⑤受到表扬、批评或处分；⑥各员工或家属之间发生矛盾；⑦有病或生活发生困难；⑧节假日前后；⑨遇到婚丧嫁娶或意外不顺心的事；⑩远离家乡，逢家里有事等。

二、借势

马克思主义认为，存在决定意识。有什么样的社会存在就有什么样的社会意识。这里所谓的借势，也就是要借助这个“社会存在”，运用思想政治工作的方式、方法和手段，改变滞后或偏离或不符合这个“社会存在”的社会意识，达到意识和存在的相统一，从而发挥意识的能动功能，积极有力地改造存在。一个人所处的环境不同，他的思想认识、道德观念等就会自然而然地不同。目前，在全国深化改革，全力攻坚，各电厂转换机制、减员增效、分流下岗、竞争上岗的新形势下，检修员工的思想认识、道德意识、价值观念等必然会出现各种不同的情况：有少数人仍认识不够，思想转不过弯，停滞不前，自甘落后，或四平八稳做一天和尚撞一天钟，得过且过；有一部分人看不清当前形势，对改革不理解，痛骂不止，但是由于历史前进的脚步不是随个人意志而转移的，因而，也只能是“无可奈何花落去”。但大多数人认为这是社会进步，历史发展的必然，是不可阻拦的历史潮流，应当迅速转变观念，加强自我，迎潮搏击，投入改革。因此，思想政治工作者就要敏锐地借助改革的形势，抓住检修员工的这些思想波动点，因势利导，帮助检修员工排除思想障碍，消除错误认识，统一思想，振奋精神，鼓起斗志，此举既有利于检修员工自己，更有利于改革的顺利推进，从而增强思想政治工作的实效性。一般而言，影响检修员工的形势有三个层次，一是全国之势，二是本单位之势，三是检修员工所在班组和个人交往圈之势，思想政治工作者一定要善于调查研究，敏锐观察，归纳判断，把握住引起检修员工思想波动的势之所在点，才能真正起到“因势利导”的积极作用。

三、相人

相人即针对不同的对象，利用不同的形式开展思想政治工作，做到有的放矢，从而增强思想政治工作的针对性。由于检修员工的构成比较复杂，从年龄上看，有老、中、青；从文化程度上看，有大中专和技校生乃至更低者；从政治面貌上看，有党员、团员、群众；从职位上看，有技术员、班长、普通工人等，因他们的出身环境、文化背景、性格特点、所处位置等不同，他们观察事物、接受事物、理解事物的能力就有所不同。因此，思想政治工作者就要针对这些人的层次不同、素质不同、性格特点不同等，选用不同深度的内容，采用不同的方法、手段，有目的有针对性地开展思想政治工作。切忌套用一个模式或采用“一刀切”的办法，不看对象是谁或其接受能力高低，生搬硬套，盲目出击，这样势必会毫无结果，或是适得其反，引起检修员工的反感，从而影响思想政治工作者的威信，削弱思想政治工作的威力，给以后正常开展工作带来不必要的麻烦和困难。这也就是马克思主义所认为的“具体问题要具体对待”，不同特点的矛盾，就要采用不同方法来处理，也即“知彼知己，百战不殆”。

四、取法

取法即采取什么样的方法，毛泽东同志曾形象地把方法比喻为桥，可见方法的重要性。在目前的新形势下，国有企业改革触及几十年淤积的深层次矛盾——人们利益关系的重新调整。如何做好检修员工的思想政治工作，以笔者之见，最好的一般方法应是交朋友，在温馨、融洽、和谐的气氛中进行“心心相印”的说理、交谈，此法最容易消除教育者与被教育者之间的思想隔阂、对立情绪，也易使被教育者以平和的心态来明形势，辨利弊，顺思路，求出路，达到在不知不觉中的思想共鸣。当然，这种交朋友，也并非仅仅为了本次工作而交朋友，而是为了做好经常性的工作或是和职工一起达到互尊、互敬、互助、互励而交朋友。与此同时，我们还要注意，即使是朋友了，做工作也要讲究分寸和技巧，不应大而化之，随随便便。注意做到“十不十应”：不以教育者自居，应朋友招待，以诚相见，以情感人；不搞我说你听，我压你服，应和风细雨，平等讨论，导之以理；不搞千篇一律，应因人而异，有的放矢，对症下药；不搞空洞说教，应生动形象，寓教于乐；不能不顾及朋友困难，应关心疾苦，合理要求，尽力帮助；不能言行不一，应注意修养，言传身教，做出表率；不搞立竿见影，应坚持灌输，细水长流，潜移默化；不就事论事，应循循善诱，启发觉悟，注重治本；不使问题堆积成患，应预测动机，及时教育，防微杜渐。只有掌握了这些，才有可能将这一方法运用自如，才更有助于将工作做得更好。

五、用制

有没有好的制度，对思想政治工作来说显得十分重要，因为制度不仅是思想政治工作一项十分重要的内容，而且也是思想政治工作能否顺利开展的强有力的保障。从某种意义上来讲，这种强制性的措施也是一种教育。但是，能否用好制度对思想政治工作显得更为重要，因为人的思想矛盾如果不能及时消除在萌芽状态，必定会反映到行动上来，若制度运用严明得当，会起到真正的监督、约束、匡扶、矫正的积极作用；若制度运用不公、不正、不平，不但起不到应有的积极作用，反而会使制度失去其严肃性和权威性，甚至会造成人的思想矛盾的激化，产生更大的消极影响。特别是像检修这种以制度为保障的工作，在执行贯彻制度的过程中更应慎之又慎，稍有不慎，就给安全工作深埋隐患。因此，在执行制度的过程中，一定要弄清制度施用的范围、程度和所要掌握的方法；一定要一是一、二是二，赏罚分明；一定要一视同仁，不刑不上大夫；一定要该表扬的表扬，该批评的批评；一定要一次是一次，不搞新旧账叠加计算；一定要以制度条款为准，不应随领导的念头而易制；一定要按制度该上的上，该下的下，而绝不厚此薄彼；一定要针对事，而不针对人，更不借此打击报复等。只有如此，才能在检修员工的思想中形成“安全第一，制度是保证”的意识，用制度激活检修员工努力工作的积极性、主动性，真正体现“公生明”所含的哲理思想，消除时下检修员工认为思想政治工作为“软豆腐”的思想，落实“两手都要硬”的方针，从而使思想政治工作和规章制度两者相互结合，相互补充，相得益彰。

以上五点是相互联系、相互影响、相互渗透的，是辩证的统一，缺一不可，不光做目前特殊情况下的思想政治工作可以，做经常性和其他员工的思想政治工作也可以。

（刊于《甘肃电力政工》1999 年第 2 期）

纠正三种偏颇做法，提高思想政治工作的战斗力

思想政治工作是我党的优良传统和政治优势，在推进国有企业改革和发展的进程中，结合实际，充分发挥这一政治优势，具有十分重要的现实意义和深远的历史意义。长期以来，我党对企业思想政治工作进行了不懈的探索，取得了显著的成效。但是由于种种原因，企业思想政治工作仍有一些相对薄弱的环节，仍有一些偏颇的做法，需要大力纠偏，回正方向。

一、把一般思想工作等同于甚至看重于思想政治工作

在实践中，我们常常听到一些政工人员这样的抱怨："我们忙死忙活的，有时深更半夜到人家家里去解决家庭矛盾问题，可到头来弄个上下不讨好。"近些年来，这种把一般思想工作等同于甚至看重于政治思想工作的做法，大量存在于一些企业政工人员之中，主要表现是他们常常忙忙碌碌于家庭纠纷、同事关系、婚姻恋爱等引起的思想问题之中，往往忽视或是回避党的路线方针政策在国企改革和发展实践中因贯彻落实而引发的思想政治问题，因而使思想政治工作处于低水平运作和简单循环状态，使职

工队伍思想政治素质长期得不到提高。之所以会如此，关键问题就在于他们没有认清新形势下的一般思想工作和思想政治工作的工作范畴、根本任务和主要对象，没有认清引起职工思想问题的根源是否属于思想政治的范畴，这不能不引起我们的深思。不可否认，做好一般的思想工作对做好思想政治工作是十分必要的，也是大有裨益的，有时可起到无法替代的作用。但是，不能因此就混淆了二者，颠倒了主次，否则其后果是难以弥补的。政工人员在开展工作时一定要认清二者的关系，既要做好一般的思想问题的工作，更重要的是做好思想政治问题的工作，即做好因企业转机换制、建立现代企业制度、加强科学管理、力求技术进步、实现减员增效、实施住房改革、医疗改革等举措过程中引发的一系列思想政治问题的工作；做好用马列主义、毛泽东思想、邓小平理论教育干部职工，促进其解放思想，转变观念，参与、支持改革，搞好生产，提高效益，从而推动企业的发展的工作。如此，思想政治工作才能发挥其化解矛盾，理顺情绪，调动职工积极性、主动性和创造性，为国有企业改革和发展提供强大保驾护航的作用。

二、以活动的多少来量化思想政治工作开展力度的大小

为了增强思想政治工作的生动性，提高思想政治工作的战斗力，各企业采取各种手段，运用各种载体，开展丰富多彩的活动，对思想政治工作来说是必要的，也是使思想政治工作活起来、硬起来的一个十分重要的方面。可是在实际工作中，当我们在这方面取得显著效果的同时，却出现了以活动的多少来量化思

想政治工作开展力度大小的不良做法。突出表现是，在日常工作中陶醉于“四四五五”“三三三”“六个一”“三落实”“七谈”“八访”等的轰动效应，热衷于所谓的寓教于体，寓教于乐，寓教于活；在总结上报、写文章时，乐于以举行了多少活动，组织了多少竞赛，开展了多少评比来显示思想政治工作所取得的成绩，显示自己的政绩；更为严重的是，在开展这些活动时往往忽视“教义”，只是一味地“施利”，且人人有份，以致人们还不知道该活动的主题是什么、为什么要开展这一活动，而且往往一开展这样的活动，人们总会自觉不自觉地认为“不去白不去”，或是先来一句“有没有东西”，从而使活动陷入低俗化甚至庸俗化。其结果一是劳民伤财，二是误使人们认为思想政治工作“不就是玩玩呗！”“莫不过如此，有什么了不起”，大大降低了思想政治工作在职工群众心目中的威信，从而导致思想政治工作影响不力，作用不大，限于疲软。一些人热衷于这样做的目的是什么？一是借机扬名、搞政绩的不正确的荣誉观在作祟；二是借机发财、捞实惠的不正确的义利观在作祟；三是在活动的过程中（初衷是好的），没有把握好“施利”与“教义”的度；四是忽视自己的客观实际，一味地迎合上级，给上级脸上抹金镀银。因此，使思想政治工作活动丰富且有效，就应克服这些不正确的观点和做法，从根本上解决以活动的多少来量化思想政治工作开展力度大小的做法，从而使新形势下的企业思想政治工作真正硬起来、活起来。

三、以经济效益的好坏来评价思想政治工作绩效优劣

随着市场经济体制的不断健全和完善，企业改革的不断深入

和发展的不断推进，经济效益的好坏越来越成为一个衡量企业能否立足于市场、竞争于市场的重要砝码，同时也成为一个衡量思想政治工作做得优劣的十分重要的标准。以经济效益为中心，紧紧围绕经济中心工作是开展思想政治工作所必须坚持的一条原则，无可厚非。但是，近几年来，在实践之中却出现了以经济效益好坏来评价思想政治工作优劣的泛滥的不良倾向。突出表现在，不论是有关思想政治工作的大会小会、大材料小材料、大经验小经验、大文章小文章等，都无不是由于我们思想政治工作做得过硬或有方，安全生产、经济效益等取得了这样那样的好成绩；一好百好，只要经济效益好，思想政治工作就好；一俊遮百丑，只要年终结算好，至于平时的失误及教训皆如过眼烟云忘之脑后或是既往不咎，至于思想政治工作究竟做没做到位是其次等。此举造成的严重后果是，在经济效益好的企业里思想政治工作明盈实亏，在一片形势大好下逐渐被削弱下去；在经济效益较差的企业里思想政治工作冷落失宠，在一片唉声叹气之中疲软下去。造成这种情况的原因，一是各级政工干部特别是领导干部的主导思想的错误，“一叶障目，不见森林”，或是“我不管那样多，就看你的结果(当然这个结果是十分明确的)”。二是对检验思想政治工作标准理解的片面性，经济标准只能是检验思想政治工作的一个标准，而不是唯一标准。三是对两者关系理解的错位，经济效益实际上是思想政治工作的间接结果，而不是直接结果，其直接结果是人的整体素质的提高；忽视了影响经济效益的其他因素，把影响因素单一化或是唯一化。四是好大喜功、物质崇拜等思想观念的延长和蔓延。因此，要改变这种状况，就很有必要研究解决这些问题，才能强化思想政治工作为经济的服务功能和保驾功能，才能提高思想政治工作的战斗力。

人类已经进入21世纪，知识经济已扑面而至，思想政治工作将面临更为艰巨的任务，因此，我们很有必要纠正一些不正确的观点和做法，以提高思想政治工作的生命力和战斗力。

（刊于《思想政治工作研究》2000年第8期）

补强主体　了解客体　创新中介

——对做好新形势下基层思想政治工作的几点思考

思想政治工作是我党的优良传统，是企业的一大政治优势。多年来，企业思想政治工作随着不断发展变化的新形势，探索出了不少适合形势发展的新特点，积累了许多成功有益的新经验，对促进企业的各项改革发展工作提供了强有力的精神动力、智力支持和思想保证，取得了显著的成效。但从总体来看，当前企业思想政治工作仍然存在诸多不足之处："两张皮"的现象不同程度地依然存在，思想政治工作同企业生产经营等中心工作仍然没有较好地结合起来；没能把说服教育同企业的各项规章制度有机结合起来，仍然是"一手硬，一手软"；手段落后方法单调、千人一面、众人一词，不能因时、因地、因人、因事的变化而开展工作，机动性不强，灵活性不大；对职工思想动态不作实事求是的调查研究，往往凭主观猜测和老经验老方法工作，结果是无的放矢，偏差百出，事与愿违；不是持之以恒，始终如一地联系企业和职工的思想实际，扎扎实实一个一个地解决职工的思想问题，而是追风赶潮，虎头蛇尾，忽冷忽热，做表面文章，搞形式主义；思想政治工作者特别是领导干部自身不硬，作风不正，言行不一，不仅降低了人格力量，而且使真理的力量大打折扣等，这些情况在不同企业均不同程度地存在，极大地影响着企业思想政治工作功能的正常发挥，但其中思想政治工作者特别是领导干部(主体)的素质不过硬，对职工群众(客体)及其思想问题的不了解和工作方式方法不够新，则是贯穿企业思想政治工作始终的三个重要影响因素，必须着力下功夫予以改变。

一、下功夫补强主体

加强队伍建设，关键是抓好领导班子建设。毛泽东同志曾说过，决定战争胜败的是人而不是一两件新式的武器。再充实的内容、再健全的机制、再新颖的方法和再融洽的环境，如果没有过硬的主体——思想政治工作者，那么这些也如同聋子的耳朵——摆设。当前，在企业思想政治工作者特别是领导干部中存在一些很不适应形势发展要求的情况，限制或影响着企业思想政治工作能量的巨大释放，总体而言是思想理论水平不适应、科学文化知识水平不适应和工作作风与工作方法不适应。

“其身正，不令而行；其身不正，虽令不行。”思想政治工作是做人的工作，不仅要靠真理的力量，还要靠人格的力量；思想政治工作者是教育人的人，不仅要注意言教，而且要注重身教，职工群众不光看你讲得怎样，更重要的是看你做得如何。凡要求职工群众做到的，自己首先要做到；凡要求职工群众不做的，自己首先不做，若此，思想政治工作才会产生强大的感召力和影响力。如果思想政治工作者尤其是领导干部言不衷、为不果、品不端、行不正，不能以身作则、为人师表，职工群众不仅难以接受他的教育，甚至会产生反感，走向反面。

因而，必须建设一支政治强、业务精、作风正、纪律严的思想政治工作者。但笔者认为具体上应该有所区别，对一般工作者其马克思主义理论知识扎实，共产主义理想信念坚定，热爱思想政治工作，能够及时地掌握和运用先进的科学知识和文化成果，工作方法得当，为人处世正派即可；而对领导干部除此外，还应具备：敢字当头、勇于探索、勇于创新，思想解放、观念更新、实事求是，严格制度、权责清楚、赏罚分明，尊重知识、尊重人才、大胆用人，道德高尚、心系群众、作风正派，信念坚定、工作认真、坚持改革，这不仅是提高企业思想政治工作战斗力、增强说服力和保持旺盛生命力的前提条件之一，而且更应是新时期企业领导干部必备的优秀品质。主体素质过硬与否，是掣肘企业思想政治工作好坏的首要因素。

二、下功夫了解客体

“知己知彼，百战不殆。”开展思想政治工作，要注意因地制宜、因人制宜、因事制宜、因时制宜。不同地区、不同部门、不同领域的干部和群众，所处的环境、承担的任务、面临的问题不同，其思想活动的特点和要求也会有所不同。做思想政治工作一定要把握这些特点和要求，有针对性地进行。做企业思想政治工作更应如此，如果对职工及其思想状况不清楚，特点没把握准，要求没弄明白，那么企业思想政治工作的针对性就不会强，效果就不会明显，若此，势必会减弱企业思想政治工作的战斗力、说服力、凝聚力和号召力。

根据实践经验，要下功夫了解客体的情况，一般应着力把握好：一个脉搏，即客体思想问题产生、发展、变化的来龙去脉。两个性质问题，即该客体的思想问题属于一般思想问题，还是政治思想问题。做好一般思想问题有益于做好政治思想问题，但决不能将两者混为一谈，彼此不分。三个重点对象，即党员、干部、青年，这是企业三个特殊的群体，由于其各自所处的地位、工作性质、生活方式、年龄结构、文化背景、价值观念等不同，对待事物的观点看法也截然不同，必须特殊对待。四个矛盾集结点，即热点、焦点、疑点、难点。由于这些矛盾集结点表面看起来比较特殊，但实际上更带有普遍性，不仅关系到职工群众的所思所想所急所需，关系到职工群众的切身利益，更关系到经济发展社会稳定，影响十分重大。五个环境，即全国环境、行业环境、企业环境、部门(车间)环境与人际交往环境(家庭)。马克思主义认为，存在决定意识，有什么样的社会存在就有什么样的社会意识。因而把握客体所处的特殊环境，对做好思想政治工作至关重要。要弄清客体的情况，把握好以上几点，企业思想政治工作者必须充满信心，满腔热情，放下架子，扑下身子，走好群众路线，认认真真地搞好调查研究，敏锐仔细地捕捉信息，科学严谨地分析判断，只有这样，才能掌握实情，把准脉搏，使企业思想政治工作富有成效。

三、下功夫创新中介

创新中介即创新企业思想政治工作的载体、形式、方法、手段、机制等。江泽民同志指出：“面对新形势新情况，要完成上述任务，我们的思想政治工作在继承和发扬优良传统的基础上，必须在内容、形式、方式、方法、手段、机制等方面努力进行创新和改进，特别要在增强时代感和加强针对性、实效性、主动性上下功夫。这要成为我们今后加强和改进思想政治工作的重点。”①当前，企业思想政治工作形式单调、方法呆板、手段落后、载体陈旧等是普遍现象，很不适应日新月异的企业改革与发展的实际要求，极大地制约着企业思想政治工作能量的释放、优势的发挥。因而，企业思想政治工作中介亟须创新和改进。比如方法上，要改变传统的一张报纸学半天，一人读大家听的方法，变“填鸭式”灌输为平等的交流，变只注重主体向客体传递信息的单向灌输为主客体互递信息的双向交流，以激发客体的积极性、主动性；形式上，要变我说你听，我打你通，“一言堂”的形式，注重教育形式的多样化、系统化，解决重课堂教育、轻实践锻炼，重活动形式、轻实际效果，重突击开展、轻持之以恒，重雷鸣电闪、轻和风细雨，重空口说教、以罚代教、以权压人，轻深入一线、深入实际、深入家庭等，真正使思想政治工作达到以形传神、以神统形、形神兼备的科学完美的结合；手段上，要针对当今社会信息量大、节奏快、效率高等特点，在传统的思想政治工作手段中积极注入先进的心理学、社会学、行为学、控制论、系统论、网络学等科学理论、科学技术含量，使思想政治工作逐步向知识化、科学化方向发展；机制上，在企业内部建立健全党委统一领导，党政工团齐抓共管，各负其责的管理体制和运行机制的同时，应加强企业与社会的协作，实现“强强联合”，不断扩

① 《江泽民文选》第3卷，人民出版社2006年版，第86页。

大企业思想政治工作的覆盖面，不留空白，不留盲区，形成思想问题无人不做、无时不做、无处不做的良好局面，不断提高思想政治工作的感召力、吸引力、说服力和渗透力等。为此，首先企业及其思想政治工作者特别是负责人，必须牢固树立创新意识，坚决摒弃抱残守缺、得过且过的思想。其次要着力提高创新能力。创新意识是创新的前提基础，创新能力是创新的物质保障，二者缺一不可。最后需要社会各方面的大力支持，共同创新。企业思想政治工作是一个开放的系统，而不是一个封闭的“球体”。创新是一个民族的灵魂，是一个国家长盛不衰的动力，也是企业思想政治工作的灵魂，是企业思想政治工作坚不可摧的动力和源泉。没有创新，企业思想政治工作就缺乏生机和活力，就不会有进步和发展，长此以往，其生命将会因源泉枯竭动力不济而窒息。

教育是基础　监督是关键　管理是保证

——浅谈如何加强企业领导班子思想政治建设

江泽民同志指出："一个政治思想素质好、具有开拓精神、善于决策、精于管理的厂长或经理，能使一个企业由弱变强，由小变大，由亏损变盈利。"①所以，要十分重视人才培养，加强企业领导班子建设。有了一个好班子，才能全心全意依靠工人阶级，调动一切可以调动的积极性；有了一个好班子，才能有一个好机制，好产品，提高市场的竞争能力，也才能搞好企业。目前，我国企业正处于改革攻坚阶段和发展关键时期，任务艰巨，形势严峻，如何建设好一个强有力的企业领导班子，密切联系职工群众，同心同德，群策群力，帮助企业摆脱困境，取得改革攻坚的突破性进展，江泽民同志为我们指出了解决该问题的关键所在：重在思想政治建设。本文试就该问题作一浅显的探讨。

一、立足实际，弄清问题，充分认识加强企业领导班子思想政治建设的重要性和必要性

一个企业或部门能否兴旺发达，关键在于有没有一个坚强有

---

① 《江泽民文选》第1卷，人民出版社2006年版，第452页。

力、生机勃勃和活力十足的领导班子。当前企业，特别是国有大中型企业的领导班子，主流是好的。经过企业十多年改革和发展的实践锻炼，多数国有企业领导班子政治素质硬，技术业务好，管理水平高，竞争能力强，能结合企业生产经营工作的实际，认真学习和贯彻党的基本理论、基本路线和基本方针，廉洁自律，扎实工作，和广大职工群众一道临困难，破险关，呕心沥血，艰苦奋斗，开拓进取，为国有企业的改革发展做出了巨大的贡献，取得令人瞩目的成绩，从而也赢得广大职工群众的信任和支持。但同时，也应清醒地看到，在一些企业的领导班子中仍然存在不少问题：一是思想作风不正，严重脱离群众。讲排场，摆阔气，出进高级轿车，吃喝山珍海味，住宿豪华宾馆，摆“老板”架势，学“大款”派头；不是任人唯贤，而是任人唯亲，走“暗箱”操作甚至公开拉帮结派路子，安插亲信，排除异己；对上拍拍吹吹打打，对下欺欺骂骂压压。二是工作我行我素，政令难以畅通。遇事不顾大局全局和职工群众利益，而是时时处处事事计较个人私利，或替小集团打“小九九”，于己有利就办，于己无关就拖，于己无利就甩。三是拖拉懒散，办事效率低下。上班晚来早走，工作时间聊天侃大山，串门子办私事，甚至长休病假，借机游山玩水。四是以权谋私不遮，为政不廉无掩。利用职权大搞权钱、权色、权权、权物交易，为职工办事明目张胆要求打打点点，不然事不关己高高挂起，或无牵无挂靠边。五是民主做法不讲，妨害团结不改。遇事独断专行，无视集体讨论，随意更改或个人拍板；成员互相角逐拆台，追名逐利，内耗严重。六是贪污腐化小事一桩，违法违纪家常便饭，化公为私，侵吞国资。七是是非不分不辨，原则不闻不讲。平时放松甚至放弃对自己、下属或亲属的教育管理，一旦东窗事发，或是四处奔波说情开脱，或是风风火火包庇袒护，或是呼之任之放纵自己。八是观念陈旧落后，精神萎靡颓废。缺乏时代紧迫感、责任感和使命感。这些问题尽管发生在少数领导干部身上，但其影响相当严重，引起了广大职工群众的极大不满和愤慨。

近几年，国有企业面临严峻困难。造成这种状况的原因很多，除设备陈旧、富余人员过多、资金短缺等客观因素外，还有一个相当重要的原因，即企业领导班子不适应社会主义改革开放特别是市场经济的发展要求，跟不上建立现代企业制度的步伐。通过对亏损、破产或倒闭企业的解剖分析我们发现，其中企业领导班子软弱无力、指挥不当是造成这种“恶果”的十分重要的原因之一，而造成领导班子领导无力的重要原因，则是思想认识不足，政治观念淡薄。从近两年的企业发展实践来看，同样的条件，同样的基础，同样的品牌，只要是企业领导班子思想政治建设抓得紧抓得好，班子素质提高快，那么该企业的面貌就会有大的变化，否则相反。

二、明确任务，开展“三讲”，积极寻求加强企业领导班子思想政治建设的基本对策

通过以上不良风气和现象的列举，我们不难看出加强企业领导班子思想政治建设面临的形势和艰巨任务。概括而言：一是需要继续加大学习和掌握邓小平理论力度。坚定不移地贯彻执行党的基本理论、基本路线、基本方针，始终坚持正确的政治方向，努力提高领导工作的科学性、原则性、预见性和创造性。二是需要不断加强廉政建设。坚持廉洁自律，加强抵制和反对消极腐败

现象的自觉性，牢固树立群众观念，坚持群众路线和全心全意为人民服务的宗旨，密切党群干群之间的联系。三是需要严格执行党的民主集中制，增强全局大局观念；搞好团结，在政治上、思想上、行动上同党中央保持一致。四是需要积极培养一种坚韧不拔、奋发有为的良好精神状态，坚持和发扬实事求是的思想作风、务实求真的工作作风和健康向上的生活作风。总之，也就是要求通过“三讲”，加强思想政治建设，帮助企业领导班子坚定社会主义和共产主义的政治信念，牢记党的性质和宗旨，增强贯彻党的路线方针政策的自觉性，企业改革攻坚的使命感和责任感，不断提高领导班子的整体素质，驾驭全局、处理复杂问题的能力，从而增强领导班子的凝聚力和战斗力。

那么究竟走什么样的路子，采取什么样的方法和措施，才能加强企业领导班子思想政治建设，笔者认为，把教育、监督和管理三者有机结合，采取强硬措施，一个步子一个步子、一个环节一个环节地狠抓，步步深入，环环相扣，方能取得成效。

1. 针对问题，加强“三讲”，狠抓教育，这是加强企业领导班子思想政治建设的基础。一是要加大教育培训力度，帮助领导班子全面、系统、准确地学习、掌握党的基本理论、基本路线和基本政策，帮助领导班子各成员树立正确的世界观、人生观和价值观，提高理论水平、政策水平和科学思维能力，学会用马克思主义的立场和方法来观察问题、分析问题、解决问题，树立全心全意为人民服务的观念，正确处理国家、集体和个人三者之间的关系。二是要求领导班子成员必须做到学用结合，学以致用，理论联系实际，自觉对照上述突出问题，检查自己的思想和行为，看清形势，提高认识，纠正错误，克服缺点，弥补不足。三是要采取各种方法，对职工群众反映的重大问题或在考核考察中发现的不良苗头，进行有据有理有节的批评教育，以达到“平民愤”，规其行和防患于未然。四是在加强正面教育的同时，还要恰当适时地加强反面教育，一方面采取座谈会、民主生活会、报告会、采访等形式，大张旗鼓地宣传表扬在企业改革发展中涌现出的优秀领导成员和时代闯将；另一方面通过会议、广播、电视、报刊、宣传栏等，对违法犯纪的典型案例进行曝光，从而达到激励先进，鞭策落后，震慑犯罪，教育全体，鼓舞群众的目的。五是在加强教育的同时，要求领导班子加强自我教育，提高自我修养能力，做到自重、自省、自警、自励，严于律己，自觉抵御各种腐朽思想和生活方式的侵蚀。六是必须加大领导班子成员观念转变力度，帮其树立忧患意识、市场观念、服务观念、效率观念、科技人才观念、廉洁从政观念、科学管理观念等与改革和发展相适应的各种观念，从而增强领导班子成员的承受能力、适应能力和应变能力，为稳定、廉洁、高效工作提供可靠的思想政治保证。

2. 针对问题，加强“三讲”，狠抓监督，这是加强企业领导班子思想政治建设的关键。一是通过“三讲”，不断强化领导班子的监督意识和自我监督意识。监督不仅是一种外在行为，更是一种内在的自觉。辩证唯物主义认为，内因是事物起变化的根据，外因是事物起变化的条件，外因通过内因起变化。外部监督力量再大，如果没有内在的高度自觉，其监督作用也会大打折扣。尤其在“不说好，不说坏，谁也不见怪”外部监督缺乏力度的情况下，领导班子的自我监督显得更为重要。二是锐意改革，不断完善领导班子监督的制约机制。比如，办事公开监督制、离任审计监督制、信访监督制、社会监督制、舆论媒介监督制、上级组织或有关部门监督制等，使“软”教育和“硬”监督同步进行，使“两手抓，两手都要硬”的方针在监督工作中落到实处，从而使领导班子监督工作达到有制可依、有章可循、有核可对、有据可考，使对领导班子监督工作真正走上制度化、科学化和规范化的轨道。三是搞好配合，努力提高监督工作的整体效应。监督工作是一个复杂、系统的工作，光靠组织部门是远远不够的，需要多方面的大力支持和默契配合，齐抓共管、形成合力，总体部署、各个突破，步步深入、常抓不懈，才能抓出成效。比如，组织部门和纪检部门、职工群众、舆论部门等相互协调和配合，把自上而下、自下而上的监督有机结合起来，形成“网络”，依靠各方力量，推动领导班子监督工作的有效落实。

3. 针对问题，加强“三讲”，狠抓管理，这是加强企业领导班子思想政治建设的保证。主要是抓好两点：一是强硬措施，狠抓调整。始终按照“四化”方针和德才兼备原则，发现、培养、选拔、任用好人，把住任用人的“进口”和源头，如此，领导班子思想政治建设才能做到出发点准，立足点硬，效果点好。要严格按照“三严”要求，不断完善干部能上能下机制，让努力工作、顾全大局、令行禁止、勇于创新、敢于拼搏、勤政廉政、团结为民、求实肯干、政绩突出者上；让不顾大局、阳奉阴违、弄虚作假、无所作为、不思进取、因循守旧、破坏团结、碌碌无为者下，从真正意义上打破以往能上不能下的不良状况。二是严肃纪律，狠抓查处。严格按照党中央关于党政领导干部廉洁从政的一系列规定，对贪赃枉法、行贿受贿、顶风违纪、屡教不改的不法分子，坚决予以查处，既达到纯洁党的队伍，又达到对他人的警示作用，进而保持党组织的先进性和纯洁性，提高党组织的凝聚力和战斗力，提升党组织的形象和增强在职工群众中的威信。

（刊于《甘肃电业》2000 年第 3 期）

企业思想政治工作要实现战略性转变

当前，我国改革开放已进入攻坚阶段和关键时刻，整个国家和社会均处于社会资源配置方式由计划经济向市场经济、经济增长方式由粗放型向集约型、治国方略由人治向法治的全方位的战略性转变过程中。这一全方位的转变，从生产力到生产关系、从经济基础到上层建筑都引起了深刻变化，使经济成分、利益主体、社会组织、生活方式日趋多样化，使企业思想政治工作遇到了前所未有的挑战，作为上层建筑部分的企业思想政治工作，面临着如何适应和促进企业战略性转变的迫切问题。笔者认为，企业思想政治工作也必须紧跟企业的战略性转变而实现自身的战略性转变。

之所以如此，这是因为：(1)经济基础决定上层建筑的客观要求。思想政治工作作为上层建筑，决定于经济基础，必须随着经济基础和时代的发展变化而发展变化，否则就会落后于时代，跟不上经济基础发展变化的需要，被淘汰出局。(2)自身发展和功能发挥的需要。企业思想政治工作作为一门综合性科学，必须讲究科学性，按照自身发展的特殊规律，积极吸收或汲取一切有益于自身发展和进步的成分，增强自身功能，否则在复杂环境中很难发挥保驾护航的作用。(3)企业深化改革，进行战略性转变的迫切需要。由于企业改革的深化，长期积累的各种深层次利益矛盾和问题在这一战略性转变中大量地集中地显现了出来，亟须以有效的思想政治工作保证改革的正确方向，统一思想，鼓舞斗志，凝聚力量，促进企业战略性转变的顺利实现。(4)实现党对国有企业领导的需要。实现党的领导离不开思想政治工作，只有企业思想政治工作实现战略性转变，增强自身素质，才能发挥强大的功能，保证党的路线方针政策在企业的贯彻落实，保证党的各项工作的顺利开展，党对企业的领导才能卓有成效地得以实现。由此可见，企业思想政治工作只有实现自身的战略性转变，才能增强自身生命力和战斗力，发挥好自身功能，适应和促进企业的战略性转变。

企业思想政治工作进行战略性转变应着力做好：(1)内容上，教育内容要从单一的思想道德教育向思想道德教育同素质教育并重同步推进转变。要在继续坚持爱国主义、集体主义、社会主义和世界观、人生观、价值观教育的同时，开展家庭美德、职业道德、社会公德教育和科学知识、科学精神、科学方法教育。既要坚持先进性，又要体现层次性，体现时代性，满足职工需要。(2)制度上，组织领导体制要由党委或政工部门单独负责向党委统一领导，党政工团各部门齐抓共管，分工协作，各级领导干部“一岗双责”的组织领导体制转变。运作机制要由企业独立运作向企社联袂共同促进转变，建立和健全一个各项工作互相结合，横跨企业与社会的一体化、立体化、网络化的工作机制，真正把企业思想政治工作纳入企业党委和各级政府的重要议事日程。(3)方式方法上，要由简单说教、填鸭式灌输向交流、讨论、自我教育转变，按照“继承与创新”的原则，积极吸取现代科技发展的成果，善于运用心理学、教育学、伦理学等多学科的知识和方法。(4)手段上，要由单一的思想政治工作手段向与其他企业各个手段相结合转变，积极同企业管理的手段、经济的手段、法规的手段互相配合，取长补短，增强整体效力。(5)整体设计上，工作部署由注重眼前、局部向全局、长远转变，工作目标由注重共性要求向注重共性要求和个性发展兼顾转变，工作主体由单一向多元转变，工作重点对象由普通群众向领导干部转变，工作范围由狭窄的本部门本单位向更加开放的企业社会转变，工作作风由被动、滞后向更加主动、超前转变，工作着力点由上层向基层转变。(6)载体上，由单纯企业精神文明建设活动向与企业文化、消费文化、网络文化、传媒文化等多层次、多形式相结合转变，充分发挥文化的教育功能。(7)工作思路上，由经验型、模式化向科学化、现代化转变，用现代科学理论、科学技术、科学思维方式武装政工干部和政工部门，致力于提高思想政治工作的吸引力、凝聚力和战斗力。如果从以上几方面着手并取得成效，那么企业思想政治工作就基本上可达到实现战略性转变的目的。

企业思想政治工作实现战略性转变是一项十分艰巨而复杂的系统工程，各级企业党组织和政府部门务必要坚持两手抓、两手都要硬，把企业思想政治工作的战略性转变纳入重要的议事日程，上下重视，齐心协力，调动各方面的积极性主动性，开展调查研究，探索创新，制定措施，加大投入，抓好落实，着力促使这一重要工作得以早日顺利实现，打开企业思想政治工作的新局面。

树立良好形象是宣传思想工作者义不容辞的使命

党的宣传思想工作肩负着用先进的思想、科学的理论、高尚的精神和正确的舆论宣传群众、武装群众、教育群众、引导群众和鼓舞群众为实现自己的根本利益而奋斗的崇高使命。宣传工作好坏关系到党的各项工作任务的贯彻落实，关系到建设有中国特色社会主义现代化建设的前途和命运，尤其是在改革进入攻坚的阶段，发展处于关键的时刻，宣传思想工作显得更加重要。宣传思想工作者如何才能高举马克思主义理论伟大旗帜，积极、全面、准确、深入地宣传党的方针政策，更好地统一广大人民群众的思想，把握正确的舆论导向，更好地团结鼓劲、凝聚力量、解惑释疑和理顺情绪，更好地帮助人们坚定实现伟大目标的决心和信心，发挥强有力的“咽喉”作用，关键在于宣传思想工作者在人民群众面前是否树立了良好的形象。

形象是旗帜，形象是导向，现象是动力。宣传思想工作者树立良好的形象必须着重抓好三个方面的工作。

一、牢记宗旨，坚定信念，树立政治强的良好形象

宣传思想工作者首先必须自觉地高举邓小平理论伟大旗帜，以此武装头脑，指导工作，牢固树立建设有中国特色社会主义的坚定信念，坚决同党中央保持一致，坚持党的基本路线不动摇，坚决按照党的路线方针政策开展工作。其次要时刻牢记并践行全心全意为人民服务的宗旨，深刻认识到为人民服务是宣传思想工作的出发点和落脚点，一切为了群众，一切相信群众，一切依靠群众，而不是一切脱离群众，一切远离群众，若此宣传思想工作才能获得蓬勃发展的土壤，取之不尽的力量源泉。最后要牢固树立正确的世界观、人生观、价值观和政治观，淡泊名利，乐于奉献，不为名利所诱惑，能够经受各种风险的考验，多学习、多奉献、少计较、少空谈，以强烈的政治责任感和历史使命感认真负责地做好本职工作。政治坚定，这是宣传思想工作者的灵魂和方向。

二、勤奋钻研，勤学业务，树立业务精的良好形象

宣传思想工作者要不断面对新形势，新情况，新问题，新知识，应加紧刻苦学习，认真钻研，积极吸取因业务不精，宣传不准，甚至糊涂宣传，造成失实，坑害群众，引发民怨，损害党的形象和威信的深刻教训。一要努力学习党的基本理论、基本路线、基本纲领、基本方针，提高熟悉全局、把握全局、宣传全局的能力，吃准宣传方向，高扬主旋律。二要认真钻研经济知识、

法律知识、科技知识、管理知识，特别是工作需要的业务技术方面的最新知识，以进一步更新观念，开阔视野，不断增强宣传后劲，提高说“行话”、讲“实话”的能力，从而提高宣传思想工作的效率和质量。三要进一步解放思想，实事求是，深入实际，调查研究，向群众向实践学习新鲜的知识和经验，增强改革意识、进取意识，当好时代的“排头兵”，创造性地开展工作。业务精，这是宣传思想工作者的基石和动力。

三、联系群众，务求实效，树立作风正的良好形象

宣传思想工作者一定要密切联系群众，诚心为群众服务，工作务必求实效，严谨细致，知难而进，特别是在关键时刻必须按照工作性质和工作要求，从党性出发，刚正不阿，敢于碰硬，不受任何阻挠和干扰，以事实为根据，该揭露的就揭露，该批评的就批评，决不庇长护短，遮丑掩羞，甚至于推波助澜，扶邪压正。为此，一是宣传思想领导干部要经常认真坚持“三严”，努力抓好管理和监督，坚决用规章制度约束和匡正不良行为，出了问题决不迁就、姑息，同时也要时时注重社会舆论的监督，发现不足及时改正。二是宣传思想工作者自身要严格履行“三自”。“自重”，要深刻认识到自己的神圣使命，正确对待自己的权利和义务，运用好手中之笔；“自省”，要经常“照镜子”，按照工作的要求来反省和检查自己的行为和工作；“自励”，要经常激励和鞭策自己，尽最大努力把最好的精神食粮献给人民。三是宣传思想工作者要大力提倡和加强“五个修养”，即党性修养、理论修养、思想修养、文化修养和业务修养。这几方面的修养是相辅相成的，

现在有许多宣传思想工作者是很不注意这些修养的，群众观念、政治观念和纪律观念等都比较淡薄，职业道德差，业务素质低，很难适应当前如火如荼的改革发展形势和时代要求，倘若这些问题不解决好，发展下去，难免有一天会有一大批时代的“落伍者”。作风正派，这是宣传思想工作者的一面鲜艳的旗帜。

总之，我们只有从政治、业务和作风等方面狠抓，才能打造一批适应时代和形势要求的高素质宣传思想队伍。

迎接知识经济的严峻挑战　加强和改进企业思想政治工作

知识经济是以知识为基础，以知识、信息及其产品的生产、传播、使用为主导的新型经济。现代经济中，知识正在成为真正的资本和财富，知识经济的猛然到来，必将对我国社会经济、政治、文化以及生产方式、生活方式、思维方式等产生巨大影响，对企业思想政治工作将提出更高要求。

一、知识经济将为加强和改进思想政治工作提供良好的机遇

1. 知识经济将为马克思列宁主义、毛泽东思想、邓小平理论这一思想政治工作科学指南的丰富和发展提供扎实的理论基础和广阔的实践空间。一是从理论自身方面来看，纵观马克思主义的发展历史，不难发现马克思主义的产生和发展无不是和知识、科技进步紧密联系在一起的。首先马克思主义的产生就是建立在知识积累特别是科技进步的基础上，其根基深深地植入德国古典哲学、英国的古典政治经济学和法国、英国的空想社会主义的肥沃土壤中，而且随着社会经济、政治、文化知识和科学技术的迅速

发展，不断地得以丰富和完善，特别是在20世纪下半叶的中国，面对知识膨胀、现代科技进步对经济和社会发展的巨大作用，以邓小平同志为代表的一批马克思主义者睿智地提出了“科学技术是第一生产力”等的著名论断，极大地丰富和发展了马克思主义的科学观和经济观等。其实，整个近现代西方社会的思想、理论、价值观念等都是和知识、科技的发展密切联系在一起的，马克思主义毫不例外地会随着知识和科技的不断发展而发展。二是从继承者和传播者方面来看，如果继承者和传播者不了解、熟悉、掌握日新月异推陈出新的知识、科技及其新的突破、发展和贡献，那么就不可能准确、全面、深刻地理解和把握马克思主义的科学论断，也就不可能充分地发挥理论的指导作用，更谈不上丰富和完善理论。思想政治工作是以科学理论指导为生命的，用科学的理论教育人、引导人、鼓舞人和武装人是思想政治工作的首要任务。只有有了一批具有丰富知识的政工人员，才能更加准确、全面、深刻地理解和把握科学理论，并科学地用其指导工作，更好地完成用科学理论武装人的伟大任务，从而不断推动科学理论在更大范围的普及，并在广阔的生动的实践中不断地丰富和完善科学理论。三是从接受者和实践者方面来看，职工群众是马克思主义最大的接受者和最有力的实践者。职工群众科学文化素质的不断提高为更好地接受马克思主义提供了扎实的思想和理论基础。马克思主义是科学，是人类智慧的结晶，没有丰富知识的人是不可能理解、接受和实践它的。近些年的大量实践充分证明了这一点，千百年的封建积习、大量的小生产烙印、形形色色的西方自由化思潮之所以一度排挤马克思主义并占领部分思想政治市场，其主要原因就是广大职工群众的素质问题。前者欺骗性、蛊惑性大，易于被知识浅薄、思想低劣的人所接受；后者由于比较深邃、难懂，需要思想纯正、知识丰富的人才能理解、掌握和运用它。因此，随着广大职工群众科学文化素质的不断提高，及其不断运用系统论、信息论、控制论等先进的社会理论去系统地、整体地观察、分析、处理问题能力的增强，不难想象，其对马克思主义的接受也会越来越容易，实践也就越来越自如，如此，马克思主义的市场就会越拓越宽。

2. 知识经济将为加强和改进思想政治工作的方法和手段提供充分的物质条件。目前，一些单位或企业的思想政治工作之所以疲软，一个十分重要的原因就是思想政治工作的方法和手段落后，起不到解惑释疑的作用。而随着知识经济的到来，科学技术在各个领域、各个方面尤其是思想政治工作中的推广和运用，不但会弥补思想政治工作这一先天的不足，而且会使其在效率上起到质的飞跃。比如，运用监控技术，可以对现场作业的职工进行全面观察，及时、准确地掌握其工作、思想情绪变化，为开展针对性教育提供第一手资料，提高发现问题、解决问题的效率；运用计算机网络技术，建立思想政治工作信息库，各单位和部门就可以通过网络查找许多相关信息，增强与外界的联系，扩大视野，获取好的经验和方法，从而将思想政治工作从滞后服务变为超前服务；运用先进的声像技术，既可扩大教育的覆盖范围，又可提高职工的可视力和可听力，从而极大地提高思想政治工作的效率等，使思想政治工作的实效性大大增强。

二、知识经济将对思想政治工作提出严峻挑战

1. 知识经济发展的两面效应对人们的价值取向、思想观念、

伦理道德等带来深刻影响，迫切要求思想政治工作强化导向功能。一方面随着知识经济的发展，科学技术的进步和综合国力的提高，能缩短我国同其他发达国家之间的差距，使人们在心目中增强民族自豪感和爱国主义热情，坚定远大的理想信念和报国之志；知识经济的发展促进企业劳动组织结构、劳动工具、劳动规划的改变和劳动生产率的提高，将促使人们树立竞争观念、效益观念、法制观念等时代要求的新观念。而另一方面也带来一些负面效应，比如，发达国家依靠其丰富的知识、先进的科技促进了社会经济和军事力量的增强，从而使一些人对社会主义代替资本主义的必然历史规律产生怀疑，甚至动摇，减弱对社会主义的必胜信念；一些科学技术迅猛进入人们的工作和生活中，造成工作和生活节奏加快，难免会使一些承受能力低、适应能力差的人，产生种种心理恐慌、思想波动、情绪烦躁等；当知识作为资本，参与竞争，将无疑出现道德观念、价值取向的变迁等。不论是前者还是后者，都需要思想政治工作利用知识经济提供的先进设备和优越条件，加大工作力度，发挥巨大功能，积极地给以宣传、鼓动、巩固、提高，最大限度地减少其带来的负面效应，降低危害系数。

2. 知识经济的发展将不断提高人们需求的品位，拓宽人们需求的范围，迫切要求思想政治工作强化服务功能。知识经济的迅速发展，不但使人们的物质生活得到丰富和满足，而且促使人们对精神生活的追求品位越来越高，需求范围越来越宽，这就要求思想政治工作在内容、方法、手段、途径等各方面都得进行大胆的革故鼎新。如果思想政治工作仍然以慢节拍的传统形态开展工作，不能紧跟形势开拓创新，采取先进的技术手段，不能及时、准确地解释和处理人们日常工作和生活中所发生的一些新情况、新问题、新现象，满足不了人们对精神生活的日益增长的需求，达不到一定的服务效果，就势必会影响其正常的教育效果，其优势就难免被弱化。

3. 知识经济在发展过程中的猛烈冲撞和激烈竞争，迫切要求思想政治工作强化保驾功能。矛盾是事物发展的动力和源泉，一切事物都是矛盾的统一体。知识经济的发展，势必引起企业与企业之间在知识、信息及其产品等方面的激烈竞争，因为“优胜劣汰”的市场法则永远告诫人们，谁掌握了知识经济的主动权，谁就是这场竞争的优胜者，谁就能求得生存、求得发展。企业要在竞争中获胜，就必须依靠各方面的优势和力量，思想政治工作是其中最大的依靠力量之一，必须凭借这一优势，深入广泛地开展知识经济时代的思想教育，贯彻落实科教强企的战略，努力提高全体职工的知识、信息意识和科技手段，增强思想政治工作的保驾功能。

三、面对知识经济所带来的良好机遇和严峻挑战，我们必须采取强有力的措施加强和改进思想政治工作

面对知识经济所带来的良好机遇和严峻挑战，如何加强和改进思想政治工作，强化其自身功能，为企业的改革和发展保好驾护好航，笔者认为应从以下八个方面下功夫。

1. 内容上，要在协调发展、齐头并进上下功夫。在大力加强思想道德教育的同时，要把科技素质教育纳入思想政治工作的范畴，确保思想道德教育是思想政治工作的重心，主要是帮助职工加强理想信念，树立正确的世界观、人生观和价值观，培育开拓

进取、无私奉献的敬业精神，也即解决精神支柱问题，为企业提供强有力的思想保证；科技素质教育主要是着力提高职工的知识科技文化素质，观察问题、分析问题和处理问题的能力，为企业在知识经济竞争中求生存、谋发展提供可靠的智力支持。二者都是以提高人的整体素质，促进人的全面发展为目的，相辅相成，相得益彰，不可偏废。

2. 形态上，要在软硬并重、互相促进上下功夫。思想政治工作不光要注重人的思想道德、观念形态、文化素养、业务技能等“软件”建设，还应当注重基础设施、活动场所、规章制度等有利于思想政治工作开展的“硬件”建设，二者都是使思想政治工作整体上水平的重要举措，在“软件”建设方面要始终坚持虚实结合、虚功实做，以虚带实、以实促虚；在“硬件”建设中一定要注意加大投入，不光是物质、金钱的投入，更重要的是精力、心思和时间的投入，及其作用的充分发挥。“硬件”建设是“软件”建设的物质保障，“软件”建设是“硬件”建设的价值体现，只有“软”“硬”并重，相互促进，才能形成思想政治工作良好的整体发展态势，充分体现其强大的政治思想攻坚优势。

3. 方法上，要在新老结合、优势互补上下功夫。思想政治工作有许多优良的传统方法，比如疏导法、激励法、对比法、吸引法等，都是我们做好工作的传家宝，任何时候都不能丢都需要继承。但是在知识经济时代下，思想政治工作在方法上还必须汲取新的营养，进行大胆的革故鼎新，始终保持生机和活力，提高思想政治工作的吸引力、感染力和战斗力。对前者要本着“去粗取精、去伪存真”的原则合理利用，对后者要本着“洋为中用、古为今用”的原则大胆吸收、勇于开拓。这样才能达到继承和创新的有机结合，做到优势互补。

4. 目标上，要在远近结合、互相促进上下功夫。长远目标和阶段性任务是开展思想政治工作十分重要的两个方面，二者的确立，深刻地体现了质量互变规律的辩证性，是事物发展整体推进和重点突破的要求。如此，一方面才能全局在胸，有长远打算。杜绝急于求成、杀鸡取卵的短视行为和做法。另一方面才能立足实际，从小事做起、具体事做起，有重点有分寸地关心解决职工群众关注的热点，工作中暴露的难点，生活中出现的疑点，坚决反对好高骛远、不着实际、流于形式的行为和做法。通过扎实有力的阶段性工作，大力推进长远目标的稳步实现，以长远目标统筹阶段性工作的健康深入。这也是思想政治工作能否积极主动适应日新月异的知识经济并发挥巨大功能的一项迫切需求。

5. 形式上，要在形神兼备、借形传神上下功夫。知识的日新月异、科技的推陈出新和信息的迅猛扩张，迫切要求思想政治教育的形式必须灵活多样，丰富多彩，如此才能满足人们多样的需求和更高的品位，才能使人们欣欣然接受思想政治教育；要把完美的形统摄于充实、丰富、生动、健康的思想之下，而不能形合神离，神形不符，只有这样，才能使思想政治工作做到活、深、严、细的高度，既陶冶人的情操，又增长人的才干。因此，把教育的思想性和知识性、趣味性融合起来，把思想教育形象化、具体化，形神兼备、借形传神，才能增强思想政治工作的感染力和吸引力、灵活性和实效性。

6. 力量上，要在上下同欲、干群互助上下功夫。随着知识经济时代的到来，微电子技术、计算机技术和光缆传导技术等先进科技在人们日常工作生活中的大量使用，使人们之间的信息交流空前迅速和广泛，思想政治工作依靠单个人或某几个人的力量将很难收到实效。因此，要使思想政治工作开展有力，就必须把各级干部的领导力量和广大职工群众的依靠力量有机结合，上下同欲，干群互助，才能形成强大的战斗力。一方面各级领导干部不仅要做思想政治工作的组织者和号召者，更要做自觉的实践者、模范参与者、有力促进者，以表率行为带动和辐射思想政治工作的有力开展；另一方面要深入职工，扎根职工，和职工群众一道积极开展适合知识经济时代要求的教育活动，形成广大职工乐于参与、易于参与，人人尽义务、处处争先进的生动活泼、积极向上的好局面。

7. 队伍上，要在识能并举、相互增强上下功夫。知识经济的灵魂是创新。江泽民同志指出："创新是一个民族进步的灵魂，是一个国家兴旺发达的不竭动力。"①同样，创新也是思想政治工作的灵魂，是其不断得以加强和改进的动力。常言道，打铁先得自身硬。要想使思想政治工作的这一灵魂闪光，动力起作用，就必须先造就一批敢于创新、热心创新的政工队伍。一方面，要求政工人员转变观念，树立以知识为基础的创新意识，及开放意识、效益意识、竞争意识、科技意识、信息意识、法制意识等，从而使其创新行为逐渐由被动变为主动，成为自觉的行动；另一方面，要求政工人员加强现代经营管理、科学技术等方面的先进知识的学习，努力提高创新的能力，为创新提供坚实的物质后盾。没有强烈的创新意识，就不可能自觉地增强创新的能力，同样，没有创新的强硬本领作为后盾，强烈的创新意识就会逐渐消退熄灭。

① 《江泽民文选》第2卷，人民出版社2006年版，第392页。

8. 机制上，要在企社联袂、密切配合上下功夫。知识经济时代使人们对知识和信息的获取更加多渠道、多层次、多样化。人们不需要走出家门、厂(企)门就可随时在报纸、广播、电视、计算机甚至通过现代通信设备从外面获得全国甚至全球的知识和信息，影响人们思想观念和价值观念的渠道、途径、源头将变得更加社会化、复杂化，企业思想政治工作现行的“大政工”机制显然难以适应这种要求。这也就要求企业思想政治工作迈出“企门”走向“市场”，走向社会，建立一种企业和社会相互联袂、密切配合的关系，从而进一步强化企业思想政治工作，使企业思想政治工作爆发出更加强大的活力。

总之，企业思想政治工作作为一门真正的科学，其加强和改进包括许多内容，但是，如果从这八个方面下功夫，企业思想政治工作自身肯定会得到强化，从而使其在迎挑战、抓机遇的过程中释放出强大的能量，为企业在知识经济条件下进一步改革和发展将起到积极的作用。

（刊于《水电厂》2000 年第 1 期）

着力提高思想政治工作的服务水平和凝聚力

刘家峡水电厂是我国自行勘测设计、自行制造设备、自行施工安装的全国第一座百万千瓦级以上的大型水电厂，总装机容量122.5万千瓦，设计年发电量57亿千瓦时。多年来，我们始终坚持“两手抓，两手都要硬”的方针，认真贯彻落实党中央关于党的建设和思想政治工作的一系列规定，在创新中加强，在发展中改进，着力提高思想政治工作服务水平和凝聚力，确保思想政治工作这一“软任务”实实在在硬起来，有力地推动了企业两个文明建设年年迈上新台阶，取得了可喜的成绩。近几年我厂获得“全国模范职工之家”“全国大型水电厂青年思想政治工作先进单位”“西北电力系统思想政治工作优秀企业”“甘肃省文明小区”等荣誉称号近10项。截至2000年初，已累计发电1310亿千瓦时，创工业总产值90多亿元，为发展西北地区的工农业生产和改善人民生活做出了突出贡献。

一、健全新机制　探索新方法　增强创新意识

在改革开放和发展社会主义市场经济条件下，企业思想政治

工作的环境、任务、内容和渠道发生了很大变化，多年的思想政治工作的实践使我们深刻认识到，企业思想政治工作只有适应企业内外发展变化的新形势，不断创新，才能发挥其强大的生命力。从这个认识出发，我们一是健全了“大政工”运行机制。简而言之，就是在厂党委的统一领导下，以专职政工干部为骨干，全体行政干部为主体，党团员、班组长为基础，形成了党政结合、干群结合、专兼结合的全方位全过程多层次的“一体化”企业思想政治工作运作机制。为了保证这一机制的良性运转，我们制定了《大政工机制实施办法》，并建立和完善了相应的《政工干部开展思想政治工作及考核办法》《一岗双责制度及考核办法》《班组长开展思想政治工作制度及考核办法》等规章制度，形成了厂级领导重点做、政工干部系统做、行政干部经常做、群众组织主动做的目标同向、工作同点、责任共担的思想政治工作良好机制环境。进一步完善了企业思想政治工作体系，建立了工作计划、责任分工、检查考核、总结整改四种工作管理机制，使思想政治工作和精神文明建设形成了年有计划、月有安排、周有落实的良好管理机制。此外我们坚持一级抓一级，一级带一级，层层抓落实，把思想政治工作进行量化、细化，分层包干，责任到人，建立起了统一步调、密切配合的思想政治工作协调机制。

二是根据目前企业难点热点重点多的情况，我们创造性地在中层以上干部中广泛开展了灵活的“六个一”活动，即每天至少与一名职工谈心，重点深入一个班组；每月深入一次单身宿舍，进行一次职工家访；每年抓好一个后进班组的转化，为思想政治工作办一件实事。这一活动的开展使思想政治工作更加贴近改革、贴近职工、贴近生活，易于解疑释惑，化解矛盾，凝聚力量，乐于被职工群众所接受，收到良好效果。

三是适应企业生产经营环境，努力做到“四个同时”“三个主动”，抓好“三个环节”。“四个同时”，即企业思想政治工作与生产经营工作同布置、同检查、同考核、同奖惩。“三个主动”，即政工干部主动深入生产现场，掌握生产经营情况和职工思想动态；主动上门服务，同生产经营干部共同分析职工思想，共同研究解决问题的办法，协助做好一人一事的思想工作；主动向生产经营人员介绍政工业务知识，帮助他们提高开展思想政治工作的能力和自觉性。“三个环节”即抓好任务下达阶段的思想发动工作，工作实施阶段的宣传鼓动工作，任务完成后的总结推广工作。通过不断地推陈出新，不仅强化了思想政治工作的创新意识，而且使我厂思想政治工作步入了制度化和规范化的发展之路。

二、找准着力点　务必求实效　提高服务水平

思想政治工作是要结合经济工作一道去做的，不能孤立地去做，我们采用抓中心、抓重点的办法，找准着力点，务求实效，全力以赴提高服务企业中心工作的水平，在生产实际中显示出企业思想政治工作的强大威力，为全面完成企业各项任务提供了强有力的智力支持和思想保证，主要做法为：

一是把着力点放在安全生产上。安全生产是发电企业永恒的主题，既是我们的中心工作又是我们的重点工作，对于我们这个担负西北电网调峰、调频任务的骨干电厂来说，搞好安全生产就显得更为重要，我们始终把安全生产作为思想政治工作的一项重

要任务常抓不懈，成效显著。其一，在思想政治工作的内容上突出安全教育，在班组政治学习时，经常穿插《安全简报》等文件资料的学习，各党支部每季对全体职工进行一次安全专题教育，并利用党团组织活动开展形式多样的安全教育活动，有效地提高了职工的安全思想意识。其二，充分发挥厂报、电视、广播、宣传橱窗等宣传工具的作用，开辟《警钟长鸣》等栏目或专题，及时报道安全动态，发表安全言论，加大对安全生产的宣传教育力度。其三，党群各部门在全厂党员职工中开展经常性的“千项操作无差错”“万里行车无事故”“党团员身边无事故”“四无班组”竞赛活动，还组织开展了“我为安全生产献一计”“安全知识竞赛”“安全在我心中”演讲等主题教育活动，充分调动了全厂职工搞好安全生产的积极性。其四，在开展的长达 6 年的部级安全文明生产双达标活动中，我厂三次达标，两次受挫，但我们仍然以“达标我所求，不达誓不休”的顽强精神鼓舞职工，及时召开全厂“双达标”誓师动员大会，进行广泛的动员，做出了“关于做好双达标过程中思想政治工作的决定”，当工作受到挫折时，通过深入细致的思想工作帮助大家分析原因，查找不足，教育职工吸取教训，消除顾虑，再鼓干劲，充分调动了职工的积极性和创造性，终于实现了部级达标。

二是把着力点放在设备技术增容改造上。设备技术增容改造是我厂近几年来各项工作中的重头戏，此项工作投资巨大、技术难度高、工作量大、工期长。为了全面完成 5 台机组增容 19 万千瓦的工作任务，我们把搞好机组增容改造当做企业思想政治工作的重点工程来抓，主动为之服务，为生产排忧解难。每次机组增容改造、扩修、抢修，厂党委都及时成立前方生产现场政工组

(现已成为一种制度)，全体政工干部根据厂党委的统一安排，积极主动地深入一线，了解生产情况，掌握职工思想动态，及时解决改造过程中出现的各种思想问题。采写宣传稿件，鼓舞职工士气。在工作艰巨的时刻，厂领导亲临一线慰问职工，把组织的温暖和关心送到生产现场。工会、共青团组织也把机组增容改造当做自己工作的主战场，广泛开展劳动竞赛、提合理化建议、拜师学艺等活动，收到良好的效果。正是由于我们的思想政治工作深入到生产一线，找到了着力点，充分调动了职工搞好机组增容改造的积极性和创造性。我厂机组增容改造工作的成功，与强有力的思想政治工作是分不开的，是人心同向、力量同聚的结果。

实践证明，企业思想政治工作只有把着力点放在企业中心、重点工作上，不断提高服务水平，图作为、求实效，才能显现勃勃生机，发挥出强大威力。

三、以人为本　着重塑形　培育高素质队伍

多年来，我们坚持以人为本的原则，把培育一支思想素质高、业务技术精、工作作风硬、奉献精神强的高素质队伍，当做企业思想政治工作的出发点和落脚点，着力开展“形象塑造”工程，取得明显成绩。

一塑领导干部形象。“喊破嗓子，不如做出样子。”在相对封闭、落后、偏僻的水电厂，领导干部的一举一动，直接影响着全厂员工。为此，我们大胆改革干部人事制度，果断采取“中层干部高位奖励，末位淘汰”办法，调整领导班子结构，狠抓两级领导班子建设，充分发挥了班子的整体功能。他们以远见卓识和非

凡的勇气，超前的开放性思维，大胆提出了大打设备翻身仗，开展设备技术增容改造的战略目标，并提出修建洮河口排沙洞装机30万千瓦的跨世纪规划。想方设法为职工办实事，解决了30年来职工最为关切的住房困难等一系列实际问题，稳定了职工队伍。班子成员自觉抵制金钱、权力的诱惑，如总公司总经理高凯、经营副厂长宋毓倩等领导同志将他人送来的钱物及时交给了纪委。通过班子建设，厂级领导干部在全厂职工面前树立起了团结向上、锐意进取的形象，勤政廉洁、严于律己的形象，求真务实、开拓创新的形象，作风正派、全心全意为职工服务的形象。我们的中层干部更是身先士卒，发扬“一级带着一级干，一级做给一级看”的精神，与职工群众一起战高温、下闸门、修设备、爬机坑、搞改造，有时几天几夜不离现场，坚守在生产一线，因而涌现出了省级劳动模范郭永进等一批优秀干部，他们用实际行动和辛勤的汗水，谱写出了一篇干群同甘苦、共奋斗的光辉篇章。两级领导干部的表率作用，不仅使职工产生了对领导干部的敬重感和信任感，更使企业产生了巨大的凝聚力和向心力。

二塑党员队伍形象。在党内广泛开展“树形象、做表率，我为党旗添光彩”“创先争优”“党员文明岗”系列活动，努力塑造共产党员平时能看出来、关键时刻能站出来、危急关头能冲出来的先锋模范形象。如我厂水轮机转轮焊接是一项对技术、温度要求特别高的工作，优秀共产党员、厂劳动模范杨清林带领60多人组成的突击队，围着表层温度高达200度的水轮机，顶着刺耳的噪音、呛人的粉尘和硝烟，一点一点地测量、打磨、焊接、清扫，在空间狭小、呼吸困难、高温炙烤的工作环境中，连续几天几夜坚守在现场，硬是将两块各50吨重的转轮焊接为一体，出色地完成了任务。

三塑职工队伍形象。在生产实践中培育和造就一支“四有”“六过硬”的职工队伍，是我们孜孜以求的目标。我们通过技术比武、岗位练兵、“学帮带”、鼓励自学、脱产轮训等多种形式的主题教育活动，努力塑造服从指挥、确保安全、刻苦学习、勤奋工作、遵章守纪、敬业爱岗的一流职工队伍形象。全厂上下形成了做主人事、操主人心、尽职尽责出主人力，团结拼搏创一流的良好氛围。1999 年 7 月，我厂首次从国外引进的水轮机转轮，在回装时发现水导瓦某项尺寸不合适，我们的机械职工肩抬水导瓦拉锯式研磨，又用刮刀将高点刮平，检测后再研磨，每一块瓦都要反复研刮 30 多遍，繁重的工作量使最彪悍的小伙子都腰酸背疼难以忍受，但是他们为了使 25 万千瓦的大型机组早日发电，硬是咬着牙连续奋斗，仅用了 8 天时间，出色地完成 24 天的工作量。还有在电缆改造中，全厂 500 多名职工，在落差百余米的陡峭山坡上顶着烈日，在阴暗潮湿的廊道内不顾身旁泥水流淌，干群一条心，手拉肩抬，将近万米长约 600 吨重的高压电缆安全无损地拆除并敷设完成。我们厂能够在安全生产、机组改造、精神文明建设等方面取得丰硕成果，这与我们拥有一支具有高度义务感和责任感，不怕困难，无私奉献精神的职工队伍是分不开的，这支队伍是我们战胜各种艰难险阻，取得优异成绩的根本保证。

四、抓准契机　拓宽渠道　增强吸引力

一是以爱国主义教育为契机，广泛开展爱厂、爱岗教育。我厂是中国水电建设史上的一座丰碑，也是甘肃省首批爱国主义教

育基地，我们利用这一有利条件，抓住机遇，制定了《爱国主义教育实施办法》，分阶段、有步骤、有组织地开展多种形式的爱国主义教育活动，畅谈祖国发生的巨大变化和取得的辉煌业绩，抒发职工的爱国热情，并引导职工把爱国、爱厂、敬业、勤业的热情落实到自己平凡的工作岗位上，转化到多做贡献的实际行动上。

二是以企业文化为新载体，不断拓宽企业思想政治工作的领域。首先，在生产实践中培育“立足黄河，献身刘电；勇于拼搏，争创一流”的企业精神，从职工入厂开始就进行创业史、发展史等方面的厂史厂情教育，让职工全方位、高层次地了解企业精神所蕴含的深刻内涵和时代个性，增强职工的自豪感和工作责任感。其次，大力宣传企业形象，提高企业知名度。编写出版近50万字的《刘家峡水电厂志》，利用翔实生动的历史图片，编辑出版了精美的《刘家峡水电厂》大型画册，投资10万元建起全面反映我厂历史的厂史展览馆，仅去年在《人民日报》《工人日报》等新闻媒体上发表《光耀黄河三十载》《大河壮歌》等通讯、专题及消息285篇(幅)，文字达6万余字，展示了职工扎根山区，无私奉献的精神风貌，达到了内强素质、外塑形象的目的，产生较好的社会影响。最后，大力营造浓郁的文化氛围。在生产厂区及生活区制作安装50多个宣传灯箱及大幅宣传标语，安装安全文明警示牌600多个，设计制作宣传橱窗17块，职工阅报栏9块，更新厂内广播等宣传设施，建起职工健身房、棋牌室及乒乓球室等文体活动场所。

三是以创建活动为依托，寓思想教育于各项活动之中。我们利用电力行业开展的创建文明单位活动，深入发动群众，积极开展创建文明单位、文明部室、文明班组、文明职工、文明家庭、文明宿舍活动，有效地提高了职工的文明素养。根据地处山区、文化生活单调这一特点，我厂经常组织开展职工运动会、爬山比赛、书法、摄影、手工展览、歌舞晚会等活动，举办了“百年梦圆”“歌唱祖国”“欢庆发电三十年”等大型文艺节目演出和歌咏比赛。多彩的文体活动，丰富了职工生活，陶冶了职工情操。我们将思想政治工作有效延伸到“八小时”以外，大大增强了思想政治工作的吸引力、凝聚力和感染力。

（此文在2000年中国电力政研会发电专委会上获评二等奖）

以改革创新精神推动企业思想政治工作向更高目标迈进

——对改进新形势下企业思想政治工作的方向性问题的浅探

1999年11月，中共中央专门下发了《关于加强和改进思想政治工作的若干意见》(以下简称《若干意见》)。2000年6月底，江泽民同志在中央思想政治工作会议上作了重要讲话，指出：“党的思想政治工作所以成为经济工作和其他一切工作的生命线”,① “必须在内容、形式、方式、方法、手段、机制等方面努力进行创新和改进”。② 这些重要意见和讲话是新时期我们不断加强和改进企业思想政治工作的指导方针。当前，国企改革正处于攻坚阶段，结构调整、转机建制、减员增效、分流下岗和再就业等深层次矛盾的大量出现，给企业思想政治工作带来了许多新情况新问题。况且，当前企业思想政治工作自身也存在内容陈旧、手段落后、机制不活、队伍不稳、制度不健全等诸多问题，难以适应错综复杂的外部环境和不断深化的内部变革的客观发展要求。针

① 《江泽民文选》第3卷，人民出版社2006年版，第84页。

② 《江泽民文选》第3卷，人民出版社2006年版，第86页。

对上述情况，如何加强和改进企业思想政治工作，以适应新形势发展要求，为企业的改革和发展提供更有力的精神动力、智力支持和思想保证，笔者认为目前企业思想政治工作应着力在以下几方面下功夫。

一、始终坚持以马列主义毛泽东思想为根本指针，积极推动企业思想政治工作的科学化

所谓思想政治工作的科学化，就是指要按照科学的理论、科学的原则、科学的管理和科学的方法来从事思想政治工作，使这种工作符合人们思想和行为活动的基本规律，符合思想政治教育的基本特点和规律，也就是按人的思想和行为及思想政治工作自身的客观规律来工作。科学化是企业思想政治工作的发展方向和目标，企业思想政治工作只有科学化，才能使其适应新形势发展需要，充分发挥好保证和服务功能。

在社会主义市场经济条件下，企业思想政治工作科学化，首先必须以马列主义、毛泽东思想为根本指针。马列主义、毛泽东思想是一脉相承的科学体系，它们正确地反映了人类社会发展的客观规律，是无产阶级最科学的世界观和方法论；是人类社会智慧的结晶，是人们认识和改造思想意识，提高思想觉悟的思想武器。在当前形势下，最根本的是以邓小平理论为指针，邓小平就新时期思想政治工作作了一系列重要论述，科学地阐明在改革开放和市场经济条件下做好思想政治工作的基本原则和方法。以科学理论为指针，这是实现企业思想政治工作科学化的前提条件。其次要按照“选好专题，调查研究，民主讨论”的原则，紧密联系实际情况，广泛运用心理学、教育学、行为科学、信息论、控制

论等先进理论，深入研究职工思想变化的新情况新特点，探寻把握新形势下企业思想政治工作的新情况新规律。这是企业思想政治工作科学化的关键环节。再次，加强企业思想政治工作的组织领导工作，尽快建立健全一套完整的组织体系、科学工作方法和管理制度。要切实建立一个以党组织为核心、行政为主体、政工干部为骨干的思想政治工作保障体系，在这个体系中，要实行岗位责任制，按程序化工作，始终按照“计划、实施、考查、总结”四个环节来进行，这是企业思想政治工作科学化的可靠保证。

二、坚持继承与创新原则，紧跟社会发展步伐，积极推动企业思想政治工作的现代化

随着社会主义现代化建设的逐步推进，科学技术的迅猛发展，知识经济的蓬勃兴起和人们观念、要求、愿望、爱好、思维方式和生活方式的不断变化，特别是企业劳动人事、住房、医疗、保险等各项改革的日益深化，企业思想政治工作的环境、任务、内容和渠道等均发生了很大变化，企业思想政治工作若仍然沿用老方式老办法，显然就要落后于形势，不能适应现代化建设和企业发展的需要。因而，必须实现企业思想政治工作的现代化，这是一个直接关系到企业思想政治工作成效、地位和作用的大问题。

如何实现企业思想政治工作现代化？首先，企业思想政治工作面临许多新情况，比如爱国主义、集体主义、社会主义思想以及其他与改革开放和现代企业改制相适应的思想观念、道德风尚日益成为人们精神世界的主流时，拜金主义、个人主义、享乐主义却在部分职工中滋长蔓延，非马克思主义在和马克思主义争夺

着思想阵地；分流下岗、医疗、保险等改革举措大大触动了职工的利益，引起了许多思想矛盾和焦点问题；高新传媒技术、手段在为企业思想政治工作提供广阔空间的同时，也在传播着一些错误思想、不良文化等不健康的东西；企业思想政治工作“一手硬，一手软”的矛盾相当突出，企业党的建设和经济发展不相适应等，因此我们必须根据企业和企业思想政治工作的发展需要，不断研究这些新情况，总结一些新经验，探索一条新路子，创新一个新方法。但同时要按照“创新与继承”相结合的原则，对过去行之有效的好传统、好方法、好作风，要结合企业实际继续发扬。不能因为思想政治工作要现代化，要创新，就放弃好传统、好做法、好作风。其次，所谓思想政治工作的现代化，其主要标志就是政工干部队伍的“四化”(革命化、年轻化、知识化、专业化)，因此要采取有效措施，大力运用马克思主义的基本原理、社会科学、自然科学、现代管理等现代科学文化知识武装政工干部队伍，真正使企业政工干部队伍成为思想政治工作现代化的主力军和骨干力量。再次，要加大投入，有步骤地用电视、广播、录像机、电脑等现代科学技术装备政工部门，努力把思想政治工作部门建设成为先进的高效能的工作机构。坚决改变“一支笔、一个本、一张嘴”就行，根本不需要投资和设备的做法。最后，要逐步使企业思想政治教育系统化、正规化和社会化，使思想政治教育的内容和方法等适应培养“四有”职工队伍的需要。所谓系统化，就是要分层次确立系统教育的内容和对教育对象进行系统教育；正规化，就是要建立正规的教育学校，编辑正规的教材，建立正规的教育制度；社会化，就是要调动和运用社会各种力量对职工群众进行思想政治教育。总之是要抓紧促进企业思想政治工作方式方法和手段的现代化。

三、建立健全领导体制、运行机制和各种制度，积极推动企业思想政治工作的制度化

思想政治工作制度不是主观随意性的产物，而是客观规律的抽象和提炼。好的思想政治工作制度来源于实践，是思想政治工作经验的升华，能够积极推动思想政治工作向更高水平发展。从目前企业实际情况来看，一些企业思想政治工作薄弱，仍存有“一手硬，一手软”的问题，除认识上的原因外，更重要的是企业思想政治工作没有形成富有成效的制度，或者有了制度也没有认真地执行，未能形成良好的运行机制。因此，随着企业建立现代企业制度，加强内部管理等各项工作的逐步推进，建立目标明确、责任分明、关系协调、渠道畅通的企业思想政治工作管理体制和运行机制势在必行。一是要建立“大政工”机制，在组织形式上，形成以党委为领导、以专职政工干部为主导，以行政、技术干部为主体，以党团员和班组长为骨干，以工会、青年团等群众组织、家庭和社会为助手的全方位全过程全天候的企业思想政治工作良性运行的“一体化”工作机制。二是要建立健全各种制度。要建立思想政治工作计划与部署制度和检查考核内容科学设计制度，定期研究工作部署，安排任务；建立职工思想动态分析制度，工作效果评估制度，工作反馈制度，以便有计划地采取措施，及时解决工作中出现的问题；建立把工作成效作为衡量领导班子、干部政绩重要依据的思想政治工作检查考核、价值评估制度；同时要建立健全领导制度、责任制度、协调制度、学习制度、信息制度、培训制度、奖金制度、奖惩制度等。三是要注意

制度的贯彻与落实。再好的制度如果不能贯彻执行就等于废纸一张，因而还必须注意以下几点：(1)制定工作制度一定要实事求是，能解决问题，便于操作；(2)制度一旦确立就要深入贯彻，让制度深入人心，转变为人们的自觉行动；(3)执行制度一定要严格认真，并进行督促考核，促进制度真正落到实处。若此，思想政治工作才能实现名副其实的制度化。

四、认真贯彻落实《若干意见》，积极推动企业思想政治工作的标准化

随着科学技术的迅速发展，数字化时代的到来，企业各项经济工作标准化程度要求越来越高，比如我们电力行业标准化已颁布实施，而且必将日臻完善，这就要求企业思想政治工作自身也要标准化。但是和企业经济工作相比，企业思想政治工作则显得相形见绌。“无据可查，无数可考，无尺可量，无物可证”，这是导致目前企业思想政治工作认识错位、内容虚化、效果不大、运行质量欠佳的一个十分重要的原因。虽则，有些企业已对此作了大量有益探索，取得了一些进展，比如有的企业以“是否有利于提高企业生产力，是否有利于增强企业综合实力，是否有利于提高职工生活水平”；“安全生产为零”；“思想认识是否已经深化到位，舆论氛围是否浓郁起来，制定的措施是否正在落实，存在的主要问题是否正在解决，齐抓共管的合力是否已经形成，社会各界的认可度是否正在提高”等为衡量标准，但不是略显空洞，就是有失偏颇。因此，如何使企业思想政治工作能够做得实实在在，有血有肉可量化，以笔者之见就必须按照《若干意见》的要求，严格结合企业实际，深入实践，调查研究，及时总结，尽快

使企业思想政治工作实现标准化。《若干意见》已分析了目前企业思想政治工作面临的新形势、机遇、挑战，提出了做好目前企业思想政治工作的指导思想、原则、内容、方针及其力量所在，它是指导我们做好新时期企业思想政治工作的纲领性文件，是我们企业思想政治工作标准化的有力指导思想和科学依据。只有达到了《若干意见》要求的标准，才是科学、合理、正规的标准化。基于上述认识，我们认为评价一个企业思想政治工作的标准，应当以它的“生命线”作用的发挥程度和取得的实际成效为依据，具体应体现以下几方面的内容：其一，是否及时而又有力地解决了生产经营中出现的各种思想问题，协调好人际关系，对企业中心工作的顺利进行和健康发展发挥了推动和保证作用。其二，是否保证了党和国家的政策法令在企业的彻底贯彻执行。其三，是否对建设“四有”职工队伍和社会主义精神文明、企业文化等发挥了突出推动和保证作用。其四，是否对解决职工和企业的关系发挥了十分重要的作用。

五、加强政工队伍、阵地、信息化等建设，扩大覆盖面，积极推进企业思想政治工作的网络化

面对社会翻天覆地、企业日新月异的变化，特别是信息技术的高速发展，影响企业职工思想观念的渠道、途径、源头更广泛、多样、多层，企业职工不需要走出家门厂(企)门，只需一个电话、呼机、互联网等，就可知“天下事”。这些深刻的变化，迫切需要企业思想政治工作建立和完善相应的工作网络，扩大教育覆盖面，以提高企业思想政治工作的实效性。一是要加强思想政治工作专职队伍建设，更好地发挥他们的积极性、主动性和创造

性，同时注意发挥行政、生产、管理、离退休人员的作用；要加强基层党支部党小组建设，更好地发挥战斗堡垒作用，同时发挥工会、共青团等群众组织的作用，从而形成专兼结合、党群结合、优势互补的队伍和组织网络。二是要加大资金投入，采用先进的科技设备，建立起能够及时反映情况开展双向交流传递各种信息的灵敏的思想政治工作信息网络。三是要加强图书馆、俱乐部闭路电视、广播、板报、厂报等阵地建设，努力把思想政治工作同精神文明、企业文化等创建活动紧密结合起来，使思想政治工作贴近职工、贴近改革、贴近一线，也即渗入企业生产计划、管理等各个方面，从而形成能深入基层、家庭各个方面的思想文化阵地网络。四是成立由企业报告员、宣传员、劳动模范、先进标兵等组成的教育网络队伍。五是要建立由企业政研会小组、会员组成的，能够把企业思想政治工作实践中遇到的一些热点、疑点、难点问题，进行调查、研讨、论证，提出最佳解决方案，又能把实践中思想政治工作成功或不成功的经验进行总结，把它们上升到理论高度，推动企业思想政治工作的完善。总之开展强有力的思想政治工作单靠专职政工干部，单靠党内力量是不够的，需要依靠广大干部和群众，动员各方面的力量，运用一切可以运用的组织形式和活动形式，建立多层次、多角度的思想政治工作网络，上下左右一起动手，齐心协力，努力创建一个人人参与、人人受教育的新格局。

实践证明，企业思想政治工作在内容、形式、机制、载体等方面都要有变化，靠一个办法不灵，靠一个模式不活，靠一个机制也不行。只有善于结合本单位、本部门经济工作和各项业务工作的特点、重点、难点和热点，把思想政治工作渗透到经济工作的各环节和全过程之中，以改革创新的精神，研究新情况，解决新问题，总结新经验，探索新路子，才能把握时代脉搏，发现问题，解决问题，增强工作的主动性、针对性和实效性。当前，社会、企业正处于一个大变革大变动的时期，如何加强企业思想政治工作并把其推向更高目标，的确内容诸多，但我们只要从以上几方面努力，大胆改革创新，企业思想政治工作就能得到加强，才能上新台阶新水平，在推动企业的改革和发展中，释放出强大的能量，发挥出更大的作用。

（此文在2000年中国电力政研会发电专委会上获评三等奖）

有针对性地做好青工的思想政治工作

当前，青年职工不论从数量还是其本身所拥有的文化知识、业务技能等质量来看，都已成为企业的主力军，抓住新时期企业青工的特点，有针对性地做好他们的思想政治工作，既是推动企业加速适应社会主义市场经济发展的客观要求，也是推动企业深化改革加快发展的迫切要求。现根据对实践的调查和了解，对该问题作一粗浅的探讨。

一、新形势下青工的新特点

随着企业改革的不断深化和社会主义市场经济体制的逐步建立，青工的思想显得异常活跃，有许多明显的新特点，既有积极的，又有消极的。

(1)有较强的求知欲和独到的见解能力。青工精力充沛，思想活跃，求知欲较强；思维敏捷，善于独立思考，对问题的分析有独到的看法和见解，不愿拘泥于框框架架；开拓能力强，接受新事物快，善于开创性地开展工作。

(2)自我意识突出和自立意识增强。以自我为中心，标新立异，追求个人目标，实现个人价值，善于推销自己；自信自立自强，积极上进，能独立开创性地解决遇到的问题，同时希望得到他人的理解和认可，但常常过于自尊，难以适应环境，也常得不到周围人的理解、帮助和支持。

(3)思想情绪不稳，“峰谷变化大”。由于青工的社会阅历较浅和心理特点决定了他们更容易产生思想波动，情绪不稳，自控力较差，有时过于激动，有时过于悲观，易于感情用事，其好处是常常“该出手时就出手”，不怕困难，敢于拼搏，其不足之处是不顾后果，盲目乱干。

(4)好胜心和创造意识强。青工有着不服输、不因循守旧、勇于争先、不甘人后的心理，这促使他们凡事敢想、敢作、敢为；头脑灵活，小点子、小发明、小创造、小建议多，常常敢创造性地开创工作，创新意识强。

(5)精神需求强烈，辨别是非能力相对较差。青工不仅对文化知识、科学技术和企业生产经营管理等感兴趣，而且对国际国内的社会新潮热点更感兴趣，并且往往着意追求，甚至急于模仿，虽则也能独立思考和认识这些东西，但由于辨别是非的能力差，容易追风赶潮，迷失方向。

(6)理想信念淡化，集体主义观念弱化。一些青工在市场经济大潮面前不能正确认识自己所处位置，认为“理想信念太空，还是钞票来得实惠，来得直接”“国家大事和我们离得太远，不是我们想的事情”“企业生产经营好坏是领导们的事，我只管干活拿工资”，对国家、集体的前途命运漠不关心，理想信念明显淡化，集体主义明显弱化。

(7)拜金主义、个人主义、享乐主义抬头，艰苦奋斗意识淡薄，奉献精神下降，组织纪律性差。部分青工在社会主义市场经济面前把自己的人生价值追求仅仅局限于金钱上，生活消费追求高标准，高消费，吃香的，喝辣的，穿高档的，住豪华的。个别青工无视国法厂规，为所欲为，对工作一味地应付、推诿，只讲索取，不讲奉献，还美其名曰："主观为自己，客观为社会。"

(8)政治意识淡化。很大一部分青工对政治不感兴趣，对政治生活厌倦，政治观点、政治原则、政治方向、政治敏锐性和政治鉴别力更差。

(9)"迎合"思想有所抬头。一些青工对社会、企业特别是某些领导者的不正之风、不法行为，不是反对之、斗争之，而是视而不见、听之任之或一味地迎合"心意"，竭尽阿谀奉承之能事，缺乏青年人的"棱角"，如此却被认为是"成熟""识相"。

(10)道德观念下滑。部分青工以市场经济商品的等价交换为工作衡量标准，只顾追求个人利益，不惜损害集体、他人利益，甚至连亲戚朋友也是如此对待，社会道德败坏，职业道德松弛，家庭美德欠缺，总之是道德观念下滑。

二、有针对地做好青工的思想政治工作

若要有针对性地做好青工的思想政治工作，就必须正确地分析青工的特点，既要看主流，大多数青工是好的，积极上进的，努力工作的，也要具体问题具体对待，对某些青工中存在的错误思想，不良倾向，有所分析，有所区别，有所对待，不能有点错误就"无限上纲"，将其一棍子打死，而是要采取积极措施，帮助他们改正错误，堵塞漏洞，纠正不足，弥补缺陷，完善其人。根

据青工的特点及目前企业的一些情况，笔者认为要从以下几个“必须”上下功夫。

(1)必须加强青工的马列主义、毛泽东思想教育。坚持用马列主义的科学理论教育，这是解除青工思想障碍、污垢，帮助青工正确认识社会、认识事物的最佳途径。由于青工思想活跃，可塑性强，且年轻，对社会生活事物发展变化认识不成熟，容易被假象所惑，走极端，也容易沾染一些封建流毒和被资产阶级的腐朽思想侵蚀，用马列主义进行教育，不仅可帮助他们牢固树立正确的世界观、人生观和价值观，而且可提高认识问题、辨别是非、区别美丑的能力。这对正在成长发展中的青工来说尤其重要。

(2)必须强化青工的理想信念教育。企业在加强青工思想政治教育时要十分注意结合青工特点、改革开放以来全国各地巨大变化的事实和我党的光荣传统及中国革命、建设和改革的艰难历程开展教育活动，要把理想信念教育作为核心教育内容，始终加大“三主义”(爱国主义、社会主义、集体主义)教育力度，用进步的思想来统一青工的行动，提高抵制封建污垢和资产阶级腐朽思想侵蚀的能力。同时要把教育活动同“爱岗敬业”“青年能手”“青年文明号”等共青团活动结合起来，大力加强“三德”(社会公德、职业道德、家庭美德)的教育力度。要以企业内外先进模范人物为典型，充分发挥榜样的激励、鼓舞、鞭策作用，积极推动企业两个文明建设。

(3)必须有针对性地根治青工中存在的错误倾向。要针对拜金主义、享乐主义、个人主义思想，旗帜鲜明地开展马列主义世界观、人生观、价值观教育，积极倡导无私奉献精神，认真地搞好各项内容丰富、形式多样、思想充实、趣味浓厚的共青团活动，通过生动活泼、新鲜有趣的活动，起到启迪、感化、教育青工的作用。针对艰苦奋斗思想淡化，奉献精神下滑，要通过深入持久的我党和各企业的艰苦创业历史教育，使其逐步确立艰苦奋斗的思想。在教育过程中一定要把艰苦创业教育与奉献教育相结合，把奉献教育与树立正确的世界观、人生观、价值观结合起来。只有有了正确的世界观、人生观、价值观，才有奋斗的方向和动力，才有奉献的精神源泉和根基。针对组织纪律观念淡薄，一定要把经常性的思想教育同严肃企业规章制度结合起来，一方面要晓之以理，动之以情，找出不足及其思想根源所在，用春风化雨、耐心细致的思想政治工作去感化他们，另一方面要用国法厂规，对严重违反纪律制度的职工进行严肃处理，决不姑息迁就。

(4)必须着力提高思想政治工作者特别是企业领导干部的素质，为青工树立楷模。要严于律己，宽以待人；要正人先正己，做好表率；要严格按规章办事，不能随主观臆断；要始终放下架子，不摆资格，不以官自居，能确确实实深入基层，深入青工工作、生活、学习之中，让其掏出真心话，从而一点一滴地了解他们的思想动态，把握其思想脉搏，然后进行综合分析，对症下药，以彻底解决问题。这样不仅可解决眼前问题，而且会拉近与青工的感情距离，有利于解决更多问题和潜在问题。

(5)必须缩短与青工的思想距离。思想政治工作不是空洞说教，而是富含丰富内容的。在实践中一定要把解决思想问题同实际问题结合起来。一是要设身处地地为青工着想，了解他们的情况，解决好实际生活困难。生活困难是引发思想问题的十分重要的一个根源，目前主要是解决好单身职工的就餐、爱情、生病、重大节假日探访等实际问题及已婚青工的孩子入托、夫妻两地分居、家庭矛盾(老家在外地的)等实际问题。二是要鼓励青工上进成才。愚昧源于无知，天才出于勤奋。我们不仅要解决好青工的生活问题，更要解决青工的学习成才问题，这是做好思想政治工作的一条值得重视的办法。要抓好岗位练兵、岗位培训提高青工的业务能力；要给自学的青工提供必要的时间、机会，并给予经济上的大力支持；要帮助有雄心、抱负的青工考研求博的机会。三是要寓教于乐，开展丰富多彩的文体活动。特别是为使青工八小时以外不寂寞，可通过举办文艺晚会、象棋、篮球、书法和周末舞会等活动，使八小时之外的活动丰富多彩，从而充实青工的精神生活。

(6)必须做好后进转先进的工作。“垃圾是放错了位置的财富。”开展思想政治工作，不但要注意促先进，而且还应注意抓后进。由于青年人都爱面子、自尊心强、易于激动，所以在做好后进青工的思想政治工作时，必须将精神鼓励与物质奖励相结合，以正面表扬、引导为主，善意的批评为辅；要积极教育、帮助、引导，使这些青工改掉坏毛病，成为学习积极、工作努力、岗位成才的好职工。最好是能积极运用后进变为先进作为榜样，以其相近的经历、思想、感情来感化，这是做好后进青工思想工作的最有成效的办法。另外在进行思想政治工作时也要区别对待，在对好的同志给予表扬、精神鼓励的同时，对后进的同志也给予“润物细无声”的思想教育工作，以帮助后进，决不能嫌弃、远离，更不能认为“无药可医”，而让其“破罐子破摔”。

用强有力的科学理论武装职工

马克思说过："理论一经掌握群众，也会变成物质力量。"①恩格斯也认为："只有清晰的理论分析才能在错综复杂的事实中指明正确的道路。"②在人的思维中，理论思维是一种高级形态的思维，但只有掌握了科学理论，人们才能洞察幽微，登高望远，透过现象看本质，拨开纷乱理规律。企业是市场的主体，职工是企业的主体。企业的竞争归根结底是职工素质的竞争，职工素质的高低直接关系到企业的兴衰成败。当前，国有企业正进行着前所未有的深层次改革，面临着大量的新情况新问题。广大职工只有刻苦学习，努力掌握马列主义、毛泽东思想特别是邓小平理论，不断提高观察、分析和处理问题的能力，才能充分发挥主人翁优势，建良言献良策，探索出一条有中国特色的国企健康发展的光明大道，国企才能迎着时代和市场的各种挑战而稳步前进。

---

① 《马克思恩格斯全集》第3卷，人民出版社2002年版，第207页。
② 《马克思恩格斯全集》第37卷，人民出版社1971年版，第283页。

一、用强有力的科学理论武装职工，是新形势、新情况的迫切要求

1. 用强有力的科学理论武装职工，是共产党的一贯要求和做法。共产党的伟大创始人马克思、恩格斯为了在各国广泛传播科学社会主义和共产主义学说，亲自创立党的报纸、刊物和印发传单，对工人进行宣传教育；经常深入工人中进行演讲，用科学的理论和广博的智慧回答工人们提出的各种问题；创办各种讲习班，亲自讲授科学社会主义和共产主义学说。卓越的布尔什维克主义者列宁始终注重用科学的理论教育广大工人阶级，积极从事教育工人阶级的工作，为此创造了著名的“灌输论”，强调党必须把社会主义思想和政治意识灌输到工人群众中去。中国共产党一开始就非常重视职工的理论武装工作，通过办刊物、散传单、组织平民教育、深入工人群众进行演讲和宣传鼓动工作等形式，对工人群众进行卓有成效的政治教育，因而在极端艰苦的环境下开展了轰轰烈烈的工人运动，有力地推动着革命波澜壮阔地向前发展。近些年来，随着国有企业的深化改革和加快发展，党中央十分重视加强对职工群众科学理论的教育，从而保证了三年脱困目标的实现，开创了国有企业新局面。正因为共产党人善于根据形势和任务的变化，不断推进和深化理论与实践的结合，才得以不断开创新局面，从胜利走向新的胜利。

2. 用强有力的科学理论武装职工，是巩固党的执政地位的客观需要。中国共产党是工人阶级的先锋队，工人阶级是党坚实的阶级基础。改革开放以来，我国工人阶级的结构和关系发生了巨大的变化，除工人阶级队伍在扩大、素质有所提高外，还出现了

“三资”企业的工人，他们和国有企业的工人一起构成了我国工人阶级队伍。因此，国内外有一些人就借口这种新变化，积极否定工人阶级是先进生产力的代表和国家的领导阶级，极力否定党的阶级基础，进而否定党的执政地位，客观形势迫切要求用强有力的科学理论武装职工。因为，广大工人群众只有用科学理论武装，才能认识到自己的历史地位和历史使命，把自己的视野从认识个人、家庭和所在企业的利益，扩展到充分认识和理解整个社会主义社会的利益，用自己的实际行动带动和感染周围群众，正确地把个人利益和社会利益结合起来，自觉地服从社会利益发展需要，从而成为推动人类历史走向美好未来的最强大最先进的力量。也只有这样，党的执政地位才能坚不可摧，牢不可破。

3. 用强有力的科学理论武装职工，是企业改革发展创造辉煌的时代需要。面对科学技术的迅猛发展、经济的日趋全球化、跨国公司的竞争日趋白热化及我国加入 WTO 后的严峻形势，一个企业能不能求得生存谋得发展，能不能抓住机遇赢得世纪挑战，不仅要靠资源、技术，更重要的是靠人、靠职工素质的提高和人力资源的大开发。这其中最重要的就是要用强有力的科学理论武装职工，着力提高职工的理论素质，塑造正确的世界观、人生观和价值观。具体而言，就是企业要走向市场，适应市场，占领市场，就必须使职工转变陈腐观念，树立积极向前的新思想；摒弃旧制度，建立新制度；改造旧设备，采用新技术；自觉抵制利己主义、拜金主义、极端个人主义和享乐主义的侵蚀，纠正行业不正之风等，而这些都迫切要求用强有力的科学理论教育和武装职工，积极促进全体职工形成共同的精神支柱和理想信念，增强向心力、凝聚力和战斗力。

二、用强有力的科学理论武装职工，着眼点应放在提高职工的思想理论素质，确立适应时代发展要求的意识观念上

工人阶级是始终站在时代前列的先进生产力和生产关系的优秀代表，是我国的领导阶级。理论是管信念、管思想、管灵魂，也是管全局、管方向、管趋势的。政治上的清醒和坚定，来源于理论上的深刻和彻底；理论根基的深厚与否，在一定程度上，既反映着一个人理性思维层次、领导水平的高低，又决定着他的发展潜力和后劲大小。一个人尚且如此，一个阶级更是如此。广大工人阶级只有用强有力的科学理论进行武装，马克思主义理论基础扎实了，各方面的认识丰富了，才能全面历史辩证地把握各种纷繁复杂的矛盾和问题，敏锐地识别和辨析各种错误的观点和思潮，始终保持思想上的成熟，政治上的坚定，斗志上的昂扬，是非上的明晰，坚持正确的政治方向，永远团结引领广大人民群众一道，实现共产主义的光辉使命，创造美好的社会生活。由此，职工群众理论武装的着眼点应放在提高思想理论素质，确立适应时代发展要求的意识和观念上。

1. 政治意识和大局观念。政治意识淡薄，大局观念减弱，是当前工人群众普遍存在的一大不足。形势的发展和时代的巨变，迫切要求不光领导干部一定要讲政治、讲大局，善于从政治上大局上观察问题、分析问题，牢固树立政治意识和大局观念，广大工人群众也应如此。只有这样，才能深刻认清和充分理解自己的社会地位、角色、作用和历史使命；在事关大局、政治方向和根本原则的问题上，立场坚定，观点明确，头脑清醒，是非分明；

在任何时候、任何情况下，忠贞不渝地高举马克思主义理论伟大旗帜，充分理解和坚决贯彻执行党的路线方针政策，自觉维护党中央的权威，始终和党中央在政治思想上保持一致，同心同德，齐心协力，奋斗不息。

2. 发展意识和改革观念。发展和改革是社会前进和企业进步的动力和源泉。广大工人群众要牢固确立发展才是硬道理的观念；确立科学技术是第一生产力，要依靠科技进步促进经济发展企业进步的观念；要树立转变旧的经济增长方式，走集约型经济增长方式的观念；树立两个文明同步推进协调发展的观念；确立改革是解放和发展生产力的必由之路的观念；树立改革是社会主义制度的自我调适和自我完善，是一场求实创新的观念；树立改革是事关工人阶级和人民群众切身利益的观念，等等。只有这样，广大职工群众才能自觉理解、支持和拥护党的各项改革和发展举措；自觉划清是非界限、善恶界限、荣辱界限，正确处理利与义、公与私、理与欲、集体与个人、索取与奉献等各种关系；自觉地把改革、稳定和发展有机统一起来，从而和党中央团结一致，想方设法，排除万难，帮助国有企业顺利进行深层次的改革，积极推动国有企业彻底走出低谷，走向光明，走向辉煌。

3. 竞争意识和法制观念。形势的发展越来越表明，企业生存和发展将主要取决于市场竞争力，迫切要求企业一改过去“纵向”运作的传统习惯，树立“横向”流动观念，在必然的流动中实现人、财、物、信息的最佳配置和组合，赢得最大的经济效益。因而要帮助广大职工牢固树立竞争意识，有强烈的“逆水行舟，不进则退”的危机感和紧迫感，自加压力，勇立潮头，敢于在激烈的市场竞争中摔打和锻炼，坚决克服不思进取、四平八稳的陈旧观念和落后思想。同时，市场经济不仅是一种竞争经济，也是一种法制经济。随着市场经济的建立，企业变为普通的民事主体，与其他竞争者同等地在市场依法经营，这就要求必须遵守公平竞争的市场法则，坚决杜绝和克服不正当竞争，特别是坑蒙拐骗等不良做法和不道德行为，因而很有必要牢固树立法制观念，依法维护自己和企业的切身利益，以保证有序竞争。

4. 信息意识和创新观念。当今社会已进入知识经济时代，信息浪潮汹涌澎湃，席卷全球，信息既是一种资源，也是一种资产，谁占有的信息量大，及时而又准确，谁就抢占了竞争的制高点，掌握了经济发展的主动权。因此，作为先进生产力和生产关系代表的工人阶级，广大职工群众务必“识时务明事理”，紧紧把握时代脉搏，牢固树立信息意识。面对知识经济的狂涛，一个企业要想取得市场竞争的主动权，亟须解决员工不思进取的消极思想和守旧意识，尽快帮其树立起新型的创新意识。只有勇于开拓、探索，大胆创新、进取，走自己的路，企业才能赢得主动，求得生存，谋得发展。没有一点“创”的精神，没有一点“冒”的精神，没有一股气、一股劲，就走不出一条好路，走不出一条新路，就干不出一番新的事业。

三、用强有力的科学理论武装职工，必须切实解决好武装什么、武装难题及武装关键环节

当前，在许多国有企业，用科学理论武装职工存在着或云天雾海、不知所学，或生搬硬套、浅尝辄止，或忽冷忽热、虎头蛇尾，或趋于形势、随声附和等现象，很不适应企内外、国内外的形势发展和时代巨变的强烈要求。

1. 用强有力的科学理论武装职工，根本点就是要帮助职工牢牢掌握马克思主义的立场、观点和方法。马克思主义是科学，它揭示了人类社会发展的一般规律，揭示了社会主义取代资本主义的历史必然性，揭示了工人阶级的阶级地位、重要作用和历史使命。我们强调用强有力的科学理论武装职工，就是要认真用马克思主义、毛泽东思想武装职工。之所以如此，根本原因是它给我们提供的不是教条，而是行动的指南，是科学的世界观和方法论；不是为了装潢门面，唱高调，而是通过教育开阔职工视野和思维，运用马克思主义的立场、观点和方法，观察实际问题，分析实际问题，解决实际问题。因此，用科学理论武装职工，根本点就是要帮助职工牢牢掌握自己的武器，即真正的马克思主义的立场、观点和方法，而不是“教条”，或“本本”，或“一词半句”。

2. 用强有力的科学理论武装职工，重要的是要解决好无感情、难启动，无轻重、难深入，无机制、难持久的“三难”问题。一般而言，人们对科学理论武装的动机来源于对科学理论重大意义的认识和坚定信仰，但职工群众习惯于凭直觉认识事物、感知表象，情感、心理在很大程度上制约着这些学习动机。因此要积极引导激发职工群众升华对科学理论的“感情”，提高对科学理论的科学认识，增强对科学理论的坚定信仰，搞好思想发动、感情激励，由此解决难启动的问题。国有企业的改革和发展工作纷繁复杂、千头万绪，但只有抓住发展中的根本问题或关键环节，并由此切入，用科学理论这把“万能钥匙”，打开这些根本问题和关键环节，让迷茫变成光明，让软道理变成硬事实，及时开拓企业发展的新路子，增强企业发展的后劲，职工群众才能更加信仰科学理论，由衷产生自我武装的强烈渴望，难深入的问题也就会迎刃而解。同时，理论武装的扎根必须要有适宜的气候，良好的运作机制，过硬的制度保障，因此要创造各种有利条件，形成理论武装得以扎根的适宜气候，努力改进方式方法，优化理论武装的新型运作机制，建立健全规章制度，从而彻底解决理论武装难持久的问题。

3. 用强有力的科学理论武装职工，关键在领导。任何一个企业的成功，很大程度上取决于领导，特别是党政一把手，理论武装职工也是如此。因领导在企业每时每刻都扮演着多重角色：在对外关系上，获取外界的信息，取得外界的支持，排除外界的干扰，领导者扮演联络人、谈判者的角色；在企业内部，企业战略的谋划，企业生产经营的对策，企业资源的分配，运作过程的协调，领导者要扮演指挥者、管理者、监督者的角色；在职工群众中，要造就一支优秀的职工队伍，提高理论思维，开阔理论视野，调动职工的生产积极性，领导者必须扮演教育者、传播者的角色。由此可见，当前职工科学理论武装工作之所以存在许多不足，不能不说领导者负有至关重要的责任。在用科学理论武装职工群众的过程中，应先下大力气推动各级领导班子的科学理论武装工作，只有领导者真正用科学理论进行了自我武装，真正认识到科学理论在现代企业发展中的极端重要性，真正树立了理论思维和理论视野，才能在职工群众中积极倡导和推动科学理论武装工作。

为企业的健康发展奠立过硬的道德基石

《公民道德建设实施纲要》指出："各类机关、企事业单位应当从自己的实际出发，有计划、有重点地抓好道德教育。要把道德特别是职业道德作为岗前和岗位培训的重要内容，帮助从业人员熟悉和了解与本职工作相关的道德规范，培养敬业精神。"此举为加强企业职业道德建设指明了方向。近些年来，随着社会主义市场经济的建立和逐步完善、产业结构的调整、企业改革的深化和经济结构的变化，传统的义利观、效率观、商品观、价值观和苦乐观等与社会主义市场经济发展不相适应的内容受到极大的挑战，追求个人价值、讲求效率、崇尚科学、尊重人才、开拓创新、平等竞争等与市场经济相适应的新的道德观念逐步确立，并且日益深入人心。但同时，我们也必须清醒地看到，由于我国实行市场经济时间较短，经济体制不完善，产业结构不合理，各类企业正处于急剧的体制机制等的变化中，还存在假冒伪劣产品充斥市场，偷税、漏税活动猖獗，社会信用紊乱等诸多问题，这些无不与企业道德的规范有着极大的关系，严重影响和干扰着市场经济秩序，极大地损害着企业自身的健康和发展。况且，我国已经加入了 WTO，国内企业面临着更为严峻而全面的竞争环境，如果我们的企业仅仅注重技术革新、管理创新等，而不注重职业道德的培养和修炼，那么这个企业的综合竞争力就不会很强，在市场竞争中将处于不利地位。因而，加强企业职业道德建设是一项紧迫而艰巨的任务，只有加强企业职业道德建设，才能培养起重信用、讲信誉的市场经济环境，增强企业自我约束力，减少和防止市场经济的负面效应，塑造企业的市场竞争力和扩张力，使企业在社会主义市场经济大潮中稳步健康发展，永远立于不败之地。

一、牢固树立强烈的职业道德意识，是企业职业道德建设的关键环节

意识是行动的先导。没有强烈的职业道德意识，就不会有过硬的职业道德素质。要提高企业员工的职业道德素质，就必须通过各种途径，采取各种方法，帮助员工树立敬业、勤业、精业、乐业、创业等意识，通过自我内化和修炼，逐步提高其职业道德素质，使其能于实际行动中忠于职守，干一行，爱一行，专一行，兢兢业业，勤勤恳恳，做好本职工作。

1. 要着力培养企业员工的勤业意识。勤业意识是职业道德素质最基本的要素，是员工履行职责实现职业价值的前提，也是做好本职工作的基本条件。一个连勤业意识都没有的员工，就不可能做到敬业、精业与乐业和创业，因此要教育员工忠实履行岗位职责，认真做好本职工作；努力克服职业偏见，牢固树立正确的择业观；不断提高主人翁的责任感，树立强烈的事业心。不仅要让员工了解和掌握本职工作的有关知识、技能，还要向本职工作更高、更深的知识领域延伸，以开阔视野，增长才干，更好地干

好本职工作，也就是要通过大力加强教育力度，不断帮助员工树立恪尽职守、坚持不懈的勤业意识。

2. 要着力培养企业员工的精业意识。精业是职业生活的第一要求，也是职业道德的更深一层的具体要求。企业员工只有具备高超的职业技术，过硬的专业本领，才能创造更好的效益，追求更大的价值。如果企业员工对本职工作所要求的职业技能和知识不懂或不懂装懂，或是一知半解、似懂非懂，那么，工作就不会得心应手，从容自若，肯定是手忙脚乱，一塌糊涂，业务就不会保质保量。因而我们强调精业，就意味着员工要对自己所从事的工作性质、意义、内容、方法、程序及有关技术质量等了如指掌，达到业务熟练，既能保质又能保量，既能保速度又能保效益；不仅要使员工追求本业务的基本知识和本领，而且要积极探索、开辟本职工作的新思路、新方法、新途径，掌握现代化职业的本领，更上一层楼，攀登新高峰，也就是帮助其牢固树立钻研业务、精益求精、不断升华的精业意识。

3. 要着力培养企业员工的敬业意识。敬业意识是企业员工对自己所从事职业和岗位的社会定位的认同和表现。如果一个企业员工对自我职业和岗位的社会价值与追求的个人价值能够达到一致的认识，那么员工就会对该职业和岗位产生无与伦比的强烈追求，就会以百分之百的尊重和忠诚去对待它，就会产生强烈的敬业态度，激发高度的敬业精神，不需要纪律和外界的约束，以满腔的热情自觉地、创造性地将本职工作干好干精干出色。否则，他就会在该岗位上“三天打鱼、两天晒网”，磨洋工，虚度光阴，耗费财物，或是干脆跳槽走人，若此，就不能说有敬业精神和敬业意识，也就不会产生经济效益，实现不了岗位价值。许多成功企业的经验证明，企业员工敬业意识的过硬与否，敬业精神的强烈与否，是该企业成败的关键因素，因此，要着力培养企业员工的敬业意识。要培养敬业意识，就要先培养乐业意识，使每个员工都热爱自己的本职工作，懂得个人发挥聪明才智所创造的人生价值，就是社会效益和社会所需；就要树立富有时代精神、健康向上的人生观和价值观；就要努力克服职业偏见，树立正确的择业观和岗位观。

4. 要着力培养企业员工的创业意识。大凡一个有实力的企业，都会具备一批具有强烈创业意识的员工。如果企业员工没有强烈的创业意识，就不会开拓新局面，尤其是在竞争如此激烈的情况下，如果企业员工仅仅出于道德良知、道德责任感，就很难唤起他高度的创造热情，充分发挥他的聪明才智，也就不能创造性地开展工作，做不出更大的贡献，那么企业的竞争力就不会很强。因此要大力培养企业员工的创业意识，要帮助员工牢固树立解放思想、锐意进取、奋勇争先、大胆改革，创造新成绩、开拓新局面的强烈意识，坚决克服和反对不思进取、因循守旧的陈旧观念。

二、大力探索和实践加强企业职业道德的有效途径，是企业职业道德建设的一个极其紧迫的问题

市场经济既是法制经济，也是道德经济。加强企业职业道德建设，既是社会主义市场经济的迫切需要，也是物质文明建设的客观需要。

1. 构建职业道德规范，重塑职业道德。“爱国守法、明礼诚信、团结友善、勤俭自强、敬业奉献”，这是在全社会大力倡导

的基本道德规范，也是各个企业所必须遵守和履行的。但由于每个企业都有自己的特点，所以还必须构建具有本企业特色的职业道德规范，真正做到有章可循，行有所规，足履相适。况且由于目前我们正处于经济体制的变革转轨时期，企业原有的道德已经有相当的不适应地方，新的职业道德规范若不及时确立，大大滞后于形势所需，那么就势必会形成职业道德真空，从而使职工无所遵循也无所适从，造成所谓的道德失控。因此，我们每个企业很有必要构建敬业乐业，忠于职守；刻苦钻研，精益求精；艰苦创业，勇于开拓；奉献光明，服务社会等，既具有时代性又适应自身特点的职业道德规范，重塑职业道德以规其行，修其神，正其风。为此，一要根据社会生产生活实践和企业自身的实践，进行大力提炼，去表存质，去粗存精，去劣存优，构建能够从本质上反映本企业特质的规范标准。二要始终遵循扬弃的原则，大胆继承中国传统职业道德的精髓，吸收借鉴西方职业道德的精华，锤炼升华，把它嫁接到社会主义市场经济条件下的企业中，形成传统与现代、东方与西方相“合璧”的生机焕发的职业道德。

2. 强化职业道德教育，内化职业道德规范。企业重塑了职业道德规范，但如果贴在墙上，挂在嘴边，树在厂区，仅此而已，那么就不可能深入人心，牢记心头，起到“规范教化”的积极作用。如何使企业每个员工深入领会、切实掌握其精神实质，将其内化为自我的基本素质并自觉地体现于实际行动，就特别需要职业道德教育，因为良好的职业习惯不可能自发产生。首先要着重解决好企业经营管理者和职工群众对企业职业道德建设重要性的思想认识问题。要积极帮助和引导他们看到企业职业道德重塑的必然性和建设的重要性，要充分地认识到企业职业道德建设是社会主义市场经济稳步有序发展的客观需要，是建设高度的社会主义精神文明的必然要求，也是企业能否立足于市场竞争保持市场健康前进的迫切需要。其次要及时总结，树立榜样，以典型的示范作用推动职业道德规范深入人心。榜样的力量是无穷的。道德教育需要通过具体的人和事来进行形象化教育。领导者的职业道德行为是企业职业道德整体建设的突破口和切入点，领导者只有身先士卒，处处起模范带头作用，才能增加教育的说服力和影响力、感染力和渗透力，真正收到事半功倍的效果。再次要把职业道德教育融合到企业的各种活动中去，采用报告、轮训、广播、黑板报、座谈等多种形式，利用生产活动、经营活动、文娱活动、体育活动等时机，大力进行职业道德规范教育。可组织职工参加一些社会公益活动，使职工在各种活动中得到熏陶和陶冶，使职业道德规范真正内化为个体的思想意识和道德品质。最后是要启发自觉，不断强化员工的职业道德修养。要通过职工的自我锻炼、自我改造、自我陶冶、自我教育，不断树立正确的职业道德认识，培养高尚的职业道德情感，锤炼坚强的职业道德意志，努力提高自己的精神境界、道德情操和道德水平，把自己培养成为“四有”企业职工。

3. 完善职业道德的运作机制，提供职业道德建设的制度保证。良好的职业道德规范不会自发产生，也不会自发生效。只有积极完善职业道德规范的运行机制，形成一种良好制度环境，既有是与非的道德教育，更有奖与惩的硬件措施，使职工对道德规范由被动接受到自觉履行，养成良好习惯，保证职业道德规范的真正落实，从而使职业道德建设真正步入经常化、制度化、规范化的轨道。为此，首先要组建党政工团齐抓共管的领导体制，尤其是领导者要努力做到思想认识到位、自身表率到位、真抓实干到位，而不是大会小会讲讲，大墙小墙贴贴，“雷声大雨点小”或“雨过地皮干”；要充分发挥企业党组织的政治核心作用，形成目标明确、权责清晰、渠道畅通的领导管理机制。其次要建立切实可行的约束机制。列宁曾说，不受制约的权力，必然走向腐败。没有切实可行的制约机制，违背、违反职业道德者不能得到惩罚，形不成扬善惩恶的力量，职业道德建设就无法深入，职业道德的作用也无法发挥。因此，要通过开展行风评议活动，积极启动和建设外部监督制约机制；要充分发挥报纸、电视、广播等企业文化宣传阵地作用，营造和优化职业道德建设的“大企业”环境，建设过硬的舆论监督机制；要建立对违背职业道德应受到制约、惩罚，遵守职业道德应予以奖励、赏罚分明的有效的激励机制，尤其是要建立群众监督机制；要充分调动企业和社区的积极性，对职业道德行为不良者严厉打击，形成“过街老鼠人人喊打”的氛围，迫使其“更新自我”“改邪归正”，养成良好的自律习惯。同时，要把企业职业道德建设纳入依法治企的轨道，通过建立健全有关的规章制度来不断推进企业职业道德建设，逐步实现职业道德建设的制度化、规范化和科学化，特别是要做到严格管理，加强经常性的监督检查，使各项规章制度真正落到实处，从而为职业道德建设真正夯实基础，提供可靠保证。

4. 结合企业文化建设，营造职业道德建设良好的氛围。企业文化是企业在社会主义市场经济条件下，为了在市场竞争中获得生存和发展，在长期的生产经营活动中逐步形成的价值观念、企业精神、道德准则以及良好形象、文化氛围等，其基本要求是发扬艰苦创业和自强不息的精神，提倡忠于职守和爱岗敬业的意识，展现奋发有为和斗志昂扬的良好风貌等。优秀的企业文化是企业道德建设的良好氛围，大力加强企业文化建设对于推进企业道德建设是一条十分重要的途径。一是要大力锤炼和培育企业精神。企业精神是企业价值观、企业目标等在精神风貌上的集中反映。企业精神与职业道德相辅相成，企业精神的培育树立，既是职业道德的重要内容，也有助于职业道德建设。二是要不断地营造良好的企业文化氛围。企业文化对职业道德建设有着特殊的渗透力和影响力，企业职业道德建设离不开良好的企业文化氛围。比如融洽的人际关系、丰富多彩的文化活动、优美的工作环境等，对提高职工的思想觉悟和道德修养，将产生十分积极的影响，它不仅是职业道德建设的必要条件，而且也是企业精神文明建设的重要组成部分。

（刊于《思想政治工作研究》2002 年第 5 期，发表时有删节；《企业政工与文化》2002 年第 3 期，并荣获“茂名‘石化杯’以德兴企大家谈”三等奖）

努力造就一支过硬的跨世纪专职企业政工队伍

《若干意见》指出：我国正处在改革的攻坚阶段和发展的关键时期，社会情况发生了复杂而深刻的变化，经济成分和经济利益多样化、社会生活方式多样化、社会组织形式多样化、就业岗位和就业方式多样化日趋明显，给思想政治工作带来大量新情况、新问题。企业思想政治工作要结合深化改革、建立现代企业制度、提高经济效益来进行，从大量实践来看，影响企业思想政治工作好坏的因素很多，但起决定作用的仍属政工队伍，因为再丰富的工作内容，再良好的工作载体，再先进的工作手段，再健全的工作机制，再和谐的工作环境等，若没有过硬的政工工作者来操作、运用，则无异于“聋子的耳朵”。由此可见，要使新形势下的企业思想政治工作真正硬起来，关键还在于拥有一支过硬的企业政工队伍。

一、基本现状

目前，在企业特别是老国有企业的思想政治工作队伍中存在着许多令人担忧的情况，直接影响着企业思想政治工作的运行质量和效果，主要可概括为“三偏”“三不”。

1. “三偏”，即年龄偏大、能力偏低、专业偏移。年龄偏大：由于受市场经济一些消极因素的影响，不少企业的政工工作年轻人不愿干，“也懒得干”，因而就只好由那些曾经有功(快要退休)却又无别的合适岗位来安排的老同志来担任，借以安慰其心灵，不让有太大的失落感，而老同志也知道这其中的奥妙和政工的行情，也就只好“东瞧瞧、西望望”，等日头下山，从而直接影响了政工工作，大大削弱了思想政治工作作用的正常发挥。能力偏低：目前一些企业有一种特别错误的观点，即认为政工工作没必要像技术活那样需业务精、能力强的人来干，只要此人“嘴甜腰软，能察言观色，会拍马溜须”就行，至于文化水平、能力高低则是其次，在这种错误认识影响下政工工作似乎成了一个人人可干的行当，甚至低俗到只有会拍马能钻营的人来干的地步，不但使政工工作在职工群众心目中的威信大打折扣，更使思想政治工作的效果日渐降低。专业偏移：目前许多企业从事政工工作者出身政工专业较少，甚至有的企业一个也没有，均由其他专业转行而来，而且他们中有部分人对政工业务学习不是求深求透，而是浅尝辄止、敷衍应付。之所以会这样，原因种种，但其后果是使思想政治工作质量不高、作用不大。

2. “三不”，即身不正、事不清、功不实。身不正：突出表现是部分政工人员特别是领导干部往往是台上一套、台下一套，人前一套、人后一套，会上一套、会后一套，白天一套、晚上一套，他人一套、自己一套，言行不一，表里有别，不但降低了自己的人格力量，而且影响了真理的力量。事不清：普遍的情况是一些企业的政工工作者一年到头工作思路不清，稀里糊涂，浑浑噩噩；对工作认识不清，精神不振，信心不足，责任心不强；遇事来龙去脉不清，和稀泥，甚至道听途说，乱加点评，横加指责，工作的针对性不强，实效性差；各项大政方针规章制度掌握不清，解释不清，甚至人云亦云、毫无主见、扬错抑对，或是牢骚满腹、断章取义、好经念歪，或是装腔作势、自欺欺人、死爱面子等。如此种种，导致目前一些企业政工工作中存有一股不良风气，突出表现就是拖、冷、哄、压、避。“拖”，对职工反映问题能拖则拖，不能拖也要拖，还美其名曰“冷处理”；“冷”，对企业潜在的、隐性的思想问题视而不见，听而不闻，对苗头性问题麻木不仁，更不能将问题解决在萌芽状态；“哄”，问题一出，没本事解决，又怕惹祸上身，于已不利，对当事人随意许诺，尽量推脱，找别人处理，不是从根本上解决问题，只是一味维护自己私利；“压”，大事一出，不是摆事实、讲道理，以软方式来解决，而是强行用行政命令、党委文件或是头衔、职务来压服，甚至以去留问题相威胁；“避”，对棘手问题，不是沉着应付，加强处理，而是能躲就躲，能避就避，不是不见当事人，就是将问题呈上，把矛盾交给上级，自避“祸端”，极大地影响了企业思想政治工作的号召力、感染力和生命力。功不实：主要表现是“照猫画虎”，一切照着本本抄，一切照着上边套，一切照着传统办，一切照着别人干，缺少独立自主的魄力和创造性的能力，使企业思想政治工作失去应有的活力。综上不难看出企业政工队伍问题的严重性和造成这种情况原因的复杂性。

二、基本对策

“打铁先得自身硬。”若要使企业思想政治工作真正硬起来、强起来、活起来，就必须先要我们的政工队伍自己硬起来、强起来、活起来。如何来建设一支过硬的跨世纪企业政工队伍呢？

总体而言，各企业一定要充分认清政工队伍问题的重要性和紧迫性，加强调查研究，明确问题症结所在，采取各种措施，创造各种条件，狠抓落实，严肃整治，彻底改变存在政工队伍中的种种不良现象，切实提高企业政工队伍的整体素质。即各企业一定要坚决贯彻执行《若干意见》，为提高政工队伍整体素质创造良好的外部环境和提供必要的条件。一是企业政工人员要认真学习《若干意见》，真正把认识统一到《若干意见》的要求上来，振作精神，坚定信心，自觉地克服缺点，改正不足，纠正错误，积极认真地寻求完善自我、增强自我的途径和方法，努力提高做好政工工作的本领和能力。

具体而言：

其一，按照干部“四化”方针，合理调整配备充实企业政工队伍。首先要积极创造一个有利于政工干部成长的良好环境，彻底纠正轻视、贬低政工干部作用的错误倾向，保护和调动政工干部的积极性、主动性和创造性，关心和帮助政工干部解决其工作、生活、学习上的困难问题，积极稳定现有企业政工干部队伍。其次要按照“革命化、年轻化、知识化、专业化”方针，采取积极措施，调整政工干部队伍结构，对年老体弱，文化水平较低，很难胜任目前思想政治工作的，要根据有关政策规定，安排其离、退休或退居二线。对在思想作风、工作作风有问题或者业务能力低等不适合做政工工作的，要安排其改做其他工作。再次要按照“德才兼备”原则，积极选拔人才，充实政工队伍。要把那些年富力强、理想远大、信念坚定、知识丰富、专业水平高，既热衷于思想政治工作又有改革激情和组织能力的干部，大胆地选拔到政工岗位特别是领导岗位上来，从而提高企业政工干部的整体素质、创新能力和战斗能力。

其二，企业政工干部要认清形势、坚定信心、振奋精神，自觉提高自身素质。一要乐于学习、勤于学习和善于学习，这是提高自身素质的前提条件。做政工工作，既要靠人格的力量，又要靠真理的力量。只有具有丰富的科学文化知识，才能依靠真理的力量，做到以理服人。学习，既要学马克思主义、毛泽东思想和邓小平理论等理论知识，这是做好政工工作的理论基础，又要学习党的政工工作的基本理论和专业方面的知识，以及与此有关的教育学、伦理学、社会学等专业知识，更要掌握中外历史、逻辑学、现代科学和市场经济学等方面的辅助知识，及本单位的生产、业务、科技等方面的知识。只有掌握了这方面的知识，才可扩大知识结构，开阔知识视野，提高知识素养和工作能力。二要乐于实践、勇于实践和善于总结。实践出真知，实践出人才，这是提高政工干部自身素质的关键。乐于实践，也即心情舒畅，放下架子，老老实实地深入群众，深入一线，深入实际，做到学以致用，把实践当做乐事趣事去做，而不是愁眉苦脸、走形式、做样子地去“完成任务”。勇于实践，即要对深思熟虑、周密计划的事，要敢创、敢开拓、敢实验，不怕困难，不怕挫折，甚至不怕失败。善于总结，只有善于总结，才能有所发现，有所突破，有所创新，有所发展；才能把感性认识提升或是升华为理性认识，归纳出规律性的东西，从而增强做好工作的预见性、准确性和科学性。要把学习和实践有机地结合起来，以科学指导实践，以实践促进学习，共同提高，共同发展。总之，政工干部要具有强烈的自学精神，不断丰富自己、修养自己、提高自己，善于运用学习到的知识，结合自己的业务工作，从实践中总结经验，使其系统化、理论化、条理化，提高自己的工作能力和工作效率，使自己达到政治素质高、理论水平强、工作作风硬、科学文化知识丰富、业务精通、才能出众的合格的企业政工干部的标准。

其三，企业要高度重视，采取切实有效的措施，抓好政工干部的培训工作。随着社会主义市场经济的发展，特别是知识经济的蓬勃发展，政工干部必须具有更高的政治素质、业务能力和适应形势发展要求的新知识。因此，在加强政工干部素质考核过程中，还必须采取切实可行的方式方法，加强对他们的培训。一是要搞好企业党政领导干部思想政治工作专修培训，提高党政领导干部的思想政治水平，使他们在领导工作中重视思想政治工作，带头做好思想政治工作。二是要举办脱产或半脱产的短期学习班，提高基层单位政工干部的理论水平和专业水平。三是举办长期半脱产或脱产的政工干部专修班，对年纪轻，具有一定文化水平，且实践经验丰富的政工干部或是边工作、边学习、边培训或是脱产培训，提高理论水平和业务水平。四是按“缺什么，补什么”的原则，举办短期轮训班，这样既有针对性，又可取得较好实效等。培训一定要既重形式，又重实效；既重过程，又重结果；既重学历，又重素质。一定要把培训和交流、研讨等活动结合起来；一定要在企业中造成一个人人奋发学习刻苦钻研政工工作的好风气，造成一大批精通政工工作的专家式政工工作者，从而从根本上提高政工工作的凝聚力和战斗力。

形势严峻，任务艰巨，积极努力造就一支政治强、业务精、纪律严、作风正的过硬的跨世纪专职企业政工队伍势在必行。党中央已采取了一系列指示、决策和措施，我们一定要坚定不移地贯彻落实好中央要求，通过扎扎实实的工作，把这项战略性任务一步步落到实处。

建立适应“先进文化前进方向”要求的电力企业精神文明

“三个代表”重要思想精辟论述深刻阐发了我们党始终代表中国先进文化前进方向的重要意义，这是我们电力企业加强精神文明建设极其重要的指导思想。

一、从电力企业生存和发展的高度出发，充分认识加强精神文明建设的重要性、必要性及紧迫性

搞好精神文明建设既是我们电力企业的历史责任，也是电力企业生存和发展的迫切需要。在我国建立社会主义市场经济的新形势下，电力走向市场对电力企业提出了新的要求。企业要生存和发展，不仅要注重自身经济效益和眼前经济利益，还要注重社会效益和长远经济利益，更要珍视自身的信誉和形象，因为形象是品牌，是市场，是竞争力。特别是在当前电力供需趋于平衡的新形势下，如何广泛开拓电力市场，扩大电力消费是电力企业面临的重要任务。只要我们大力加强社会主义精神文明建设，从企业生存和发展的角度出发，自觉树立以德兴业、以信取胜的经营价值观，广泛树立电力企业的良好形象，用充足优质的电能，加

上良好的职业道德和优质服务，才能赢得市场、赢得用户，促进电力企业大发展。但是目前在电力企业精神文明建设方面存在许多不尽如人意的地方：一些单位忽视精神文明建设，忽视思想道德教育，“一手硬，一手软”的问题还没有得到解决；有些单位领导干部奢侈浪费、腐化堕落的问题比较严重；少数职工极端个人主义、拜金主义、享乐主义思想严重，甚至吸毒、赌博等丑恶现象和其他不正之风时有发生。因而面对激烈的市场竞争和精神文明建设方面存在的不足，我们一定要按照“三个代表”重要思想的要求，提高认识，统一思想，牢固地树立加强精神文明建设的历史责任感和现实紧迫感；尽快转变观念，调整思路，采取措施，大力加强精神文明建设。

二、建设过硬的电力企业精神文明，要牢牢把握关键

1. 必须组建一个讲政治、懂经营、善管理、能开拓的好班子，积极培养新时期电力企业精神文明建设的带头人。企业领导班子是企业精神文明建设的倡导者、组织者和带头人。职工群众对领导干部是“听其言，观其行”，因此电力企业要把领导班子建设作为企业精神文明建设的切入点来抓。首先要以党委中心组学习为主要形式，狠抓领导干部的教育工作，提高各成员的思想政治素质和理论水平。其次要以身作则，为人表率。领导者说话硬不硬，有没有分量，有没有号召力，不在乎讲多少道理，关键在于自身正不正。所谓的“其身正，不令而行；其身不正，虽令不行”，讲的就是这个道理。最后要狠抓领导干部的廉洁问题。对于群众关心的，容易发生领导班子以权谋私的行为问题，要通过

具有透明性、可操作性和可监督性的制度来约束，使关口前移，防患于未然。

2. 要培养一支有觉悟、素质高、讲奉献、特别能战斗的职工队伍，在新时期电力企业精神文明建设中发挥主体作用。古人云：“举国之事，主导在官，主体在民。”精心培育“四有”“六过硬”的职工队伍应是电力企业精神文明建设的着力点，企业是市场的主体，职工是企业的主体，市场的竞争归根到底是职工素质的竞争，职工素质的高低直接关系到企业的兴衰成败。因而，我们必须把培养“四有”“六过硬”的职工队伍作为精神文明建设的根本目标，使兴厂与育人同步发展。为此，我们就必须“以人为本”，大力提高职工的整体素质。一是要坚持和完善职代会制度，让职工充分行使民主管理企业的权力；要肯定职工的人格价值，尊重和维护职工的主人翁地位，保障职工的合法权益，提高职工的政治参与能力。二是领导干部要注意自身形象的塑造，工作上鞠躬尽瘁，作风上廉洁自律，以自身人格的力量去影响职工，教育职工；要不断加强理想信念教育、集体主义教育、“三观”教育、“三德”教育，不断提高职工的思想道德素质。三是要尽最大努力，创造各种条件和机会，通过培训、互学等形式，不断提高职工的科技文化素质和业务技能水平。

3. 要探索一套生动活泼、灵活多样的好形式，使新时期开展电力企业精神文明建设有可靠的“抓手”。新时期电力企业精神文明建设抓什么，从哪里入手，怎样才能既不流于形式，又有实实在在的“抓手”？目前电力企业有长期开展的创文明单位、文明部室、文明班组、文明家庭等活动；有紧密围绕市场经济发展要求和结合企业实际，以企业文化为载体，反映企业整体素质的“塑造企业形象”活动；有切合行业特点的“建功立业”“岗位练兵”“双学双比”“技术比武”等丰富多彩的活动。通过这些反映时代脉搏，为广大职工群众所喜闻乐见、踊跃参与的具体形式，营造出催人向上的氛围，找到了一条新时期建设精神文明的有效途径。但是在开展这些活动的时候一定要注意：一是广泛的群众性，使这些活动成为全员参与的活动。二是要有合理的先进性，要处理好先进性与群众性的关系，把先进性建立在群众性之上，使之互为依托，相互促进。三是要有严格的科学性，先进与落后，好与坏，要以科学的标准为依据，不能“因人而异、信口开河”。四是要体现鲜明的时代特色，活动要积极、健康、向上、文明，即有趣味性、知识性和思想性，又不落俗套。

4. 要形成两个文明建设有机结合的好机制，使新时期电力企业精神文明建设有坚实的体制基础。首先要按照现代企业制度建设的程序和“三个代表”重要思想的要求，从尽快理顺领导体制入手，建立起以党组织为政治核心的领导体制，也即要形成一个党统一领导、党政共同负责、党政工团齐抓共管，以专职政工人员为骨干，职工群众广泛参与的企业精神文明建设的管理体制和运行机制。其次要以改革的精神，积极探索企业思想政治工作自身特点和规律，努力实现目标管理体系化、日常工作制度化、项目作业工程化、宣传手段现代化，使思想政治工作贴近群众、贴近实际、贴近改革，彻底改变“两张皮”的局面。最后要紧密结合新时期现代企业的要求，大力加强企业文化、企业精神、企业形象、职业道德等建设，更要融精神文明与物质文明建设于一体，形成一种独具特色的企业两个文明建设有机结合的机制，极大地促进企业两个文明建设。

三、建设电力企业精神文明，要牢牢把握重点

1. 坚持用马列主义、毛泽东思想特别是邓小平理论武装全党，教育干部和职工群众，深入持久地开展理想信念教育和艰苦创业教育。马克思主义不仅是改造客观世界的强大武器，也是改造主观世界的强大精神武器。马克思主义本身就是人类精神文明的伟大成果，它所主张的世界观、人生观、价值观是迄今为止人类最科学、最合理、最进步的人生哲学。任何背离马克思主义的做法都会使精神文明建设失去正确的方向，所以必须坚持和捍卫马克思主义，并把其落实到理想信念教育和艰苦奋斗教育的实践之中。理想信念教育是思想政治工作的核心，是社会主义精神文明建设之魂，对此我们必须高度重视之，认真对待。

2. 要加大精神文明建设的创新力度。企业精神文明建设只有不断创新才有生命力。随着社会主义市场经济逐步建立和国有企业改革的不断深化，企业精神文明建设已远远超出了计划经济条件下思想政治工作的范畴，它的内涵要不断扩大，内容要不断充实，只有这样，才能适应新形势下企业改革和发展的需要，才有生命力。

3. 切实加强企业党组织的建设。"建设物质文明关键在党，建设精神文明关键也在党。"但是由于社会形势发生了深刻变化、"新三会""老三会"的关系没有理顺及企业自身因素影响，企业党组织面临严峻的形势，因此在新的历史条件下，我们一定要解放思想，实事求是，励精图治，开拓创新，努力把我们的企业党组织建设得更加坚强有力，更加朝气蓬勃，从而为精神文明建设提

供更加有力的保障。

4. 要加强“人民电业为人民”、“三观”(世界观、人生观、价值观)、“三爱”(爱国、爱厂、爱岗)、“三德”(社会公德、职业道德、家庭美德)的教育，为电力企业的长足发展奠定坚实的思想道德基础。当前我们是“雷声大，雨点小”，没有实质性的举措，对此问题必须引起高度重视。

5. 要牢固树立“两手抓，两手都要硬”的意识。既要注重教育，又要加强法制约束。宏观而言，这是市场经济发展的客观要求，也是电力企业发展的迫切要求。微观而言，实践已证明，如果我们光片面地强调一个方面而忽视另一个方面时，就会出现“一手硬，一手软”的状况，两个文明建设就会产生问题并遭受挫折。因而，绝不能搞一手硬、一手软，以牺牲精神文明为代价换取经济的一时发展。

6. 要牢固树立“重在建设，贵在坚持”的思想，并身体力行之。重在建设，贵在坚持，就是把创建工作作为出发点和立足点，以立为本，标本兼治，积极建树，持之以恒，务求实效，反对形式主义，那种不讲实际效果，做表面文章，一阵风的做法，必须克服。只有好事办实，实事办好，才能使创建活动成为职工自觉参与、不断进步的过程。

精神文明　重在狠抓

甘肃刘家峡水电站是我国自行勘测设计、自行制造设备、自行施工安装的全国第一座百万千瓦级以上的大型水电站，总装机容量122.5万千瓦，设计年发电量57亿千瓦时。长期以来，我们始终坚持“两手抓，两手都要硬”的方针，坚持“以人为本，重在建设”的思想，用“立足黄河，献身刘电；顽强拼搏，争创一流”的企业精神鼓舞人、教育人、凝聚人、锻造人，认真贯彻落实党中央关于党的建设和思想政治工作的一系列规定，在巩固中加强，在创新中发展，着力提高精神文明建设水平，确保精神文明这一“软任务”实实在在“硬”起来，有力地推动了企业两个文明建设年年迈上新台阶，取得了可喜的成绩。近几年我厂获得甘肃省文明小区、甘肃省电力公司双文明单位荣誉，尤其是2000年度获得了国家电力公司双文明单位、甘肃省文明社区示范点荣誉，2001年2月14日又荣获甘肃省精神文明单位等光荣称号。截至2001年初，已累计发电1360多亿千瓦时，创工业总产值90多亿元，为发展西北地区的工农业生产和改善人民生活做出了突出贡献。

一、狠抓安全生产，夯实物质基础

安全生产，责任重于泰山。安全生产是电力生产的永恒主题。近些年来，我们不论是建设精神文明，还是加强思想政治工作，都实行严格的安全生产“一票否决制”。为此：一是始终坚持“安全第一，预防为主”的方针，不断强化安全管理。坚持每周召开生产会、每月召开生产例会、每季召开安全网会，及时分析不同生产阶段、时期存在的问题、不足、关键点，并做出相应的对策和处理办法，及时有效地将安全隐患消灭在萌芽状态，严格控制重大事态的发展。建立健全了以厂级安全领导小组、分场安全管理小组和班组安全员组成的三级安全网络，提供了有力的组织保证，并有针对性地制定了机组大修、春检等期间的安全生产管理制度、条例、办法、应急措施、组织措施和技术措施等，严格落实“两票三制”“三不放过”“五杜绝”的传统制度，积极开展安全生产教育、安全规程考试、“安全在我心中”演讲等活动，着力提高职工的安全意识和责任意识，正确处理了安全与速度、安全与效益、特殊工作与日常生产的关系，使安全生产逐步走上了制度化、规范化和科学化的轨道。我厂是一个老厂，机组本来就存在技术上的缺陷，再加上多年黄河泥沙的磨蚀，机组运行老化现象极为严峻，严重地影响着安全生产。因而，从 1988 年开始，通过引进法国、加拿大、瑞士、美国、俄罗斯等国家的先进技术、设备、材料、工艺，充分发扬艰苦创业的刘电精神，依靠自己的力量，先后成功地对 4 台机组、14 台 220 千伏和 330 千伏超高压少油开关和空气开关、3 条总长几万米的 220 千伏和 330 千伏充油电缆、微机监控等主辅设备进行了彻底改造，机组的安全稳定性、经济运行性和健康水平大大提高，从而为创建文明单位奠定了坚实的物质基础。

二、狠抓行为养成，扎牢思想基础

文明行为养成是思想道德建设的重要内容，也是我们在建设精神文明和提高职工队伍素质中一再强调的一个主题。一是直接面向基层、面向社会，积极发动职工群众，深入开展创建文明单位、文明部室、文明班组、文明职工、文明家庭、文明宿舍等活动，邀请上级专家举办家庭美德教育专题讲座，向全厂家属发出“让我们都来维护文明环境”的倡议，调动全厂的积极性、主动性和创造性，形成浓厚的文明气氛，充分发挥浓郁文明氛围的感染力和吸引力，不断熏陶职工的思想和情怀，不断提高职工的自觉行动。二是将企业精神、“八字”厂风、职工守则、职工奖惩条例等汇编为《刘家峡水电厂职工手册》，印发到全厂职工的手中，同时也用此对入厂青工进行教育；制定实施了《刘家峡水电厂职工文明公约》《生活区文明行为规范》等规范和准则，并在全厂范围开展文明承诺；在厂生活区、公路两侧等设计制作安装了40个宣传灯箱，在办公楼、综合楼、厂房等公共场所安装了60多个文明警示灯，积极开展“讲文明，树新风”活动；在全厂设立13个文明监督岗、4个专业监督岗，每天进行监督和检查，从而使职工的精神面貌焕然一新，职工的行为得到了有力的规范。三是积极利用国内外、厂内外大气候大氛围，紧跟时代发展的步伐，及时开展宣传教育，积极利用座谈会、演讲、中心组学习、政工会等各种机会和形式，大力开展“五讲四美三热爱”“三德”“三观”等教育活动，这一系列活动的开展，在职工中不断产生强大的反响，也有力地促进了职工思想观念的转变和提高。

三、狠抓脏乱差臭，优化企业环境

优美文明的企业环境是精神文明建设内容的重要组成部分，是精神文明内涵的具体体现，也是我们对照精神文明单位验收标准和兄弟单位经验成果，结合我厂实际，找到的一个精神文明建设新的“突破口”。由于我厂地理位置特殊，生活区四通八达，社会闲散人员随意出入，商贩随处摆摊设点，违章建筑随处可见，污水到处横流，脏乱差臭现象十分严重。为了改变这种现象，首先我们经过和地方有关部门的反复协商，克服重重困难，分片封闭生活区，并进行规划、平整、绿化，为职工创造了干净、安全、有序的生活环境。其次是调查摸底，弄清违章建筑的数量和种类，研究提出解决办法，然后开展个别谈话，耐心开导，使他们自觉行动起来，配合厂里行动，顺利拆除违章建筑。同时经过多方努力，我厂维修了“滨河公园”的地面和公共设施，维修了护栏，修复了亭台，承包了环境卫生清扫等，有力改变了脏乱差的状况。再次是相继制定实施了《生活区卫生管理办法》《家属楼卫生管理制度》《生活区会客制度》，重新划分了卫生责任区，提高了清洁工待遇等；规划实施了《刘家峡水电厂绿化美化规划》，在厂区和生活区种植大片绿草，修建自行车摩托车棚等，努力创建集生活、休闲、健身、娱乐于一体的文明生活小区。通过这些措施，使昔日商贩云集、残墙断壁、脏水四溢、垃圾乱放的“尊容”

一扫而去，变成了一个树木葱茏、花卉吐芳、绿草茵茵、碧水盈盈的美好去处，成为这个地区的一道独特的风景线。

四、狠抓机制建设，强化制度保障

为了使创建活动经常化、规范化、有序化，同时巩固已经取得的来之不易的成绩，我们根据形势的变化和工作进程，及时制定实施了一些富有成效的制度。一是根据《刘家峡水电厂精神文明建设规划》和上级精神文明建设的精神，在创建活动中形成了党委统一领导，厂长挂帅的“双创”小组和书记为首的精神文明建设小组相结合抓、二级单位分工负责的“大创建”领导体制和工作制度，保证了创建工作的有效落实。二是建立健全了四种工作机制，即根据长期规划和年度计划，由创建文明单位办公室负责制订出年度计划，逐月以计划、任务的形式落实到各单位，做到目标、任务、措施、负责人、完成时间、检查考核六落实的工作计划安排机制；行政合理调配资金，党委统一协调，工青妇大力配合，党政工团分工不分家的，目标一致，责任同担，分工有侧重的工作责任分工机制；由前方、后方、后勤、家庭宿舍等四个专门检查小组组成的工作检查考核机制；整理归纳问题，提出整改意见，规定整改时限的工作总结整改机制。有力地保证了制度措施的到位，实现了创建工作的有序动态管理，推动了创建工作向纵深化发展，使精神文明建设工作在巩固中得到加强，在创新中得到发展。

另外，刘家峡水电厂总是把精神文明建设同加强企业管理、党的建设、思想政治工作和企业文化建设等有机地结合在一起，做到同部署、同落实、同考核、同奖惩，使其“你中有我，我中有你”，相互影响，相互渗透，相互促进，使“两手抓，两手都要硬”的方针和“以人为本，重在建设”的思想实实在在落在了实处。

应高扬伟大的民族精神之旗

在全国防治“非典”工作会议上，中共中央总书记、国家主席胡锦涛指出：“全民族万众一心、迎难而上，伟大的民族精神得到锤炼和升华，形成了凝聚人心、克敌制胜的强大精神支柱。”①“必须大力弘扬民族精神，不断赋予民族精神以新的时代内涵，使民族精神牢牢扎根于人民群众的心灵中，见诸于人民群众的行动上，成为推动中国特色社会主义事业不断发展的强大精神力量。”②讲话为我们指明了在新的历史时期弘扬伟大的民族精神的途径及弘扬民族精神的伟大意义。

民族精神是一个民族赖以生存和发展的精神动力和精神支撑。“她是凝聚力，聚沙成塔，集孤弱为伟大；她是生命力，自强不息，使绝地发新芽；她是战斗力，砥柱中流，挽狂澜于既倒。”(任仲平先生语)其更是一面伟大而鲜艳的精神之旗，将永远砥砺、激励和鼓舞着中华儿女克服困难，战胜风险，昂扬奋进，

---

① 《十六大以来重要文献选编》上，中央文献出版社 2005 年版，第 394 页。

② 《十六大以来重要文献选编》上，中央文献出版社 2005 年版，第 394 页。

夺取胜利，创造卓越。丰富的历史和生动的现实雄辩地证明，一个民族没有振奋的精神和高尚的品格，不可能自立于世界民族之林。面对世界范围内各种思想文化的相互激荡，弘扬和培育民族精神势在必行。

一、高扬伟大的民族精神之旗，亟须不断赋予民族精神以新的时代内涵

在五千多年的发展中，中华民族形成了以爱国主义为核心的团结统一、爱好和平、勤劳勇敢、自强不息的伟大民族精神，这是我们中华民族历经磨难而信念弥坚，饱尝艰辛而斗志更坚的力量源泉。我们中国共产党人领导人民在长期实践中，不断结合时代和社会的发展要求，丰富和发展着这个民族精神。在艰难困苦的井冈山时期，形成了“坚定信念、艰苦奋斗，实事求是、敢闯新路，依靠群众、勇于胜利”的井冈山精神，为中国革命点燃了星星火种。在震惊世界的二万五千里长征中，形成了“坚韧不拔，自强不息，勇往直前”的长征精神，描绘了一幅人类历史上无与伦比的璀璨画卷。在伟大恢弘的社会主义建设时期，形成了“热爱祖国、无私奉献、自力更生、艰苦奋斗、大力协同、勇于登攀”的“两弹一星”精神，成为新生共和国龙头劲舞的强大支柱。在如火如荼的改革开放时期，形成了“万众一心、众志成城，不怕困难、顽强拼搏，坚韧不拔、敢于胜利”的抗洪精神，展现了中华民族不可战胜的巍然雄姿。在人类跨入 21 世纪的今天，在抗击“非典”过程中，充分表现出的这种“愈挫愈勇，愈挫愈奋”的伟大精神，又为民族精神增添了一笔崭新而宝贵的财富，成为新时期弘扬民族精神的旗帜。这些精神，是中华民族五千年伟大精

神的历史延续，是中国共产党人解放思想、实事求是、与时俱进的时代创造，也是中华民族在未来岁月里薪火相传、继往开来、创造辉煌的强大精神动力。高扬伟大的民族精神之旗，就必须不断丰富伟大的民族精神之新内涵，这是我们中华民族伟大复兴的要求，也是人类历史发展的必然。

二、高扬伟大的民族精神之旗，亟须使民族精神牢牢扎根于人民群众的心灵中，见之于人民群众的行动上

虽然，我们党勤勤恳恳带领人民群众不断丰富、完善和发展伟大的民族精神，也取得了显著成效。但是，我们也必须清醒地看到，随着世界经济发展的全球化，政治格局的多极化，科学技术的尖端化，思想文化的多样化，特别是我国社会主义市场经济体制的逐步建立，人们的道德观念和行为方式发生了深刻变化，一些原有的精神要求和内涵不能适应新的实际，而新的精神要求和内涵还没能牢牢扎根于人民群众的心灵中，更没能见之于人民群众的实际行动上，因而导致一些领域和地方是非、善恶、美丑界限混淆，拜金主义、享乐主义、极端个人主义滋长蔓延，道德颓丧，精神低迷。这些严重腐蚀着人们的思想灵魂，污染着人们的精神空气。为此，我们必须适应新的形势，把中华民族的历史传统和新时期形成的时代精神结合起来，把高扬民族精神与加强社会主义文化建设结合起来，把培育和弘扬民族精神与各单位各部门的实践活动结合起来，把培育和弘扬民族精神与人民群众的精神要求和特点结合起来，积极探索适合新形势和特点的新形式，用伟大的民族精神孕育力量，陶冶情操，坚定信心，振奋精神，增强人民群众为中华民族伟大复兴而奋斗的强烈责任感、使

命感，勇于迎接各种挑战，经受任何风浪考验，用勤劳的双手、艰辛的汗水、奔放的热情和不懈的奋斗创造自己的幸福生活和祖国的美好未来。

（刊于人民网“强国论坛”精华区，2003 年 7 月 31 日）

多措并举，防范企业干部职务违规违法犯罪

随着企业不断发展，干部队伍的整体结构、知识水平、道德素质和管理能力等发生了很大变化，为防范职务违规违法犯罪提出了新课题、新任务。特别是近些年来，各企业加大了改革发展的力度，在管理、经营等各方面存在许多较大的薄弱环节和“空白点”，带来了新挑战新思考。面对新形势新任务，如何防范职务违规违法犯罪，从根本上铲除职务违规违法犯罪滋生的土壤，这考验着企业管理者的决心和手段。

一、狠抓意识防范的自觉性，严筑思想政治防线

思想是行动的先导。有没有强烈的廉洁自律意识，有没有正确的廉洁观、价值观、权力观、绩效观、群众观，决定着有没有廉洁自律的行动及自觉性，这是防范领导干部职务违规违法犯罪的关键所在。为此，要在注重廉政宣传教育的实际效果，不断高筑思想政治防线上下功夫，加强廉政宣传教育的计划性、实效性，和其他工作一起早布置、同落实、真考核，积极走出一条制度化和科学化的宣传教育新路子。需要探索创新教育的“大机

制”。要在法制纪检组织单打独斗的基础上，根据形势的变化，大胆探索和创新廉政教育的“大机制”，通过体制内外、机制上下的各种方式，把领导干部及身边人都纳入到该行列中，形成“企业与家庭”“八小时内与外”“硬与软”有机结合的“大教育机制”。要通过领导干部身边人的地位和作用，协助纪委共同做好对领导干部的教育、监督工作，以使领导干部廉洁从政，正确行使手中的权力，全心全意为职工群众服务。需要适应形势变化不断更新教育内容。在加大预防教育力度中，要十分重视选取具有典型性、时效性、针对性、广泛性、震撼性的鲜活内容，开展“三德”“三观”及习近平总书记全面从严治党重要论述、中纪委全会精神等方面的主题教育，并且把这些内容作为一条主线，坚持不懈、常抓常新，使教育对象思想灵魂得以大幅升华。要有针对性地开展廉洁自律教育，通过这些教育，为领导干部套上“紧箍咒”。要根据任务不断转换教育的形式。内容决定形式，但形式也反作用于内容，没有良好的教育形式，再好的内容教育都会大打折扣。要提高教育的效果，深化教育的内容，就要根据不同的内容，调整、转换和运用崭新的形式。从实践来看，要在“十结合十重点”上下功夫，即将主题教育与专题教育相结合，重点开展好主题教育；将组织教育与家庭教育相结合，重点开展好组织教育；将对上教育与对下教育相结合，重点开展好对上教育；将针对性教育与普遍性教育相结合，重点开展好针对性教育；将自觉修养教育与组织培训教育相结合，重点开展好组织培训教育；将权力教育与岗位教育相结合，重点开展好权力教育；将党内教育与党外教育相结合，重点开展好党内教育；将舆论引导教育与组织辅导教育相结合，重点开展好组织辅导教育；将内部灌输教育与外部观摩教育相结合，重点开展好内部灌输教育；将八小时内教育与八小时外教育相结合，重点开展好八小时内教育，通过这些宣传教育方式的不断创新，使防范职务违法犯罪教育效果大大提高。

二、狠抓关键岗位的针对性，前移防腐防变关口

防范职务违规违法犯罪活动，少数领导干部是关键，如何下好这一步棋，对整个活动起着至关重要的作用。为此，要在加强防范活动的过程中，始终抓住这个“牛鼻子”不放松，积极深化少数领导干部在岗过程监管力度，大胆推进防腐防变关口的前移。要狠抓廉洁自律，加强在岗过程监管力度，在领导班子身上狠下功夫。领导干部的廉洁自律问题，是职工群众最关注的热点问题之一，要把防范工作的重点放在中层及以上领导干部的廉洁自律问题上，并且始终抓住不放，要针对少数高级领导干部的工作特点，重点解决如何正确对待权力、正确行使权力和正确树立权力观的问题，正确认识和理解“参加革命工作为什么？当领导干部应该做什么？将来身后应该留点什么？”，尤其是要注重领导干部的工作、生活等细节方面的问题。要狠抓廉政鉴定，大胆推进防腐关口的前移，在领导干部提拔任用上下功夫。企业纪委要细化德、能、勤、绩、廉的考核标准，将考核标准定性定量有机结合，对重要岗位进行民主推荐，对轮岗交流的干部要广泛征求各方面的意见建议，全面深入考核了解每一位干部。对新提拔的年轻干部在考核和进行廉政鉴定的基础上，要在任用前进行公示，增加透明度和监督力度。党委组织部门和纪检监察室也要对其进行定期廉政考核。审计部门应对中层干部进行任期经济责任审

计。这样，不仅增强选拔任用干部上的公正透明度，使德才兼备的标准落到实处，而且使防腐关口大大前移，增强“防火墙”。要狠抓信访案件，积极将问题解决在萌芽状态，在增强领导干部干事创业的透明度上下功夫。领导干部办事行事的透明度将决定着防范工作的成效，也将影响职工群众对党风廉政的满意程度。要通过各种渠道和形式，广开言路，听取职工群众的意见，尤其是扩大干事创业的透明度和增强履职尽责的公正性。

三、抓制度规范的科学性，落实党风廉政责任

要按照“党委统一领导，纪委组织协调，党政齐抓共管，群众深度参与”的工作机制，认真贯彻落实上级关于加强纪检监察工作的精神，研究部署党风廉政建设工作和防范职务违规违法犯罪工作，并纳入企业综合管理及党风廉政考核内容，一起部署，一起落实，一起检查，一起考核。要结合实际，确定党风廉政建设和防范工作的目标。目标是工作的方向，根据企业的实际情况，在确定目标时应确立这样的工作思路，即突出抓好党风廉政建设责任制目标这个重点，把防范意识贯穿到各级领导干部的脑海中；抓好警示教育和权力观教育，充分发挥教育的先导作用，促进各级领导干部在思想上树立起正确的权力观和预防观；构筑起党内系统的条规监督、行政系统的法规监督、工会系统的民主监督三道防线，关口前移，治本堵源，各守其职，联合防范；加强思想作风建设、业务建设、管理制度建设和纪检监察队伍建设四项建设。要针对焦点，健全细化党风廉政建设和防范工作的制度。只有规范化、制度化，才能使党风廉政建设和防范工作走上

科学化的轨道。针对实际焦点问题，党委要及时做出关于反腐败抓源头工作、责任考核、责任追究等系列实施细则，使检查考核有章可循。行政部门也应及时做出资金管理、重大经济事项、费用控制、公务接待、招投标管理等方面的规章制度。这些规章制度的建立和完善，不仅使反腐败工作有章可循，而且会使防范工作真正落到实处。要瞄准目标，狠抓党风廉政建设和防范工作的落实。仅仅有了工作的目标和任务，而没有责任落实，那落实党风廉政建设和防范工作就成了一句空话。因此有必要紧紧抓住以下几个主要环节：(1)明确责任。明确各单位(部门)的党政主要负责人是本单位(部门)党风廉政建设及防范工作的第一责任人。(2)分解细化。要结合实际细化考核标准，使每一项考核条款和目标都有责任单位、责任人和完成责任目标任务的时限，各单位(部门)也按照各自的实际情况，进一步细化分解，明确每一名职工所承担的责任，从而克服标准“一刀切”和针对性不强的问题。(3)检查考核。做到“五查五看”，即一查组织领导，看力度够不够；二查职责范围，看职责履行好不好；三查目标要求，看工作成绩大不大；四查廉政情况，看领导干部廉不廉；五查被检查单位有无违纪违法问题，看对责任人进行了追究没有。(4)责任追究。没有责任追究，就等于没有根本落实。

四、狠抓协同监督的实效性，着力深化源头预防

协同监督具有既改善企业外部环境，又净化企业内部环境的双重效应，说到底就是对企业生产、经营管理的监督检查，对企业干部工作作风的监督检查，是从源头抓好防范工作的一个有效

措施。要找准腐败源头易发部位，确定重点环节，为防范工作奠定基础。通过详细的调查研究和归纳总结，我们发现容易造成腐败的源头和易发部位主要有：技改、大修、维修及设备、物资的采购方面；资金的使用和私设小金库；基建工程的管理、变更，废旧物资的处理；多种产业与主业之间资产与财务关系的处理及多经项目的投资发包。从实践来看，在以上几方面中最容易发生问题的重点环节是工程管理方面。要健全管理制度，规范工程管理，为防范工作提供保障。积极制定大修技改工程项目管理和资金使用情况效能监察工作制度、合同谈判规定等一系列制度，制度要细致、细化、准确，不能粗枝大叶、大而化之，从而导致有制度和无制度一样。要针对在经济活动中存在的虚监和弱监问题，增强监督部门的力量，配备精干的人员，严格履行监察、审计、巡察职权。要抓住源头和重点，深化协同监督，彻底遏制职务犯罪的咽喉。针对技改工程、大修理工程、基建工程、运维工程、科研工程等项目，建立一整套完善的管理制度，尽量做到职责清楚，分工明确，有效防止一人说了算、一部门说了算的情况发生。从源头遏制一些不规范行为，使这些人没有发挥作用的“空间”与“市场”。比如在合同的签订过程中，做到相关部门、人员必须到场，主办单位事前要对该项合同进行介绍和交底，使与会人员做到心中有数，洽谈过程中，技术部门或实施单位只能就技术问题同对方交换意见，而商务合同由主办单位来主谈，监察与审计部门进行过程监督，合同从洽谈到签订均在既严肃又规范的氛围中进行。此举促使企业内部监督约束机制进一步完善，管理中存在的一些不足及时得以修正，各职能管理部门之间责任更加明确，职责更加清楚，逐渐形成相互约束、相互监督的良性机制。

五、强化监督队伍素质建设，把准防线界线战线

打铁先得自身硬。要不断提高防范职务违规违法犯罪更大的实效，监督部门就必须先提高自身素质，要加强对监督人员的专业化建设，坚持用习近平新时代中国特色社会主义重要思想武装头脑，弘扬职业道德，塑造良好形象，努力建设一支政治坚定、业务精通、作风优良、执纪公正的监督队伍。从防范职务违规违法犯罪的实际情况而言，还需要正确处理六大关系，准确划定防线、界线和战线，不断提高防范的成效。(1)正确处理防范职务违规违法犯罪与经济建设的关系。防范职务违规违法犯罪应当紧紧围绕经济建设这个中心，通过预防职务违规违法犯罪来维护经济秩序，为经济建设健康发展提供可靠的保障。(2)正确处理防范职务违规违法犯罪与深化改革的关系。防范职务违规违法犯罪是深化改革的重要内容，通过深化改革，有效制约权力，防止滥用权力，逐步铲除职务犯罪产生的土壤，消除职务犯罪滋生的条件。(3)正确处理打击与防范的关系。“打防并举，标本兼治”是防范职务违法犯罪的一项基本原则，打击是治标，防范是治本，只有打防并举才能标本兼治。(4)正确处理防范职务违规违法犯罪的长期性与阶段性的关系。要充分做好打持久战的准备，打好局部战役和阶段战役，坚持开展常规性的工作，逐步将职务违法犯罪减少到最低限度。(5)正确处理专门防范与综合防范的关系，将两者结合起来，取长补短，实现资源的整合和优势互补，形成防范的合力，从整体上推进防范工作的深入开展。比如职工群众

是反腐败的中坚力量，也是防范职务犯罪的主要力量，预防职务犯罪要坚决相信和依靠群众，走群众路线，以有效遏制违法犯罪行为的发生。(6)正确处理传统防范与智能防范的关系。在依靠传统方式方法的基础上，积极采用信息化智能化等高科技手段，创新筛查新方式新方法，采取科学有效的措施，做好常态化防范工作。只有提高处理这些关系的能力和水平，才能有效地防范职务违规违法犯罪。

职务违规违法犯罪既是一个复杂的企业问题，更是一个复杂的社会问题，集中反映了一系列的社会矛盾，有着深刻的政治、经济、社会和历史背景。必须从整个社会出发，综合治理，铲除腐败现象产生的土壤和条件，才能从根本上解决企业干部职务违规违法犯罪问题的发生。

(本文荣获2021年度甘肃省委党校(行政学院)系统优秀教学研究咨询三等奖)